Annual Report of
China International Investment Arbitration Forum

中国国际投资仲裁常设论坛年度报告

(2022—2023)

陈力 林忠 / 主编
梁咏 彭婕 / 执行主编

中国国际投资仲裁常设论坛年度报告

顾问委员会

主 任：张月姣
委 员：（以姓氏拼音先后为序）
　　　　车丕照　黄　进　卢　松　王传丽
　　　　肖永平　余劲松　曾华群

编辑委员会

主 任：王承杰　单文华
委 员：（以姓氏拼音先后为序）
　　　　陈　力　池漫郊　韩立余　韩秀丽
　　　　孔庆江　林　威　林　忠　漆　彤
　　　　孙华伟　王雪华　张　亮　张　昕

序　言

当下，国际投资仲裁正在经历重大发展，环境、社会和治理（Environmental, Social and Governance, ESG）；新技术在投资中的应用、气候变化对投资仲裁的影响、裁决不一致、仲裁裁决的承认与执行都是当前面临的紧迫问题，上述发展证明国际投资仲裁正面临重大挑战，国际投资法理论界和实务界正在积极探讨和寻求解决方案。

中国国际经济贸易仲裁委员会与西安交通大学法学院于2019年2月联合发起，包括厦门大学法学院、武汉大学法学院、复旦大学法学院、对外经济贸易大学法学院、中国人民大学法学院、中国政法大学国际法学院在内的六家高校和中伦律师事务所、环中律师事务所、环球律师事务所、瑛明律师事务所四家律所共同作为创始发起人，成立了"中国国际投资仲裁常设论坛"（以下简称论坛）。论坛是我国第一个全国性的国际投资法律理论与实践研究合作平台，也是我国仲裁界第一个投资仲裁专业研究平台。论坛很荣幸得到商务部条法司的支持，并有幸邀请国内外知名的国际投资法律与仲裁领域资深专家组成顾问委员会。论坛通过举办青年优秀论文竞赛、召开论坛年度会议、发布国际投资法律与仲裁年度报告、开展专项课题调研等形式，为学术界、政府部门、仲裁界及企业界等提供研究和智库支持，推动国际投资法律及其争议解决机制的发展。2022年5月，瓴德律师事务所承接瑛明律师事务所的论坛成员资格。中山大学法学院和北京市中伦文德律师事务所先后分别于2022年和2024年申请加入论坛，进一步壮大了论坛的学术实力和实践能力。

2022—2023年度的《中国国际投资仲裁常设论坛年度报告》由复旦大学法学院和翎德律师事务所共同负责策划和编写。陈力和林忠担任主编，梁咏和彭捷担任执行主编，陈芍开和吴怡汶两位博士生深度参与。

本书包括四大板块十四章：第一板块——年度聚焦，聚焦投资便利化改革与发展；第二板块——热点追踪，追踪 ESG 问题与国际投资法；第三板块——仲裁观察，投资争端解决与投资者—国家争端解决（Investor-State Dispute Settlement, ISDS）机制；第四板块——青年佳作，遴选了一篇在第三届"中国国际投资仲裁常设论坛青年优秀论文"竞赛中脱颖而出的获奖论文。

第一章《论中国自贸试验区投资便利化的法治路径》首先回顾了自贸试验区在投资便利化方面的发展历程，分析了现有的政策措施如负面清单模式和行政管理简化。通过国际比较，论文探讨了中国自贸试验区在实现国际化和法治化方面现存不足及可能改进的路径，并在此基础上提出了加强法律法规的完善、提升政策执行力和增强企业对 ESG 原则的认知与实践等建议。文章介绍了中国自贸试验区在推进投资便利化方面的努力，特别是通过负面清单管理制度、提升行政审批效率以及与对接国际高标准规则以优化营商环境，为理解和改进中国自贸试验区的投资便利化提供了深入洞察的实用建议，展示了通过法治手段推动经济发展的可能性。

第二章《〈投资便利化协定〉透明度要求的实施路径》一文首先阐述了《投资便利化协定》的目标特别是透明度要求和对发展中国家的特别影响。其次，通过实证研究，识别了实施透明度的具体挑战和机遇，提出了建立单一信息门户网站的策略。最后，文章讨论了实施这一策略所需的资源、技术支持以及国际合作的重要性。文章认为，为了有效实施《投资便利化协定》，发展中国家和最不发达国家应以提高透明度为关键入口，建立单一信息门户网站，集中发布与外商直接投资相关的政策、法规和程序信息。这不仅明确地为发展中国家和最不发达国家提供了一个清晰的实施路径，也为国际合作和能力建设提供了实际的操作指南。

第三章池漫郊教授所作的题为《国际投资便利化规则制定的晚近发展和潜在挑战》的发言从国际投资便利化的背景和重要性、国内与国际层面的发展、国际投资便利化的本质与挑战以及投资便利化争议解决四个方面入手，总结了国际投资便利化的发展趋势和未来挑战。在分析国际投资便利化时，其不仅关注国际规则，也详细讨论了国内政策如何支持这一进程，特别强调了发展中国家在推动国际投资便利化规则制定中的积极作用和影响，为今后完善国际投资政策时提供了重要的决策参考。胡加祥教授所作的题为《外商投资法律制度的完善》发言强调在过去十年中，以《区域全面经济伙伴关系协定》（Regional Camprehensive Economic Partnership，RCEP）和《全面与进步跨太平洋伙伴关系协定》（Comprehensive and Progressive Agreement for Trans-Pacific Partnership，CPTPP）为代表的新一代区域贸易协定已经纳入了投资规则，这是以往世界贸易组织（World Trade Organization，WTO）规则中所没有的，这些规则未来将转化为中国国内法的组成部分。中国自贸试验区先行先试，对外资采取准入前国民待遇加负面清单的管理模式，经压力测试后，已在现行外商投资法中得到落实。但是相较于CPTPP中高标准的投资规则，我国外商投资法依然有较大进步空间，其对外资进入中国市场后的投资便利化措施、透明度要求以及国际合作的推进还有待进一步完善。

第四章《可持续发展视角下国际投资协定投资便利化条款的演进》认为投资便利化条款在促进外国直接投资（Foreign Direct Investment，FDI）流动、提高东道国投资环境的透明度和可预测性、简化与外国投资者相关的程序等方面至关重要。文中详细考察了各种多边、区域和双边协议，评估了这些条款的效果，并提出了如何通过增强条款的实施和监管，进一步促进可持续发展的政策建议，包括但不限于改善投资便利化机制、增强合作与协调，以及通过国家间的技术支持和能力构建提高实施效果等。整体上，文章为理解国际投资协定中的投资便利化条款及其对可持续发展的贡献具有重要价值。

第五章《新能源投资仲裁中东道国规制权》从新能源投资仲裁案例出发，分析了国际投资协定如何处理投资者保护与东道国规制权的关系。文章将新能源投资仲裁中的东道国规制权问题与国际投资保护规则的现实操作联系起来，为政策制定者提供了应对新能源投资引发国际投资争端的借鉴，尤其是在全球范围内推动可持续能源政策时，如何平衡国际义务与国内政策自主性的问题。这对中国等新能源投资大国在制定相关国际策略时尤为重要，也为应对全球能源政策调整中可能出现的国际投资争端提供了有力的智识支撑。

第六章《气候变化对国际能源投资规则带来的变革》以因减缓气候变化引发的国际能源投资规则的调整和变革为研究对象，上述调整和变革支持低碳经济转型，有利于可持续发展，符合"气候正义"，但同时需要对东道国公共管理权和投资者利益进行"再平衡"。文章不仅分析了气候变化对国际能源法律环境的深远影响，还提出了协同国内法与国际法推进符合气候责任的投资规则建议，为应对全球能源投资环境变化提供有效思路。

第七章《碳排放政策的投资仲裁风险与因应》指出许多国家的碳排放政策可能因违反国际投资协定中的公平公正待遇而引发仲裁风险，文章通过实证研究，探讨了国家的减排义务与投资保护义务之间的冲突，分析了代表性案例仲裁裁决的利弊得失。论文强调从环境政策与国际投资法律框架结合的新视角理解和解决国家减缓气候变化责任与国际投资法中的东道国义务之间的潜在冲突，为中国对外签订国际投资协定和制定相关政策提供了有价值的参考。

第八章《中国投资条约中 ESG 原则的实施与挑战》从多个维度系统地梳理和分析了中国在 ESG 原则实施方面的进展与挑战。它深入分析了中国与其他主要经济体在 ESG 原则实施方面的差距，通过对代表性案例分析和国际比较，提出了加强公众参与和监督机制的可能路径，这对于中国投资条约中 ESG 条款的有效实施提供了新的视角和策略。论文强调了全面合作和多层次治理的必要性，为理解和改进中国在国际投资中实施 ESG 原则提供了宝贵的理论支持和实务指导。

第九章《CPTPP 投资争端解决机制：特点、应对及展望》概述了 CPTPP 投资争端解决机制的主要特征，认为 CPTPP 投资争端解决机制在限缩适用范围、摒弃用尽当地救济原则、提升透明度等方面的改革代表了国际投资仲裁的改革方向。论文将 CPTPP 投资争端解决机制特征与中国现有的法律及国际策略进行对比，得出了详细的法律和政策分析结论。这不仅有助于中国制定更加有效的国际投资规则和对应的国内法机制，也有助于中国更好地前瞻性预判与 CPTPP 成员国之间的潜在投资争端并做好对应预案，以充分保护中国双向投资利益的可持续发展。

第十章《论投资争议处理的多元化与一体化》指出国际投资争端处理机制当前呈现"多元化"和"一体化"并存的趋势，论文深入分析了各种非对抗式争端预防机制和替代性争端解决方法的发展，并指出这些方法在实践中各自的利弊得失。基于此，论文探究将这些多元化元素融合为一体化处理机制的可能路径，寻求有效整合资源、提高争端处理的效率和公正的路径优化。

第十一章《国际投资仲裁中的与有过失规则研究》首先明确了与有过失规则的法律性质和在现有仲裁实践中存在的裁决不一致和论证不充分的问题。然后，通过分析仲裁案例，探讨了实践中困境的成因，并在此基础上提出了理论澄清和改进建议。论文系统梳理了与有过失规则的适用标准及其在国际仲裁中的实际应用，并提出了限制仲裁庭裁决权和通过投资条约创新来提高规则使用率和规范度的建议。该研究拓展了国际投资仲裁理论，尤其是在探讨与有过失规则的性质、适用方式及其在体系中的定位方面，提供了新的分析框架和理解视角。

第十二章《引入国际投资强制调解机制：可行性和必要性研究》首先回顾了国际投资争端解决的现状，特别是调解的运用和限制。随后，论文分析了调解在实际中存在的难以启动、调解进程不畅、调解成功率不高等问题。论文建议在国际投资争端解决机制中系统性地引入强制调解机制，通过明确调解的强制性，使调解成为解决投资争端的前置程序，从而提高调解的实际应用率和效果。

第十三章《国际投资仲裁相关的平行程序问题研究》指出国际投资仲裁中的平行程序问题，即同一法律或事实问题的争议在多个法律解决程序中同时进行的实践，可能导致法律判决的冲突和不一致，进而影响仲裁和诉讼结果的确定性和公信力。论文系统分析了投资仲裁与东道国国内诉讼之间的"裁—诉"、合同仲裁与条约仲裁之间的"裁—裁"以及多个投资条约仲裁之间的"裁—裁"的差异化的平行程序类型，建议通过改进国际投资协定中的东道国救济安排条款、保护伞条款、限制投资者股东求偿条款及推动国际投资仲裁中的合并仲裁改革等方式，从而避免或减少平行程序产生的法律冲突。

第十四章《司法征收对国际投资仲裁的规则超越与法律因应——以东道国法院拒绝承认与执行国际商事仲裁裁决为视角》首先解释了司法征收的定义和其在国际投资法中的应用背景；其次分析了司法征收如何通过重塑"直接源于"标准和构建用尽当地救济原则的例外来扩展其适用范围；再次探讨了司法征收对征收类型归类的影响以及司法征收的不法性认定；最后提出了中国投资者在面对司法征收时应采取的法律策略。论文对司法征收进行的系统的阐述和深入的分析，为国际投资法在处理东道国法院行为时提供了新视角和理论支持，其中对司法征收的不法性认定，更丰富了国际投资法中对征收和国家责任的理解。

本书由多位作者撰写，文风多样，各章虽各有侧重，但均围绕中心主题展开，共同构成了一个有机整体。本书是团队合作的成果，是集体智慧的结晶。但由于时间仓促，错漏之处难免，敬请各方批评斧正。

CONTENTS | 目录

年度聚焦：投资便利化改革与发展

第一章　论中国自贸试验区投资便利化的法治路径 / 3

第二章　《投资便利化协定》透明度要求的实施路径
　　　　——基于发展中国家及最不发达国家视角 / 20

第三章　发言综述：国际投资便利规则制定的晚近发展和潜在挑战 / 37

第四章　可持续发展视角下国际投资协定投资便利化条款的演进 / 42

热点追踪：ESG 问题与国际投资法

第五章　新能源投资仲裁中东道国规制权 / 61

第六章　气候变化对国际能源投资规则带来的变革 / 90

第七章　碳排放政策的投资仲裁风险与因应 / 105

第八章　中国投资条约中 ESG 原则的实施与挑战 / 127

仲裁观察：投资争端解决与 ISDS 机制

  第九章 CPTPP 投资争端解决机制：特点、应对及展望 / 145

  第十章 论投资争议处理的多元化与一体化 / 163

  第十一章 国际投资仲裁中的与有过失规则研究 / 170

  第十二章 引入国际投资强制调解机制：可行性和必要性研究 / 198

  第十三章 国际投资仲裁相关的平行程序问题研究 / 222

青年佳作：常设论坛青年优秀论文竞赛获奖作品选登

  第十四章 司法征收对国际投资仲裁的规则超越与法律因应
      ——以东道国法院拒绝承认与执行国际商事仲裁裁决为视角 / 255

年度聚焦

投资便利化改革与发展

第一章　论中国自贸试验区投资便利化的法治路径[*]

内容摘要：中国自贸试验区拟打造的营商环境目标之一就是"便利化"。"便利化"既包括贸易便利化又包括投资便利化。投资便利化广义上可包括投资自由化。中国自贸试验区十年的建设在投资便利化方面已采取了以"负面清单"准入模式推进外资投资进入的便利、行政管理措施的可预见性和提高效率。自贸试验区还应积极对接正在形成的WTO《投资便利化协定》下的规则，对接更高标准的投资便利化水平。自贸试验区可着力提升外商投资营商环境的透明度措施，协调更简化和更便捷的投资行政管理程序。自贸试验区在追求便利化的同时仍要兼顾安全化。

关键词：自贸试验区　投资便利化　负面清单　世界贸易组织　法治

2023年是中国自由贸易试验区（以下简称自贸试验区）设立十周年之年。党的二十大报告明确提出要"实施自由贸易试验区提升战略"，"推动贸易和投资自由化便利化"。本文旨在总结自贸试验区十年来在促进外商投资便利化方面的法治路径和实践，试图探讨其投资便利化措施的法规举措经验及存在的不足，建言提出其主动对接WTO《投资便利化协定》中的法治思路和先进做法。

一、自贸试验区促进投资便利化的法治路径

自贸试验区便利化的提法有个调整过程，通常贸易便利化与投资便利化合并表述，其前后可呼应WTO的《贸易便利化协定》与《投资便利化协定》体

---

[*] 龚柏华，复旦大学法学院教授。本文原发表于《东方法学》2023年第5期。

现的规则高标准。

（一）自贸试验区投资便利化的提法由来

自贸试验区打造的"三化"（法治化、国际化和便利化）营商环境目标之一就是"便利化"，其提法有个调整过程。2013 年《中国（上海）自由贸易试验区总体方案》（以下简称总体方案）中，仅提及要"着力培育国际化和法治化的营商环境"，[1]同时在其他段落提及要"促进贸易和投资便利化"。[2] 2014 年 8 月 1 日施行的《中国（上海）自由贸易试验区条例》第 3 条规定"培育国际化、市场化、法治化的营商环境"。2015 年《国务院关于印发进一步深化中国（上海）自由贸易试验区改革开放方案的通知》（以下简称深化方案）中提及要"营造国际化、市场化、法治化营商环境"，同时在其他段落中提及"促进贸易和投资便利化"。[3] 2017 年《国务院关于印发全面深化中国（上海）自由贸易试验区改革开放方案的通知》（以下简称全改方案）修改为要"率先形成法治化、国际化、便利化的营商环境"。[4]之后，凡涉及自贸试验区或自由贸易港（以下简称自贸港）的均保持"法治化、国际化、便利化"的提法。例如，2020 年 6 月 1 日，中共中央、国务院印发的《海南自由贸易港建设总体方案》首段就明确要打造"法治化、国际化、便利化营商环境"。又如，2021 年 6 月生效的《海南自由贸易港法》第 4 条规定："海南自由贸易港建设，以贸易投资自由化便利化为重点，以各类生产要素跨境自由有序安全便捷流动和现代产业体系为支撑，以特殊的税收制度安排、高效的社会治理体系和完备的法治体系为保障，

---

[1] 龚柏华：《国际化和法治化视野下的上海自贸区营商环境建设》，载《学术月刊》2014 年第 1 期。

[2] 2013 年《国务院关于印发中国（上海）自由贸易试验区总体方案的通知》中有 6 处提及便利化。在通知部分有 2 处："促进贸易和投资便利化"，"建设具有国际水准的投资贸易便利"；正文部分有 4 处："促进贸易和投资便利化"，"力争建设成为具有国际水准的投资贸易便利"，"全面实现贸易投资便利化"，"探索构建相对独立的以贸易便利化为主的货物贸易区域"。

[3] 2015 年《国务院关于印发进一步深化中国（上海）自由贸易试验区改革开放方案的通知》中有 5 处提及便利化。其中通知部分 1 处："促进贸易和投资便利化"。正文部分 4 处："以贸易便利化为重点的贸易监管制度"，"加快形成贸易便利化创新举措的制度规范"，"推动与旅游业相关的邮轮、游艇等旅游运输工具出行便利化"，"提高境内外人员出入境、外籍人员签证和居留、就业许可、驾照申领等事项办理的便利化程度"。

[4] 2017 年《国务院关于印发全面深化中国（上海）自由贸易试验区改革开放方案的通知》中有 6 处提及便利化："推动贸易和投资自由化便利化"；"营商环境便利"；"率先形成法治化、国际化、便利化的营商环境"；"实施贸易便利化新规则"；"在风险可控的前提下，加快推进金融保险、文化旅游、教育卫生等高端服务领域的贸易便利化"；"贸易便利化"。

持续优化法治化、国际化、便利化的营商环境和公平统一高效的市场环境。"可见，在自贸试验区和自贸港范围所提的"三化"内容，将"便利化"替代了原来的"市场化"，其排序也将处于第三位的"法治化"放置到第一位，最终固化为"法治化、国际化、便利化"的排序，体现了自贸试验区"法治是最好的营商环境"的理念。[5]此外，也有将"市场化、法治化、国际化、便利化"一并适用的，如2020年11月1日起施行的《上海市外商投资条例》第3条规定："本市遵循市场化、法治化、国际化、便利化原则，全面落实外商投资国民待遇，建立和完善外商投资促进与保护机制，营造稳定、透明、可预期和公平竞争的市场环境，提升对外开放水平。"

与此同时，在不限定自贸试验区或自贸港范围谈及营商环境的"三化"目标时，一般采用"市场化、法治化、国际化"表述。2020年1月1日起施行的《优化营商环境条例》第4条提出了优化营商环境应当坚持"市场化、法治化、国际化"原则。2022年10月16日召开的中共二十大报告中提及"营造市场化、法治化、国际化一流营商环境"。

至于"便利化"与"市场化"之间的关系、两者标准要求何者为高，并未见官方说明。[6]但无论如何，"推进投资便利化"将是中国政府持续提升利用外资水平的重要措施之一。[7]

（二）自贸试验区投资自由化与便利化的关系

中国（上海）自由贸易试验区（以下简称上海自贸试验区）设立的初衷之一是提升外商投资自由便利化，完善外商投资营商环境。2017年上海自贸试验区"全改方案"要求"推动贸易和投资自由化便利化"，将自由化和便利化并列。2019年《国务院关于印发中国（上海）自由贸易试验区临港新片区总体方案的通知》要求"推进投资贸易自由化便利化"。2021年7月22日公布的《中国（上海）自由贸易试验区临港新片区发展"十四五"规划》，明确要"构建高水平国际投资贸易自由化便利化政策制度体系"。可见，投资自由化、便利化

---

[5] 2019年2月25日，习近平主持召开中央全面依法治国委员会第二次会议指出："法治是最好的营商环境。"

[6] 有学者撰文提及"从便利化向市场化法治化国际化全面推进"。从字面上看，市场化层级高于便利化，但文中并未说明两者关系。参见赖先进：《从便利化向市场化法治化国际化全面推进：持续优化营商环境的策略》，载《行政与法》2022年第5期。

[7] 中共中央、国务院印发《扩大内需战略规划纲要（2022—2035年）》。

与贸易自由化、便利化一起，已经成为上海自贸试验区和新片区的既定目标之一。其他自贸试验区方案中也都有投资自由便利化表述。例如，2020年9月公布的北京自贸试验区方案中，将"推动投资贸易自由化便利化"作为主要任务和措施之一。[⑧] 此外，北京自贸试验区方案提出了"提高境外投资便利化水平"，浙江自贸试验区提升行动方案提出了"争取对外投资便利化政策试点"，从双向投资角度提出了便利化的要求。

投资便利化从广义上理解可包括自由化（liberalization）和便利化（facilitation）内容，从狭义上理解不包括市场准入的自由化。投资自由化与便利化是提升外商投资营商环境的两个相互关联的环节。投资自由化强调对外商投资进入尽可能地减少禁止类或限制类的准入门槛，是"更自由"的另一种表述。投资便利化强调外商投资进入后尽可能提高政府管理和服务效率，是"更便捷"的另一种表述。投资便利化有助于投资自由化目标的实现。根据2023年联合国贸易与发展组织发布的《世界投资报告》，投资便利化措施在发达国家和发展中国家均占有突出地位。发展中国家采取的大多数措施侧重于便利化和向外国直接投资开放新的部门或活动。发达国家采取的有利于投资的措施数量也大幅增加。有关措施包括投资便利化和激励措施，以促进可再生能源和其他与气候有关的投资。

自贸试验区投资自由化标志性措施是2013年在上海自贸试验区首推的外商投资准入的特别管理措施清单，俗称负面清单。目前，负面清单外商投资管理模式已经写入2020年1月1日生效的《外商投资法》。《外商投资法》第4条第1款明确规定：国家对外商投资实行准入前国民待遇加负面清单管理制度。目前除了专门适用于自贸试验区的外商投资准入的负面清单外，还有适用于自贸试验区之外的外商投资准入负面清单；对内外资市场主体都适用的负面清单。此外，在海南自由贸易港还有专设的外商投资准入负面清单、跨境服务贸易负面清单。

（三）自贸试验区对标《贸易便利化协定》到对标《投资便利化协定》

"便利化"目标应该既包括贸易便利化又包括投资便利化。上海自贸试验区2013年"总体方案"、2015年"深化方案"、2017年"全改方案"和2019

---

⑧ 学界也不严格区分"自由化""便利化"与贸易或投资的搭配关系，如洪俊杰、武昭媛、郑郁寒合著的《中国推进贸易投资高水平自由化便利化的实践与思考》，将"贸易投资"与"自由化便利化"合并论述，载《国际贸易》2022年第7期。

年"新片区方案"都是将投资便利与贸易便利合而为一处理的，提出"促进贸易和投资便利化"，"力争建设成为开放度最高的投资贸易便利的自由贸易园区"，"推动贸易和投资自由化便利化"。

上海自贸试验区当初提出贸易投资便利化概念，与对标高标准国际经贸规则包括贸易和投资便利化规则有关，与当时世界贸易组织（WTO）《贸易便利化协定》（TFA）谈判直接有关。2013年12月，WTO第九届部长级会议在巴厘岛达成了《贸易便利化协定》。中国于2015年9月成为第16个批准加入协定的成员。2017年2月22日《贸易便利化协定》生效。2017年上海自贸试验区"全改方案"明确要求"实施贸易便利化新规则"，具有对接《贸易便利化协定》先进规则的意涵。

中国作为一个发展中WTO成员应通过加强能力建设来适应贸易便利化的要求。[9] 2016年3月27日，国务院公布《关于同意建立国务院贸易便利化工作部际联席会议制度的批复》，设立了国务院贸易便利化工作部际联席会议制度，该联席会议对外名称为"中国国家贸易便利化委员会"。[10] 自加入WTO《贸易便利化协定》以来，中国的贸易便利化水平逐年上升，边境机构改革、国际贸易单一窗口、通关无纸化、预裁定、经认证的经营者（AEO）、减税降费等政策因素在其中起到很大作用。[11] 当然还有进一步改善的空间，如中国海关门户英文网站内容覆盖面、更新及时性仍显不足，[12] 中国国家贸易便利化委员会功能发挥依然欠缺。[13]

与此同时，国际投资便利化规则也在积极酝酿之中。亚太经合组织（APEC）是较早倡导国际投资便利化制度性建设的机构，于1989年启动了投资便利化项目。2008年，APEC正式提出《APEC投资便利化行动计划》（APEC Investment Facilitation Action Plan，IFAP）。2016年，联合国贸易和发展会议

---

[9] 参见龚柏华、王馥梅：《多哈回合谈判下的"贸易便利化"议题及我国对策》，载《世界贸易组织动态与研究》2004年第10期。

[10] https://www.gov.cn/gongbao/content/2016/content_5065647.htm，2023年6月30日访问。

[11] 参见江小平：《WTO贸易便利化协定在中国的实施及展望》，载《国际经济合作》2021年第1期。

[12] http://english.customs.gov.cn/，2023年6月30日访问。

[13] 参见北京睿库贸易安全及便利化研究中心：《2023中国贸易便利化年度报告》。该报告的覆盖时段为2021年9月1日至2022年8月31日。https://www.re-code.org/upload/file/20230112/1673497920575078109.pdf，2023年6月30日访问。

（UNCTAD）推出了《投资便利化全球行动手册》（Global Action Menu for Investment Facilitation，以下简称《行动手册》），提出了10条行动路线，[14]对主要经济体和国际投资协定进行国内和国际两个层面的审视。

事实上，自贸试验区其名虽为"贸易区"，但实际用意是建立"自由区"更好地吸引外商直接投资。随着自贸试验区功能更多地向投资自由化和便利化的倾斜，自贸试验区应积极考虑对接即将到来的WTO《投资便利化协定》。

与此同时，自贸试验区也需关注对接WTO《服务贸易国内规制参考文件》（Reference Paper on Services Domestic Regulations）。2022年12月20日，中美欧等WTO成员正式启动《服务贸易国内规制参考文件》的生效程序。其意义在于"推动实现世贸组织《服务贸易总协定》（GATS）自由化便利化目标要求"。[15]具体要求包括优化服务业领域许可审批流程、降低服务提供者的经营成本，改善全球服务贸易营商环境。《贸易便利化协定》仅关注货物贸易领域的便利化问题，未涉及服务贸易领域的便利化问题，而跨境服务贸易领域便利化又与外资投资便利化有密切的关联。

二、自贸试验区促进投资便利化的改革措施及不足

投资便利化可分别从东道国和投资者视角来审视。东道国视角下的投资便利化更偏重相关法律和政策的制定；投资者视角下的投资便利化更看重投资措施的具体实施。

（一）投资便利化的通常措施

一般认为，投资便利化措施是指通过简化或协调国际投资周期全部阶段涉及的各种程序，为投资者"创造更加开放、透明、便捷和可预见的投资环境"。[16]对照UNCTAD《行动手册》所倡导的10条"投资便利化行动路线"，各国投资便利化举措主要集中在以下五个方面：（1）促进投资政策和法律的可获

---

[14] https://investmentpolicy.unctad.org/uploaded-files/document/Action%20Menu%2001-12-2016%20EN%20light%20version.pdf，2023年6月30日访问。

[15] 2022年12月22日，商务部世贸司负责人解读世贸组织《服务贸易国内规制参考文件》规则。http：//www.mofcom.gov.cn/article/syxwfb/202212/20221203375063.shtml，2023年6月10日访问。

[16] 根据《投资便利化协定》适用范围的界定，是指外商直接投资全生命周期（接受、设立、并购、扩张）的投资便利措施（包括服务业与非服务业，但不包括资产管理投资）。

得性和透明度；（2）促进投资管理的效率和有效性；（3）设立投资咨询机构；（4）增强投资促进的国际合作；（5）增强投资政策适用的可预见性和连贯性。[17]

我国《外商投资法》第 18 条规定：县级以上地方人民政府可以根据法律、行政法规、地方性法规的规定，在法定权限内制定外商投资促进和便利化政策措施。这里所指的投资促进与投资便利化的关系有一定的重叠，有学者主张"将关于投资便利的条款纳入广义的投资促进措施中"。[18]为了增强营商环境透明度，促进贸易投资便利化，商务部外国投资管理司与投资促进事务局对《中国外商投资指引》定期更新，目前为 2022 年版，可在商务部网站上获得中文版、英文版、日文版和韩文版。[19]省级投资便利化措施以上海为例，上海市政府先后制定了《上海市外商投资条例》（2020 年 11 月 1 日起施行）、《上海市外商投资项目核准和备案管理办法》（2022 年 3 月 1 日起施行），对外商投资项目核准和备案管理方法等作出了明确规定，大幅简化核准材料，在提高效率的同时，明确保障外国投资者和外商投资企业的投资自主权。[20]

（二）自贸试验区投资便利化的实践措施

在投资便利方面，每个自贸试验区可根据自身发展自主探索推动投资便利化。2021 年 8 月 2 日，国务院印发了《关于推进自由贸易试验区贸易投资便利化改革创新若干措施的通知》，提出了一些具体的投资便利化措施。2023 年 6 月 1 日国务院印发《关于在有条件的自由贸易试验区和自由贸易港试点对接国际高标准推进制度型开放若干措施》，率先在上海、广东、天津、福建、北京等具备条件的自由贸易试验区和海南自由贸易港，试点对接相关国际高标准经贸规则，稳步扩大制度型开放，其中包括部分便利化的措施。

与此同时，各自贸试验区也先后出台有关投资便利化的具体措施。2021 年 12 月，上海市政府制定出台的《上海市营商环境创新试点实施方案》，就自贸试验区所在的浦东新区提出支持其全方位先行先试。2023 年 1 月 4 日，上海市人民政府办公厅印发《上海市加强集成创新持续优化营商环境行动方案》，提

---

[17] 参见黄志瑾：《中国引领投资便利化国际合作的证立与实现》，载《武大国际法评论》2019 年第 3 期。

[18] 参见张庆麟：《国际投资协定中的投资促进措施及其规制》，载《政法论丛》2022 年第 2 期。

[19] http：//wzs.mofcom.gov.cn/article/ztxx/202301/20230103377261.shtml，2023 年 6 月 30 日访问。

[20] https：//www.shanghai.gov.cn/nw12344/20220112/015bd80f6e364347887716aafc772b1d.html?siteId=1，2023 年 6 月 30 日访问。

出"打造贸易投资最便利"的营商环境，推动出台浦东新区放宽市场准入特别措施。其他自贸试验区也纷纷出台有关投资便利化的具体措施。例如，2022年4月6日云南省公布《推进自由贸易试验区贸易投资便利化改革创新实施方案》，就提升投资便利度提出了"加大对港澳投资开放力度"。又如，2022年8月23日北京公布《自由贸易试验区投资自由便利专项提升方案》，提出了22条具体措施。再如，海南制定了《海南自由贸易港进一步优化营商环境行动方案（2022—2025年）》，涉及"构建自由便利的贸易投资环境"，提出了完善国际贸易和国际投资"单一窗口"的要求。

归纳而言，自贸试验区在投资便利化方面主要采取了如下方面的措施：

1. 以"负面清单"准入模式推进外资投资进入的便利和可预见性

自贸试验区的负面清单模式直接推动了我国外商投资从审批制为主转向备案制为主的制度型开放，带来了外商投资进入的更自由和更便利。自贸试验区从设立之初就积极推动准入前国民待遇加负面清单管理模式。2013年上海自贸试验区推出全国首张外资准入负面清单，随后国务院层面基本上每年都对自贸试验区外资准入负面清单进行更新。

负面清单带来的事中事后监管模式释放了投资便利化改革的灵感。以上海自贸试验区所在地浦东新区为例，率先探索"告知承诺制""一业一证"等改革措施。"一业一证"是指在市场准入后的行业准营环节，政府通过优化审批流程和集中审批程序，将一个行业经营涉及的多项行政许可事项，整合为一张载明相关行政许可信息的行业综合许可证。目前，"一业一证"已经在其他自贸试验区推广展开。

2. 以投资审批权限下放来便利投资项目的加速落地

2015年，上海市政府率先将部分行政审批权下放给上海自贸试验区。截至2021年年底，上海、福建、陕西、四川下放了外商投资企业设立、变更审批权；福建、陕西、河南、辽宁、云南下放了中外合作职业技能培训机构设立审批权；福建、河南、重庆、四川、辽宁下放了外商投资道路运输立项审批权；福建、河南下放了外资企业、中外合资企业、中外合作企业我国沿海、江河、湖泊及其他通航水域水路运输审批权；福建、陕西、江苏、湖南下放了设立中外合资（合作）经营娱乐场所审批权；四川、湖北、江苏下放了设立中外合资、合作印刷企业和外商独资包装装潢印刷企业审批权；湖南、黑龙江下放了外国非企业经济组织在华设立常驻代表机构审批权。[21]在实际推动过程中，不同自贸试验区投资便利化的创新举措差距较大，上海、广东等发达地区权限下放比较彻底。

2018年和2021年国务院先后印发了《关于支持自由贸易试验区深化改革创新若干措施的通知》和《关于推进自由贸易试验区贸易投资便利化改革创新若干措施的通知》，将外资企业设立建筑企业、人才中介机构、港澳服务提供者设立旅行社等审批权下放到自贸试验区。国家相关部门围绕不同自贸试验区的产业定位，向地方下放特定领域的审批权。

3. 以信息共享来优化投资准入和审批流程

2013年10月，上海自贸试验区率先上线企业准入"单一窗口"，由工商受理窗口统一收取内外资企业设立、外资备案、工商营业执照、税务登记证等登记申请材料；各审批职能部门通过书面材料内部流转、电子数据交换和信息共享，完成审批流程。海南自贸港在上海试验区的基础上进一步系统化，建立了包括国际投资全流程的"单一窗口"。[22] 外商投资企业通过"单一窗口"可实现开办最多跑一次。2018年，商务部、国家工商总局联合发布了《关于实行外商投资企业商务备案与工商登记"单一窗口、单一表格"受理有关工作的通知》，明确自2018年6月30日起，在全国推行外商投资企业商务备案与工商登记"单一窗口、单一表格"受理，切实增强外商投资企业获得感。目前，投资"单一窗口"制度的部分经验已逐步在全国范围内推广。

其他自贸试验区在企业准入或国际投资"单一窗口"上突破程度不一样，有些自贸试验区只是在部分项目上有所尝试。

（三）自贸试验区投资便利化措施的不足

1. 负面清单模式例外过于宽泛、投资预见性的便利化有待提高

由于自贸试验区外资准入核心义务覆盖不足，导致所列出的特别管理措施并不全面，从而影响开放的透明度。自贸试验区外商投资准入的负面清单仅是股权比例、高管限制的负面清单，限制范围窄于国民待遇例外。实际上国民待遇例外范围非常广泛，还包括股东的资格限制、注册资本要求、营业范围、分

---

[21] 参见聂平香、游佳慧：《中国自贸试验区投资便利化成效、问题及对策》，载《国际经济合作》2022年第1期。

[22] https://wssp.hainan.gov.cn/investinhainan/qykb/index#，2023年6月30日访问。

配比例要求等。另外，我国外资准入负面清单未列出的文化、金融等领域与行政审批、资质条件、国家安全等相关措施，其例外条款太过宽泛。

自贸试验区如果只简单强调"非禁即入"，可能导致外资前期"入"的资源因为"入"（拿到营业执照）但实践上无法"可"（拿不到许可证）而白费。自贸试验区外资准入改革的关键在于增强市场准入"透明度"，申照的同时即被告知"许可"的要求。这在过去非互联网时代无法做到"同时并列地预先告知"，在当今互联网时代完全可以通过"网上链接"而同时"一网打尽"。负面清单的内容减负会达到一定的极限，有些"负面"措施是各国政府施政必须保留的，也是外资应该理解和认同的。外资可能更看重的是法治的"透明度"。

2022年8月1日起，上海自贸试验区施行《上海市浦东新区推进市场准营承诺即入制改革若干规定》，通过一次性告知市场主体从事特定行业许可经营项目须具备的全部条件和标准，由市场主体书面承诺其已经符合要求并提交必要材料，即可取得行政许可的改革举措。国家正在推进全国一张清单管理模式，提出"一单尽列，单外无单"的目标。这就要确保合法有效的管理措施应列尽列、全部纳入，违规设立的准入许可、隐性准入门槛和地方自行制定的准入类负面清单要坚决清理取消。

2. 投资便利化改革措施呈现碎片化现象

目前21处自贸试验区投资便利化水平参差不齐，投资便利化改革整体呈现碎片化的发展局面。

在未得到国家有关部委授权的情境下，一些自贸试验区难以展开深层次、系统性探索，导致改革的创新集成不足，存在碎片化现象。

三、中国自贸试验区对接 WTO《投资便利化协定》的建议

WTO已经完成的《投资便利化协定》对自贸试验区主动对标、先试先行一些高标准的投资便利化措施有其积极意义。各地自贸试验区应结合自身特点，抓住机遇，寻找提升外商投资营商环境的抓手。

（一）《投资便利化协定》现状及主要内容

2017年12月13日，在70多个成员代表的提议下，WTO第十一届部长级会议发布了《关于促进投资便利化的部长联合申明》。2020年9月，投资便利

化谈判正式启动。2021年12月，112个WTO成员共同发起了《促进发展投资便利化联合声明》。《投资便利化协定》谈判模式是开放式的诸边协定，试图最终通过最惠国待遇来实现其多边协定的地位。为照顾更多发展中成员的利益关注，《投资便利化协定》谈判初始就强调投资便利化不涉及市场准入、争端解决和投资保护等敏感领域。2022年12月16日，WTO的114个成员（不含美国）在日内瓦宣布实质性结束了《投资便利化协定》（Investment Facilitation for Development：IFD）文本谈判，形成合并文本的协定草案（document INF/IFD/RD/124）。2023年7月6日，WTO相关成员最终完成《投资便利化协定》文本。[23]

《投资便利化协定》共包括范围和总则、透明度、简化和加快行政程序、国内监管一致性和跨境合作、特殊和差别待遇、可持续投资及机构安排7个章节45个条款，其主体纪律主要包括提高投资措施的透明度和可预见性、简化和加快行政审批程序、促进可持续投资等。

前言部分强调可持续发展理念、便利化效率理念、国家行使监管权理念、发展中成员利益照顾等协定秉持的理念。第一部分规定了范围和总体原则。该部分内容主要涉及直接投资全生命周期的措施，其范围部分排除了市场准入、政府采购、投资保护和投资者与东道国争端解决机制，另外设立了"防火墙条款"，以便将本协定与成员已存或将有的投资协定相隔离[24]，还规定了最惠国待遇及非歧视原则。第二部分规定了投资措施的透明度及特定例外情况（如紧急状况）。该部分规定了投资措施和相关信息的公布（包括网上公布）及例外，要求提议的或草拟中的投资措施需公布以及给予评论的机会，建议构建单一信息门户，规定了向WTO通告义务，要求设立咨询点等。第三部分提出行政措施的合理、客观和公正性。要求投资行政部门精简和加速行政程序，对授权程序

---

[23] 在本文完稿之时，WTO还未正式公布《投资便利化协定》的全文，本文仅根据WTO已经公布的相关信息，整理而成。本次补充信息：2024年2月25日即在WTO第13届部长会议（MC13）召开前夕，参加该协定谈判的123个世贸组织（WTO）成员联合发布部长宣言，以附件形式公布《促进发展的投资便利化协定》（INVESTMENT FACILITATION FOR DEVELOPMENT AGREEMENT：IFDA）（以下简称《投资便利化协定》）的最终文本（INF/IFD/W/55）。

[24] Rashmi Jose. The Joint Initiative on Investment Facilitation for Development：Evolution from 2022 and the road to MC13, International Institute for Sustainable Development and CUTS International, Geneva Published by the International Institute for Sustainable Development 2023（2）. 拉什米·乔西：《促进发展的投资便利化联合倡议：从2022年的演变及通往第十三届部长会议之路》，该报告由国际可持续发展研究所与消费者团结与信任协会日内瓦分部支持，由国际可持续发展研究所于2023年2月27日发布。

提出了一般原则（如对时限的明确规定），具体包括简明的申请程序、认证副本的接受、授权费的公布、网上提交申请的允许；要求相关主管机构的独立性；提供上诉或复议的机会。第四部分设计了协调中心，提出了国内规制协调和跨境合作，建立协助投资者和试图投资的人的协调中心；促进国内规制间协调；建立国内提供者数据库；进行投资便利化的跨境合作。第五部分专门规定了发展中和最不发达成员的特殊与差别待遇；明确特殊与差别待遇的一般原则；按分类条款进行通知和实施；提供技术援助和能力建设支持。第六部分强调可持续投资，进行负责任的商业行为；采取反腐败措施。第七部分是机构安排和最后条款，将设立WTO投资便利化委员会；规定了例外情况（如"国家安全例外"）；争议提交WTO争端解决；发展中成员特别是最不发达成员履约的时间差。

（二）自贸试验区主动对接《投资便利化协定》的意义和措施

《投资便利化协定》是中国在WTO主动设置、积极引领的首个谈判议题。投资便利化谈判是WTO改革中诸边倡议模式探索先驱之一，该协定如能生效将有助于世人对WTO规制功能恢复的信心。投资便利化核心内容是通过透明度和提高行政程序的效率来加速投资的机制。总体而言，《投资便利化协定》作为多边的国际投资协定，有利于提高投资的可预测性。正如哥伦比亚大学著名国际投资法专家卡尔·索文特（Karl P. Sauvant）所论，《投资便利化协定》的意义至少有以下三点：第一，帮助更多成员保持和吸引更多高质量的外资流入；第二，形成可信任的改革承诺，给国际社会一种正向的积极信号；第三，为实施改革提供了灵活度、技术援助和能力建设。

《投资便利化协定》是全球首个多边投资协定，将有助于提升全球投资监管政策的稳定性和可预期性，进一步提振全球投资者信心，推动全球投资稳定增长。中国相关部门特别是肩负改革开放措施前哨责任的自贸试验区及自由贸易港，理应积极主动对接高标准的国际经贸规则，"先试先行"改革措施，借此契机提升我国外商投资营商环境的便利化。

中国政府对自贸试验区投资便利化的总体要求是推动更高水平开放和便利化。"WTO投资便利化谈判应为中国自贸试验区建设提供对照标准。"[25] 自贸试

---

[25] 参见张磊：《以中国实践为基础推动WTO改革和投资便利化谈判——基于自贸试验区视角》，载《国际商务研究》2020年第4期。

验区投资便利化制度建设符合国家"制度型"开放战略的本质。㉖

具体而言，自贸试验区可在以下几个方面进一步对接《投资便利化协定》。

1. 进一步提升投资营商环境的透明度

透明度是投资便利化最基础的要素。根据《投资便利化协定》第二部分"投资措施的透明度"的规定，透明度主要涉及以下几个方面内容。

第一，投资措施的及时公布。成员应确保与投资有关的具有普遍适用性质的法律、法规、程序、司法判决、行政裁定得以及时公开，以便利益攸关者及其他成员能够知悉。如在紧急情况下最迟应在生效之时公布。公布授权进入投资的相关信息，包括联系方式、网络地址（URL）、要求和程序，包括表格和文件、费用、对决定提出上诉或审查的程序、有关许可证上条件的监控或执行的程序、参与政策决策的机会、申请处理所需时间框架等。当然不是所有的与投资有关的措施都得公布，会影响执法或违反公共利益的披露可作为例外，具有保密义务的信息可以不公开。

对照上述要求，我们可以发现，绝大多数条款要求已经体现在我国相关的法律法规中。2015 年《立法法》第 67 条规定：行政法规在起草过程中，应当广泛听取有关机关、组织、人民代表大会代表和社会公众的意见。听取意见可以采取座谈会、论证会、听证会等多种形式。行政法规草案应当向社会公布，征求意见。《外商投资法》第 10 条规定：制定与外商投资有关的法律、法规、规章，应采取适当方式征求外商投资企业的意见和建议。与外商投资有关的规范性文件、裁判文书等，应依法及时公布。《外商投资法实施条例》第 7 条第 1 款规定：制定与外商投资有关的行政法规、规章、规范性文件，或者政府及其有关部门起草与外商投资有关的法律、地方性法规，应当根据实际情况，采取书面征求意见以及召开座谈会、论证会、听证会等多种形式，听取外商投资企业和有关商会、协会等方面的意见和建议；对反映集中或者涉及外商投资企业重大权利义务问题的意见和建议，应当通过适当方式反馈采纳的情况。

目前，部分自贸试验区外商投资利益相关方还不能及时了解自贸试验区投资有关的法律规范，投资司法裁判文书的信息更难及时了解。自贸试验区投资

㉖ 参见李轩：《中国自贸试验区深化投资便利化制度建设进展及创新路径分析》，载《辽宁大学学报（哲学社会科学版）》2020 年第 5 期。

自由化和便利化要求既要"减负"又要"增亮",即提高政府行政透明度。公开透明既有利于监督,也有利于以透明促规范、促监督、促廉洁。在市场准入方面自贸试验区还要进一步解决"准入不准营问题",真正实现自贸试验区"非禁即可"的法治理念。[27]负面清单实际上是原则的例外清单,其思维模式是通过穷尽"例外",从而使得"原则"的外延变得周全,便于操作。从法理上来讲,就是遵循"除非法律禁止的,否则就是法律允许的"解释逻辑。[28]

第二,投资措施信息的方便获得。成员应在全国发行的官方报刊或官方的电子媒介上公布相关的投资措施,并尽可能以"单一窗口"方式收取投资申请材料,或在单一投资门户(single portal)上汇总。成员应尽可能通过电子方式告知进入投资的具体步骤,包括公司设立和商业登记、水电供应等基础设施、土地所有权获得和登记、建设许可、清算处理、资金转移和支付、税费支付、公共激励措施。如果可能的话,尽量采用电子方式公布。公布的语言至少采用WTO官方语言之一(英语,或法语,或西班牙语),并能免费获取上述信息(各成员可自行决定相关法律限制)。成员在可行的情况下对公布的投资措施同时做其目的或理念的说明。

对照上述要求,我国《外商投资法》第11条规定也有基本要求:国家建立健全外商投资服务体系,为外国投资者和外商投资企业提供法律法规、政策措施、投资项目信息等方面的咨询和服务。《外商投资法实施条例》第9条进一步规定:政府及其有关部门应当通过政府网站、全国一体化在线政务服务平台集中列明有关外商投资的法律、法规、规章、规范性文件、政策措施和投资项目信息,并通过多种途径和方式加强宣传、解读,为外国投资者和外商投资企业提供咨询、指导等服务。

从目前中国落实《WTO贸易便利化协定》类似规定看,中国政府有关部门在提供英语版法规、公告方面仍然有很大的提升空间。有的政府部门官方网站虽有英语版,但通常内容少且更新滞后,法规政策等实用内容的英文版本不够全面。相关政府部门可努力及时提供法律规章的英语翻译文本并上网公布。

第三,给投资者留有合理的适应时间。成员在可行的前提下应设法在投资

---

[27] 参见龚柏华:《法无禁止即可为的法理与上海自贸区负面清单模式》,载《东方法学》2013年第6期。

[28] 参见龚柏华:《中国自贸试验区到自由贸易港法治理念的转变》,载《政法论丛》2019年第3期。

措施公布与实施之间留有合理的期限。事先公布拟采取的投资措施，提供合理的机会评议，并积极考虑这些评议。相关机构并无义务全部采取这些建议，不需要对每一项建议都采取个性化回答。

《投资便利化协定》通过要求公布及时且准确的政策和程序，来缓解信息不对称问题，从而促进潜在投资者向实际投资者的转化。东道国通过提升政策透明度不仅能直接改善本国的投资治理水平，而且能够通过本国政策公开的行为向外国投资者传递积极信号，改善信息不对称问题，进而促进外商投资。

《投资便利化协定》上述规定实际上在《中国入世议定书》及《中国入世工作组报告》中大多有所体现。例如，《中国入世议定书》规定，中国应设立或指定一官方刊物，用于公布所有有关或影响货物贸易、服务贸易、TRIPS 或外汇管制的法律、法规及其他措施，并且在其法律、法规或其他措施在该刊物上公布之后，应在此类措施实施之前提供一段可向有关主管机关提出意见的合理时间。目前的主要问题仍然是如何切实落实这些举措。

2. 协调简化和加快行政程序

《投资便利化协定》要求，投资有关措施的行政措施应该合理、客观和公正。具体简化要素包括投资者申请、核准机构设置和政府反馈机制。从投资者的角度，缩减投资者递交的文件清单、减少审批费用以及开发线上申请平台等要求能够直接减少制度性交易成本，提高经济效率。联合国贸发组织新近研究报告建议，更多地采取数字化方式来促进和便利外资，有利于投资者对投资场地的选择、加速行政任务完成、支持企业发现市场。[29]

根据《上海市外商投资项目核准和备案管理办法》规定，包括上海自贸试验区在内的项目核准和备案机关应当列明与外商投资项目有关的产业政策，制定并公开项目核准和备案办事指南。指南要列明项目核准的申报材料、受理方式、审查条件、办理流程、办理时限等，提供项目申请报告通用文本，明确编制要求；列明项目备案所需信息内容、办理流程等。项目核准和备案机关应当编制并公开外商投资项目核准和备案常见问题解答，公开咨询方式，通过政务热线、政府网站、信函、电子邮件等方式，为外国投资者和外商投资企业提供咨询和指导。项目核准和备案机关应当根据政府信息公开有关法规、规章规定，

---

[29] UNCTAD. The Digital Transformation of Investment Promotion Agencies [J], The IPA Observer, 2023(1).

将核准和备案结果予以公开。除涉及国家秘密的项目外，外商投资项目核准和备案通过"一网通办"的投资项目在线审批监管平台实行网上受理、办理、监管和服务。有关部门通过"一网通办"，共享项目核准和备案信息。上述这些规定基本上符合了《投资便利化协定》的要求，但是否落实到实处，仍然要借对接《投资便利化协定》之机得以推进。可以借鉴《投资便利化协定》谈判中的提议，主动建立"投资经营障碍警示机制"（business obstacle alert mechanism），让投资者有向东道国政府通告影响其投资经营的规制障碍。

《投资便利化协定》谈判中值得关注的一个提法是"沉默即同意原则"（the silence is consent principle）。该原则要求，如果在规定的时限内未收到有关部门的回复，即推定该申请得以准许，当然是否能采取该原则还要视是否与本国法律制度相冲突、与申请事项的敏感性而决定。该原则如果被采纳将形成一种"倒逼机制"。我国《民法典》第140条第2款规定："沉默只有在有法律规定、当事人约定或者符合当事人之间的交易习惯时，才可以视为意思表示。"《上海市外商投资项目核准和备案管理办法》已经体现了"沉默即同意原则"。其第17条规定："项目涉及有关行业管理部门或者项目所在地地方政府职责的，项目核准机关应当商请有关行业管理部门或者地方政府在7个工作日内出具书面审查意见。有关行业管理部门或者地方政府逾期没有反馈书面审查意见的，视为同意。"但在自贸试验区大多数具有时限的规定中，并没有政府相关机构超过时限未作答复的处理办法。如上述《上海市外商投资项目核准和备案管理办法》第16条（项目评估）中规定：除项目情况复杂的，评估时限不得超过30个工作日，但如果超出时限如何处理未作规定。在自贸试验区投资审批工作中，还遇到如何理解"于法有据"的问题，如果在既没有允许性法律依据又无禁止性法律依据时，即所谓的"法律沉默"时，如何处理外资准入的申请，这考验着自贸试验区"大胆试、大胆闯、自主改"的开拓精神。自贸试验区特别是自由贸易港应该结合善意解释原则，借助"非禁即可"的法理，对"法律沉默"但自判断有利于自贸试验区（或自贸港）改革开放创新理念的申请要求，做正面准许的理解。《中国（上海）自由贸易试验区条例》第5条又规定："充分激发市场主体活力，法律、法规、规章未禁止的事项，鼓励公民、法人和其他组织在自贸试验区积极开展改革创新活动。"这条尽管未直接规定"非禁即可"，但是否可推导为"非禁即可"，由于目前缺乏自贸试验区司法实践，只能留在想象空间中。

3. 便利化同时要兼顾安全化

《投资便利化协定》在其原则部分强调成员维护其公共权益的原则，引进了国家安全例外条款，支持采取风险管理措施。

吸引外资要统筹发展和安全下的开放。安全是发展的保障，发展是安全的目的，便利化还要与安全化结合起来推行。便利化要求便捷和快速，安全化强调管理和把关。如果两者冲突仍然要以安全为主、便利化为次。自贸试验区需要试验的是两者最佳结合点在哪。这实际就如同探索高铁提速模式那样，既要跑得快又要稳得住。将来自由贸易港在尝试离岸贸易、离岸金融等金融便利措施时更是需要有这种"便利化与安全化"的平衡制度。例如，可以通过经济安全压力测试，审慎弱化一些领域（如法律服务）的投资限制，如从市场准入禁止类转为限制类，配以事中事后监管。

2020 年 12 月 19 日，国家发改委、商务部联合发布《外商投资安全审查办法》，初步建立起了统一的外商投资国家安全审查的制度框架。《海南自由贸易港法》也提出要求"依法实施外商投资安全审查制度，对影响或者可能影响国家安全的外商投资进行安全审查"。（第 55 条）

总之，强调"管好"而非"管死"。便利化兼顾安全化犹如高速路上开车时油门与刹车的配合，需要兼顾。

结　语

便利化是自贸试验区追求的"三化"目标之一。便利化既可包括贸易便利化又可包括投资便利化。自贸试验区的便利化法治路径与对标国际高标准经贸规则息息相关，从对接 WTO《贸易便利化协定》到对标《投资便利化协定》，逐步提升其便利化水平。自贸试验区可在当前对标、对接《投资便利化协定》的时机下，进一步提升外资准入时和准入后的便利化措施，协调并简化相关投资监管和服务的行政程序，追求更高透明度的投资营商环境水平。

第二章 《投资便利化协定》透明度要求的实施路径分析

——基于发展中国家及最不发达国家视角[*]

内容摘要：《投资便利化协定》一方面对发展中国家及最不发达国家提出了透明度要求，另一方面赋予其特殊与差别待遇。本文通过实证调查与研究分析，提出发展中国家及最不发达国家应将透明度要求作为实施《投资便利化协定》的切入点，在实施路径上将建立"单一信息门户"网站作为优先目标，并围绕该目标建立专业人才队伍，申请国际社会的能力建设支持与捐助。

关键词：投资便利化　透明度　实施路径　"单一信息门户"

经过多年磋商，2024年2月召开的世界贸易组织（The World Trade Organization，WTO）第十三届部长级会议正式确定并公布了《投资便利化促进发展协定》（Investment Facilitation for Development Agreement，以下简称《投资便利化协定》）文本。[①] 迄今为止，已有超过120个国家支持该协定，其中包括近90个发展中国家和26个最不发达国家。[②] 《投资便利化协定》的宗旨为提高涉及外商直接投资（Foreign Direct Investment）的国内监管措施的透明度，简化行政程序，采取其他投资便利化措施，促进国际合作，目标是促进外商直接投资在

---

[*] 张昕，法学博士，北京市环球律师事务所合伙人，中国国际投资仲裁常设论坛副主席。本文仅代表作者个人观点。鲍生慧、于博涵同学对本文亦有贡献，在此致谢。

[①] 《投资便利化协定》的官方英文文本披露于 WTO 网站，详见下述链接：https：//docs.wto.org/dol2fe/Pages/SS/directdoc.aspx? filename=q：/WT/MIN24/17R1.pdf&Open=True，2024年6月15日访问。

[②] Investment Facilitation for Development，13th Ministerial Conference：Briefing Note（"投资便利化"，第13届部长级会议简报），访问地址：https：//www.wto.org/english/thewto_ e/minist_ e/mc13_ e/briefing_ notes_ e/investment_ facilitation_ e.htm，2024年6月15日访问。

各方之间流动、特别是向发展中国家和最不发达国家流动，从而促进可持续发展。[3] 有研究表明，《投资便利化协定》有助于消除投资壁垒，根据协定的不同落实程度，预计将使全球福利收益增长0.63%至1.73%（2,950亿美元至10,410亿美元）。[4] 由于大部分外商直接投资仍集中在发达国家，且受贸易政策的影响，对发展中国家及最不发达国家的外商直接投资仍处于相对滞后状态。[5] 因此，如何从发展中国家及最不发达国家的视角出发，研究《投资便利化协定》在这些国家获得有效实施的切入点与实施路径，将在很大程度上决定该协定能否获得成功。

本文借鉴实证调查与观察的结果，提出透明度是发展中国家及最不发达国家实施《投资便利化协定》的切入点，这些国家应考虑在实施路径上将建立"单一信息门户"网站作为优先目标，并争取国际社会的能力建设与捐助支持。

一、《投资便利化协定》的透明度要求

《投资便利化协定》对于投资措施透明度的要求集中规定在第二节，该节主要规定了各方的公布义务，以提高外商直接投资监管措施的透明度，增加投资者获取重要信息的机会。一般而言，投资者在作出与外商直接投资活动有关的决定之前，首先需要了解并熟悉外国市场，与之相伴的是巨大的信息收集成本。设置透明度要求，不仅有助于降低此类成本，帮助投资者作出决定，而且有助于提供一个可预测及稳定的东道国投资环境，对于促进外商直接投资，特

---

[3] 参见《投资便利化协定》第1条（目标）。

[4] *Investment Facilitation for Development Agreement：Potential Gains*（《投资便利化协定：潜在收益》），Edward J. Balistreri and Zoryana Olekseyuk，Study carried out with the German Institute of Development and Sustainability，参加 https://yeutter-institute.unl.edu/IFD_2024YI.pdf，2024年6月15日访问。

[5] *Foreign Direct Investment，Trade and Economic Development：An Overview*（《外国直接投资、贸易与经济发展：概述》），WTO Staff Working Paper：Policy ERSD-2023-11（WTO员工工作论文：Policy ERSD-2023-11），2023年12月12日，第3页、第7页，参加 https://www.wto.org/english/res_e/reser_e/ersd202311_e.pdf，2024年6月15日访问。

别是对发展中国家及最不发达国家的外商直接投资，具有重要作用。[6] 具体而言，为满足透明度要求，各方需在政府信息、监管措施、费用与通知等方面符合规定。

（一）公布与外商直接投资有关的政府信息

根据《投资便利化协定》第 6.1 条，各方同意公布或向公众提供协定范围内普遍适用的相关措施的信息。[7] 这意味着缔约方必须公布已采取或维持的、与进入其领土或在其领土上经营的外国投资者进行的外商直接投资活动有关的所有政府措施信息。"普遍适用"一词意味着并非所有的政府措施均需公布，只有适用于一般情形、事件或不确定经营者的措施才必须公布，而适用于特定情形或具体经营者的措施则无须公布。除了公布已经颁布的措施以外，缔约方还应尽力公布仍在制定中的与法律法规有关的信息。[8] 在提供与新法律法规提案有关的信息时，缔约方需提供与这些措施有关的详细文件，以便投资者、相关人士和其他缔约方确定其利益是否以及如何受到重大影响。此外，缔约方还同意公布或向公众提供批准外商直接投资活动的程序和要求，以及他们加入的影响投资的国际协定的信息。[9]

（二）促进监管措施的发展

《投资便利化协定》鼓励缔约方改进监管措施的制定和执行方式，各缔约方应在公布法律法规与预期遵守时间之间留出合理的间隔期，并努力阐明这些法律法规背后的理由和目的。[10] 此等措施有助于投资者了解东道国对他们的期望，并及时调整以符合要求。对于正在制定的监管措施，缔约方还应在切实可行的范围内为利益相关方提供便利，使投资者和有关人士能够就这些拟议措施

---

[6] WTO structured discussions on investment facilitation for development meeting held on 4 March 2019 – Elements aimed at improving the transparency and predictability of investment measures：Summary of discussions by the coordinator（"WTO 于 2019 年 3 月 4 日就投资便利化会议开展的结构化讨论——旨在提高投资措施透明度与可预见性的要素：会议协调员对讨论内容的总结"），World Trade Organisation INF/IFD/R/1, 2019 年 4 月 4 日，参见 https：//docs.wto.org/dol2fe/Pages/FE_Search/FE_S_S009-DP.aspx? language=E&CatalogueIdList=253692, 253385, 253122, 253156, 253003, 253047, 253048, 252928, 252919, 252934&Current CatalogueIdIndex=7&FullTextHash=&HasEnglishRecord=True&HasFrenchRecord=True&HasSpanishRecord=True，2024 年 6 月 15 日访问。

[7] 此项义务在紧急情况下不适用。

[8] 《投资便利化协定》第 10 条。

[9] 《投资便利化协定》第 6.1 条、第 7 条。

[10] 《投资便利化协定》第 6.2 条、第 6.3 条。

发表意见。⑪ 需要说明的是，虽然缔约方必须考虑这些意见，但没有义务采纳这些意见。当然，缔约方也可以规定其与外商直接投资活动有关的拟议征税措施不受评论要求的约束，其仅出于信息提供的目的而公布此类信息。

(三) 费用及通报要求

根据《投资便利化协定》第9条、第11条的规定，关于透明度的其他要求还包括确保缔约方免费向外国投资者提供《投资便利化协定》范围内的相关信息，以及当外商直接投资有关的法律法规发生新的或重大的变化时，缔约方也须将该等变化及相关链接、联系信息向 WTO 进行通报（第11条）。

综上，《投资便利化协定》对缔约国投资措施透明度的核心要求体现在两个方面：一是信息公开；二是提供咨询与评论机会。在信息公开方面，缔约国不仅需要公布现有措施，还需要尽力公布拟定法律法规的相关信息，而后者又是向利益相关方提供咨询与评论机会的前提条件。所以，从透明度要求来看，关键点在于信息的可获得性（availability）与获得信息的便利性（convenience）。换言之，即使某一缔约方公布了涉及投资措施的信息，如果该信息难以被公众（包括潜在的外国投资者）知悉，或投资者即使知悉也无法便利地取得该信息（如无法通过公开渠道查询及获得，或只能通过特定的渠道或机构获得，或必须发生包括翻译费在内的费用才能了解内容），则该缔约方实施透明度要求的效果存疑。尽管《投资便利化协定》还对缔约方的国内监管措施提出简化和加快行政程序、建立联络点、确保监管措施一致性、加强跨境合作等要求，但是否设立了简化、便捷与快速的行政程序，是否能够有效和一致地实施行政程序，是否设立了单一的联络点及充分发挥统一接口的作用，以及是否采取了跨境合作及其实际效果等方面的问题，都需要外国投资者获得这些信息并对其实施效果进行评估。由此可见，各类投资便利化措施的是否有效，在很大程度上也取决于缔约方对透明度要求的落地。基于此，发展中国家及最不发达国家在实施《投资便利化协定》时，应将透明度要求作为实施的切入点，才能起到"提纲挈领""事半功倍"的效果。

---

⑪ 《投资便利化协定》第10.3条。

二、实践调查与结果分析

发展中国家及最不发达国家缔约方（以下简称东道国）在实施《投资便利化协定》的要求（包括透明度要求）的过程中享有特殊与差别待遇，不仅可以要求更长的、更灵活的实施周期与条件，还可以请求国际社会提供能力建设与资源支持。但是，实施透明度要求需要采取的工作可谓千头万绪，而且存在不同的实施路径，如何分配行政与财务资源才可能达到相对最优的效果，是需要进一步研究的问题。本文希望在研究这个问题方面提供一些基于实践的调查与观察结果，并通过分析这些结果及其特征，为东道国在实施透明度要求时如何选择优先目标提供一些实证经验。

为了研究东道国应如何选择《投资便利化协定》透明度要求的实施路径问题，我们开展了以下两个实证调查工作。

（一） 对东道国开展外商直接投资的透明度关注要点调查

该实证调查的基本情况如下：

（1）调查目标：当一名外国投资者计划在东道国开展外商直接投资活动时，最希望了解的是什么信息，能够如何了解到这些信息？

（2）调查对象：从事境外投融资业务法律服务的律师。

（3）调查时间：2024年5月10日至6月1日。

（4）调查方式：问卷、面谈及电话访谈。

由于时间及条件所限，我们仅开展了一次小规模调查，调查对象是主要从事境外投融资业务法律服务的中国律师，在调查期间内累计收集到26位调查对象（包括8位合伙人、18位主办律师）的有效回复。毫无疑问，这个调查的有效样本量不大，且集中在为中国境外投融资业务提供法律服务的律师群体，我们不能夸大其代表性。但是，选择这样的调查对象群体是基于以下三个方面的考虑：其一，中国已在其他发展中国家及最不发达国家开展了大量的投融资与工程建设业务，而中国投资者经历过早期对外投资的学习期，目前正迈向成熟期的阶段，但在投资经验和知识积累方面又与发达国家投资者之间存在一定差距，因此中国投资者对东道国投资措施透明度的感受与诉求，在外商直接投资的全球投资者群体中处于类似"中位偏上"的位置，具有较大的代表性；其二，作为对境外投融资领域具有实务工作经验的专业律师，经过为大量当事人提供法律服务，具有"信息与专有知识归集点"的功能，其反馈意见具有典型性、实务性，不局限于理论框架或分析，在某种程度上也能够弥补调查样本数量不足的缺点；其三，专业律师对涉及东道国投资措施的理论理解能力、实践操作能力一般强于非法律专业人士，如果专业律师发现了某一难以克服的问题，该问题对非法律专业人士而言大概率也是难以克服。因此，虽然本次调查样本数量少，但获得的信息和结果还是可以保证较高程度的准确度和实用度。

我们提出了以下五个问题，要求调查对象结合自己为客户在一个发展中国家或最不发达国家开展投融资及工程建设项目法律服务的场景，针对东道国投资措施方面，答复最希望了解哪些信息、实际采取哪些途径了解信息、最希望看到东道国采取什么举措以及最担心出现什么情形。以下我们先介绍每个问题及其选项，然后介绍获得的答复结果。

问题1：如果需要在一个东道国开展跨境投资、融资及工程建设承包业务，您最希望从下述哪一类信源获得东道国有关投资措施的信息（单选题）？

A. 东道国官方指南介绍

B. 东道国法律规定汇编

C. 东道国国别分析报告

D. 东道国行业分析文章

答复结果：

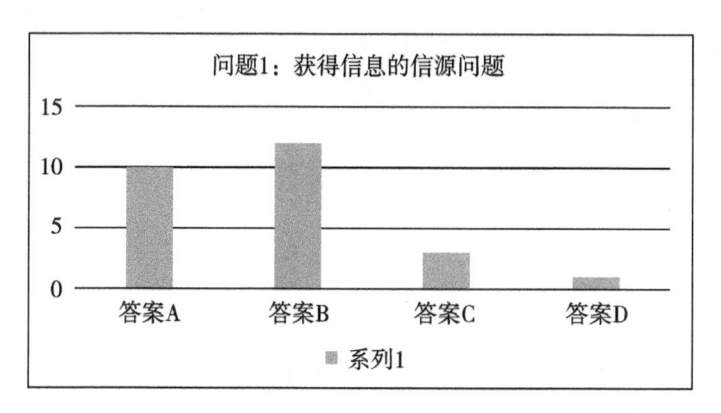

问题1：获得信息的信源问题

选项	数量
答案A	10
答案B	12
答案C	3
答案D	1

问题2：就问题一提到的有关信息，您一般从哪个渠道搜索、查询这些信息（多选题，可最多选择三个渠道）？

A. 东道国政府与主管部门的网站

B. 境外英文网站

C. 境内中文网站

D. 东道国当地律师事务所或咨询公司

E. 我国商务部或驻当地使领馆的网站

F. 东道国驻华使领馆的网站

答复结果：

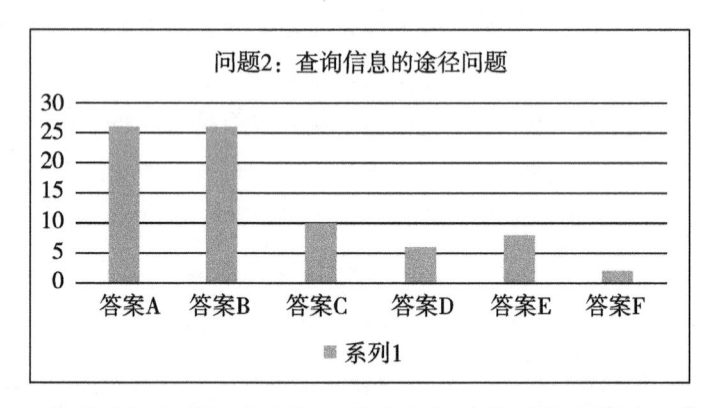

问题2：查询信息的途径问题

答案	数量
答案A	26
答案B	26
答案C	10
答案D	6
答案E	8
答案F	2

问题 3：您最希望东道国采取什么举措来帮助您的信息搜寻工作（多选题，可最多选择两个答案）？

A. 发布官方指南

B. 发表权威的英文或中文介绍文章

C. 建立可查询适用法律与监管措施的网站

D. 提供当地权威的律师事务所或咨询机构名单

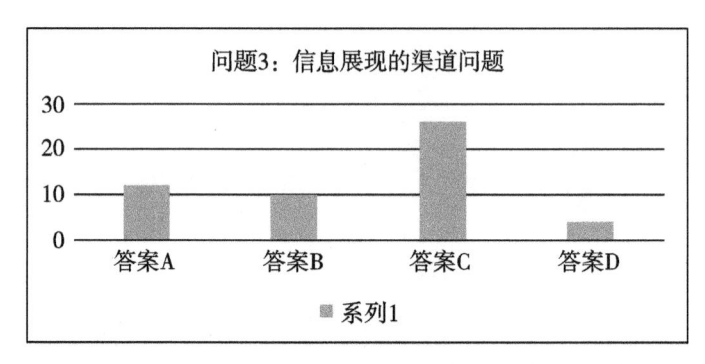

问题3：信息展现的渠道问题

答案	数量
答案A	12
答案B	10
答案C	26
答案D	4

问题 4：您在搜寻东道国有关投资措施方面的信息时，最大的痛点是什么

(单选题)？

A. 搜索到的信息分散、零碎、不系统化
B. 无法核实搜索到的信息是否准确、完整及最新
C. 难以了解东道国是否存在、存在哪些投资措施
D. 公开渠道没法找到任何有用的信息

答复结果：

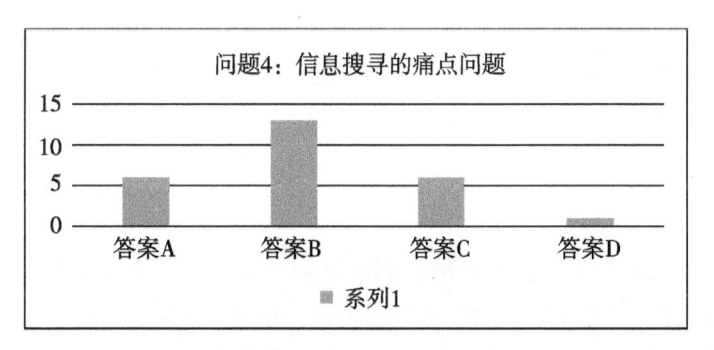

问题4：信息搜寻的痛点问题

问题5：如果您与东道国当地律师合作，从当地律师获取了东道国有关投资措施的信息之后，您最担心的问题是什么（多选题，可最多选择两个答案）？

A. 当地律师失联
B. 东道国当地网络出现故障，关键时候找不到人
C. 东道国法律发生变化，但当地律师未及时告知
D. 无法通过独立、权威的渠道核实当地律师提供的信息或意见

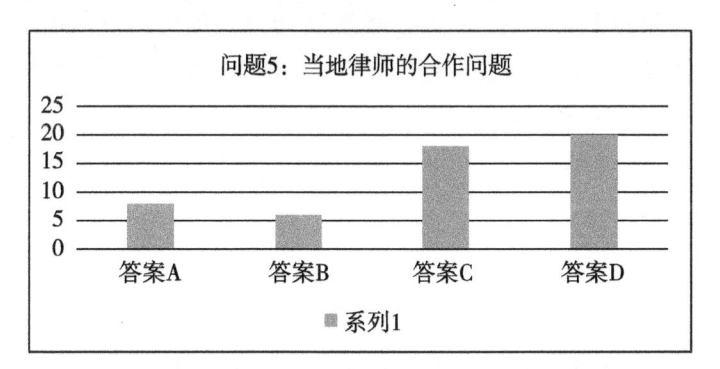

问题5：当地律师的合作问题

从调查结果来看，在获得东道国有关投资措施的信源问题方面，26位调查对象中的12位选择了"东道国法律规定汇编"，10位选择了"东道国官方指南介绍"，这一结果与调查对象的职业身份有关，原因在于专业律师更倾向于通过

自行研究法律规定或阅读官方指南来获取所需信息。但该结果能够体现东道国法律规定作为可靠信源的结论，因为官方指南也是建立在法律规定的基础上、通过总结和呈现涉及投资措施的信息，方便使用者阅读。

在信息查询途径方面，全部调查对象都不约而同地选择了"东道国政府与主管部门的网站"与"境外英文网站"，但通过"境内中文网站"（10人）和"我国商务部或驻当地使领馆的网站"（8人）也是不可忽视的查询途径，前者可以体现随着中国投资者开展境外业务，有关知识已逐渐通过中文网站、APP等途径在中文读者群体中进行分享的现实状况，后者主要是查询商务部网站上有关对外投资的国别（地区）指南。[12] 在东道国展现信息的渠道方面，全部调查对象选择了希望东道国"建立可查询适用法律与监管措施的网站"，另有12人希望东道国"发布官方指南"、10人希望东道国"发表权威的英文或中文介绍文章"，该结果与有关信源问题的调查结果一致，可以印证投资者通过互联网查询到东道国适用法律与监管措施或官方指南的重要性。

就信息搜寻的痛点问题而言，"无法核实搜索到的信息是否准确、完整及最新"是最大的问题（13人选择），然后是"搜索到的信息分散、零碎、不系统化"（6人）与"难以了解东道国是否存在、存在哪些投资措施"（6人）。有意思的是，"难以了解东道国是否存在、存在哪些投资措施"体现了一个先验问题：如果外国投资者或其律师都不知道东道国是否对潜在投资项目实施监管，相关的信息搜寻工作也难以聚焦，更难以对搜寻到的碎片化信息进行研判。固然，在正常开展的境外项目时一般都需要聘请东道国当地律师提供法律服务，但对于投资者或其聘请的项目律师而言，如果希望在前期尚未聘请当地律师进场之前能够对东道国投资环境、与潜在投资有关的监管措施作一个初步调研，能否正确识别及答复这一先验问题，就可能影响到信息搜寻工作的方向和质量。接着上述问题，我们也询问了调查对象对与东道国当地律师合作时最担心的问题，结果发现"当地律师失联"（8人）、"东道国当地网络出现故障，关键时候找不到人"（6人）等实际工作中经常遇到的操心问题，反而让位于担心"无法通过独立、权威的渠道核实当地律师提供的信息或意见"（20人）和"东道

---

[12] 详见商务部网站的"走出去"公共服务平台，其中包括了《对外投资合作国别（地区）指南》参见 http：//fec.mofcom.gov.cn/article/gbdqzn/，2024年6月15日访问。据调查对象反馈，我国驻东道国使领馆的网站相对有限，这方面的作用还待进一步加强。

国法律发生变化，但当地律师未及时告知"（18人）。该结果也可以从另一个角度证明，外国投资者及其律师的核心关注点之一，是东道国能否提供一个独立、权威的渠道对有关投资措施进行实时跟踪、核实及校验。

（二）对若干东道国的投资措施网上搜索调查

在对东道国开展外商直接投资的透明度关注要点调查时，我们发现投资者及其律师在实际工作中，最关注的是能否查询到东道国有关投资措施的法律规定与监管措施，这些信息最好能够通过互联网查询公开获得（如果有英文版本最佳，但能获得东道国语言版本也是一个次佳结果），信息披露的方式权威、完整、及时。但在实践中，这个诉求能够在多大程度上获得满足呢？

对此，我们选择了18个东道国，通过境内外互联网查询的方式，从能否查询到该国有关投资措施的网上信息披露内容、可查询到多少内容、查询难度有多大等维度出发，进行了一个实证调查。这些国家参与了《投资便利化协定》的文本讨论与发布工作，同时我们也曾经在（或正在）涉及这些国家的境外投融资或工程建设项目中提供法律服务，故可以将实证调查的结果与实际工作所了解的情况进行交叉比对，检验实证调查的结果是否大致符合现实情况。这些国家包括（以英文字母顺序排列）：安哥拉、阿根廷、柬埔寨、喀麦隆、智利、吉布提、厄瓜多尔、几内亚、印度尼西亚、哈萨克斯坦、吉尔吉斯斯坦、老挝、马拉维、马尔代夫、毛里求斯、莫桑比克、缅甸、秘鲁、赞比亚。上述国家中，根据联合国标准，12个国家属于发展中国家，6个国家属于最不发达国家（安哥拉、柬埔寨、吉布提、老挝、莫桑比克、缅甸）；从地理分布看，亚洲国家有6个，非洲国家有7个，拉丁美洲国家有5个，在样本选择上具有一定的代表性。

我们主要使用国内可访问的常见的搜索引擎（百度、Bing国内版、Bing国际版），但考虑到目前人工智能生成式文本模型还在初期发展阶段，其在核实答复结果及寻找信源方面存在一定难度，因此这次没有使用该类技术进行搜索。在搜索时，我们对每一个东道国都采用下述关键词（"×××"指该国的英文名称）："××× national law" "××× law database" "××× law gazette" "××× law collection" "××× investment law" "××× investment regulations" "××× investment measures" "××× investment gateway /hub / portal" "foreign direct investment in ×××" 和 "investment in ×××"，以相关关键词搜索结果的前三页为准，验证在查询结果中能否找到期望查询的信息（详见表1），搜索工作完成时间为2024年6月18日。

表 1　有关东道国的投资措施网上搜索调查结果

国家	是否有官方英文网站披露国家法律及监管措施？如有，是单个网站还是多个网站？	是否有官方英文网站披露有关投资措施的信息？如有，是单个网站还是多个网站？	如均无，能否迅速查询到有关投资措施的英文文章？	有关网站或文章的最新发表/更新日期
安哥拉	无官方网站	单个网站[13]	否	/
阿根廷	无官方网站	单个网站[14]	否	/
柬埔寨	无官方网站	单个网站[15]	否	/
喀麦隆	无官方网站	单个网站[16]	否	/
智利	无官方网站	单个网站[17]	否	/
吉布提	无官方网站	单个网站[18]	否	/
厄瓜多尔	无官方网站	无官方网站	能	时间不详
印度尼西亚	无官方网站	多个网站[19]	否	/
哈萨克斯坦	单个网站[20]	多个网站[21]	否	/
吉尔吉斯斯坦	无官方网站	无官方网站	能	2010 年
老挝	无官方网站	单个网站[22]	否	/

---

[13] 安哥拉共和国财政部官方网站的《私人投资法》，网址：http://www.ucm.minfin.gov.ao/cs/groups/public/documents/document/zmlu/mduy/~edisp/minfin052839.pdf。

[14] 阿根廷政府官方网站的《外商投资法》，网址：https://www.argentina.gob.ar/sites/default/files/law_no._21.382.pdf。

[15] 柬埔寨发展委员会官方网站的《柬埔寨投资手册（2023 年版）》，网址：https://cdc.gov.kh/wp-content/uploads/2023/07/July-2023-Handbook-on-Investing-in-Cambodia.pdf。

[16] 喀麦隆共和国总统府官方网站关于投资的信息，网址：https://www.prc.cm/en/invest-in-cameroon。

[17] "投资智利"官方网站关于智利政府实施促进投资的计划的信息，网址：https://www.investchile.gob.cl/chilean-government-launches-new-plan-to-stimulate-investment-in-chile/。

[18] 卡塔尔驻吉布提大使馆官方网站关于经济与投资的信息，网址：https://djibouti.embassy.qa/en/djibouti/economy-and-investment。

[19] 印度尼西亚投资部/投资协调局官方网站的《印度尼西亚投资手册》，网址：https://ppid.bkpm.go.id/wp-content/uploads/2022/09/Indonesia_Investment_Guidebook.pdf；印度尼西亚共和国驻柏林大使馆官方网站关于投资印度尼西亚的信息，网址：https://indonesianembassy.de/invest-in-indonesia/。

[20] 哈萨克斯坦共和国司法部立法和法律信息研究所的官方网站，网址：https://adilet.zan.kz/eng。

[21] 哈萨克斯坦工业与贸易部官方网站的《哈萨克斯坦投资吸引力——安永投资者观点调查》，网址：https://www.mpo.gov.cz/assets/dokumenty/43916/49303/577174/priloha001.pdf；哈萨克斯坦投资国家公司官方网站关于国家支持措施的信息，网址：https://invest.gov.kz/invest-guide/support/。

[22] 老挝特殊经济区官方网站关于为何投资老挝的信息，网址：https://laosez.gov.la/index.php/en/why-invest-in-lao。

年度聚焦：投资便利化改革与发展   **31**

续表

国家	是否有官方英文网站披露国家法律及监管措施？如有，是单个网站还是多个网站？	是否有官方英文网站披露有关投资措施的信息？如有，是单个网站还是多个网站？	如均无，能否迅速查询到有关投资措施的英文文章？	有关网站或文章的最新发表/更新日期
马拉维	单个网站㉓	多个网站㉔	否	/
马尔代夫	无官方网站	多个网站㉕	否	/
毛里求斯	单个网站㉖	多个网站㉗	否	/
莫桑比克	无官方网站	无官方网站	能	2023 年
缅甸	多个网站㉘	多个网站㉙	否	/
秘鲁	无官方网站	单个网站㉚	否	/
赞比亚	多个网站㉛	多个网站㉜	否	/

总体而言，上述调查显示大多数被调查国家对有关国家法律及投资措施的网上信息更新频率较低，甚至呈现缺少状态。关于监管法律法规的信息披露，13 个国家没有官方英文网站披露国家法律及监管措施的信息，仅有 3 个国家有单个官方英文网站披露国家法律及监管措施的信息，另有 2 个国家有多个官方英文网站披露国家法律及监管措施的信息。关于投资措施的信息披露，8 个国

㉓ 马拉维法律信息研究所的官方网站，网址：https://malawilii.org/。
㉔ 马拉维投资与贸易中心官方网站的《投资指南》，网址：https://www.mitc.mw/；"投资者的非洲"官方网站关于马拉维投资机会的信息，网址：https://africaforinvestors.com/locations/malawi。
㉕ "投资马尔代夫"的官方网站，网址：https://investmaldives.gov.mv/SerivcesIncentives/Investment Windows。
㉖ 毛里求斯最高法院图书馆的官方网站，网址：https://supremecourtlibrary.govmu.org/OPAC/。
㉗ 毛里求斯贸易便利化官方网站关于投资的信息，网址：https://www.mauritiustrade.mu/en/trading-with-mauritius/mauritius-investing-in-mauritius。
㉘ 缅甸法律数据库的官方网站，网址：http://www.myanmarlawdb.com/en/；缅甸法律图书馆官方网站，网址：https://myanmar-law-library.org/law-library/。
㉙ 缅甸联邦共和国投资与对外经济关系部官方网站的《2023 缅甸投资指南》，网址：https://www.dica.gov.mm/sites/default/files/news-files/mig_2023_20240129.pdf。
㉚ "投资秘鲁"的官方网站，网址：https://investperu.peru.info/en-us。
㉛ 赞比亚法律信息研究所的官方网站，网址：https://zambialii.org/；赞比亚共和国司法部官方网站关于赞比亚法律的信息，网址：https://www.moj.gov.zm/?page_id=736。
㉜ 赞比亚驻日本（东京）大使馆官方网站关于赞比亚贸易与投资的信息，网址：https://www.zambia.or.jp/docs/tradeinvestmentinzam.pdf。

家可以找到单个官方英文网站披露有关投资措施的信息，7个国家有多个官方英文网站披露有关投资措施的信息，但有2个国家没有官方网站披露有关投资措施的信息，但能在网上找到有关投资措施的英文文章。

在搜索关键词方面，总体而言，搜索时使用具体、专业的关键词（如"law database""law collection"）能提高找到法律法规集合的机会，而宽泛的关键词（如"national law"）可能导致结果较为分散。例如，在搜索监管法律法规时，以 Bing 国际版搜索引擎为例，当以"Angola national law"为关键词搜索时，结果多为单独的法律法规。使用"Angola law database"为关键词则能找到更多法律法规的集合体。以"Angola law Gazette"时，第一条结果就是法律法规集合，后续搜索结果多为劳动法或媒体报道。又如，在搜索投资相关法律法规时，以 Bing 国际版搜索引擎为例，当以"Angola investment law"为关键词搜索时，可以直接找到联合国官方法律网站上该国的投资法规，以及各大律所网站的相关投资法规；使用"Angola investment regulations"关键词进行搜索时，结果与"Angola investment law"基本相同；使用"Angola investment measures"为关键词进行搜索时，结果与前两者不同，更侧重于投资相关措施，如安哥拉政府对投资的政策梳理、与其他国家的投资协定等，注重对整体投资环境的考察，但相关搜索结果较多；使用"Angola investment gateway/hub/portal"关键词搜索时，搜索结果的第一条是安哥拉的投资法律法规，其余多为与投资相关的环境要求；使用"foreign direct investment in Angola"和"investment in Angola"关键词进行搜索时，则很难直接找到具体法律，多为安哥拉投资的相关政策引导和学者文章。我们在涉及这些国家的实务工作中获得的反馈信息（包括与当地律师交流后获得的信息）也基本可以印证上述观察。

三、《投资便利化协定》透明度要求的实施路径分析

从我们的实证调查与观察中可以看出，发展中国家及最不发达国家在国家法律与投资措施的信息透明度、可及性及便利性等方面的工作相对薄弱，具有很大的提升空间。《投资便利化协定》对透明度的要求主要体现在信息必须通过官方出版物发布以及关键信息与更新也能通过网上公布。[33]在实践中，东道国

---

[33] 《投资便利化协定》第6.4条。

通过电子方式（网上公布）提供并不断更新关键信息，包括与要求和程序有关的信息（如关于建筑许可证或纳税的信息）、以外商直接投资为重点的法律和规章、以及与对外商直接投资开放或限制的部门有关的信息，才能解决信息的可及性与便利性问题。《投资便利化协定》进一步规定，就电子方式公布而言，鼓励通过单一的信息门户网站对此等信息进行提供与更新。[34]

上述规定给发展中国家及最不发达国家实施透明度要求提供了一个具有可操作性的路径，即将建立"单一信息门户"网站作为优先工作目标。一方面，投资者对东道国有关投资措施的信息来源、查询途径与展现渠道关注度最高，通过建立"单一信息门户"网站将有关措施的法律规定、适用规则与指南进行汇总、编排，然后通过该网站对外披露，基本可以解决绝大部分投资者及其律师开展项目前期调研的需求。在网站语言方面，根据《投资便利化协定》第7.2条规定，公布信息的语言应为 WTO 的官方语言（英语、法语或西班牙语）之一，但考虑到英语的国际通用性，如果能够同时提供英文译本，将极大方便有关信息的传播与使用，切实起到提升投资环境的作用。[35] 另一方面，建立"单一信息门户"网站的工作目标清晰，工作量相对可控，可以有针对性地获得国际社会的能力建设支持与财务资助。更重要的是，如果将这个过程与培训东道国政府主管部门官员、当地律师及咨询机构的工作结合起来，通过组织官员、律师及其他专业人士参与本国有关投资措施的法律法规、监管规则及适用指南的整理、编撰、维护与更新工作，建立起东道国从事这方面工作的专业队伍，可以切实发挥"授人以渔"的能力建设功能。

在具体实施上述透明化要求的过程中，发展中国家及最不发达国家还可以充分利用《投资便利化协定》对这些国家提供的特殊与差别待遇。具体体现在以下三个方面：

首先，争取更长的实施周期和对实施的能力建设支持。发展中国家和最不发达国家缔约方可以将《投资便利化协定》规则的实施分为三个不同的类别[36]：

---

[34] 《投资便利化协定》第7.1条。

[35] 在这一点上，我国政府有关部门在提供英语版法规、公告方面仍然有提升空间，如有的政府部门官方网站虽有英语版，但通常内容较少且更新滞后，法规政策等实用内容的英文版本也不够全面。参见龚柏华：《论中国自贸试验区投资便利化的法治路径》，载《东方法学》2023年第5期，第57页。

[36] 《投资便利化协定》第28条。本文附表列示了发展中国家和最不发达国家缔约方在享受特殊和差别待遇时所应遵守的通报和实施期限，供读者参考。

A 类条款，即预期于协议生效后可以立即实施的条款，或最不发达国家于协议生效一年后实施的条款；B 类条款，即只能在过渡期后实施的条款；C 类条款，即只能在过渡期后实施、且需要通过能力建设援助和支持获得执行能力才能实施的条款。除通报不同条款的类别指定外，发展中国家和最不发达国家还必须提供信息，说明它们认为条款将得到实施的最后期限；对于 C 类条款，则必须提供与其能力建设需求有关的信息。一旦提供了支持并开始实施，缔约方必须提供信息，说明已经确定的能力建设安排，以及这些安排在帮助各国履行义务方面的进展情况。

客观而言，东道国实施透明度要求（包括建立有关投资措施的"单一信息门户"网站）并非面临着难以逾越的障碍。一方面，东道国本身在国际贸易与投资方面已建立了自己的法律体系与监管框架；另一方面，它们在 WTO 现有体系下也承担了类似的透明度及向 WTO 通报的要求。因此，在如何实施《投资便利化协定》的透明度要求、如何建设"单一信息门户"网站的问题上，不是一个"从无到有"的过程，而是一个如何在现有基础上"从有到优"的过程。从这个角度看，大部分发展中国家在实施《投资便利化协定》时，可考虑将满足透明度要求的"单一信息门户"网站建设作为 A 类条款，发展程度较低的小部分发展中国家可选择列为 B 类条款，而最不发达国家则可以要求列为 B 类条款（如果已有相对成熟的投资措施披露体系）或 C 类条款（如果期望获得国际社会的能力建设与资源支持）。

其次，充分利用《投资便利化协定》赋予的延迟与指定类别变更机制。如果某一东道国将透明度要求（包括建立"单一信息门户"网站）列为 B 类条款或 C 类条款，则必须在实施期限到期前至少 120 天（对于发展中国家）或 90 天（对于最不发达国家）向投资便利化委员会通报这一困难；在对延迟作出解释后，如果发展中国家缔约方要求少于 1.5 年的延期或最不发达国家缔约方要求少于 3 年的延期，则延期请求将自动获得批准。[37] 但是，如果延期请求的时间长于上述期限，或请求第二次延期，则由投资便利化委员会决定是否批准这些请求。如果延期请求未获批准，委员会将成立专家组，在三个月内就应对实施挑战的最佳方式提出建议。[38] 在专家审查过程中，不得对接受审查的缔约方发动

---

[37]《投资便利化协定》第 31 条。
[38]《投资便利化协定》第 32 条。

WTO 争端解决机制下的争端解决程序。

最后，充分利用《投资便利化协定》赋予的捐助机制，请求国际社会向其实施透明度要求、建立"单一信息门户"网站提供捐助。《投资便利化协定》第 35 条明确了捐助缔约方在支持发展中国家和最不发达国家缔约方实施协定时应做的工作。该条载明，捐助国缔约方将同意按照与发展中国家和最不发达国家缔约方共同商定的条件，为技术援助和支持提供便利。这种支持将以双边方式或通过国际组织提供，可以向最不发达国家提供更有针对性的支持。

四、结论

目前，发达国家在各种国际投资协定中不断提高透明度要求的标准，而发展中国家及最不发达国家由于经济发展水平相对落后，国内如金融、电信以及国有企业等领域的透明程度远不及发达国家，因而各方对透明度要求的解释也各执一词。㊴《投资便利化协定》没有纠结于"透明度"的定义，而是从东道国有关投资措施须满足的透明度要求的角度出发，列出了东道国应该达到的目标，更容易形成国际社会的共识。

对于发展中国家及最不发达国家而言，一方面有权享有《投资便利化协定》赋予的特殊与差别待遇，在实施透明度要求方面具有更大的灵活性；另一方面也应充分把握协定提供的实施路径及国际社会支持，积极主动地采取可以迅速落地的实施措施。根据我们的实证调查与研究分析，投资者对东道国有关投资措施信息的可获得性及其便利性方面的诉求，在很大程度上决定了投资者对东道国投资环境的判断，而建立"单一信息门户"网站在解决该诉求方面能够发挥关键作用。因此，发展中国家及最不发达国家应考虑将建立对外披露有关投资措施（包括法律法规、监管措施及适用指南等普遍适用规则）的"单一信息门户"网站作为优先工作目标，并围绕该目标建立专业人才队伍，申请国际社会的能力建设支持与捐助，争取在《投资便利化协定》生效时或生效后的 1 年时间内完成"单一信息门户"网站的建设并投入使用。我们相信，"不积跬步无以至千里"，发展中国家及最不发达国家以

㊴ 参见刘斌、刘颖：《透视国际投资规则中的透明度要求——基于中美 BIT 视角》，载《国际贸易》2017 年第 7 期，第 29 页。

《投资便利化协定》的透明度要求作为切入点,以建立有关投资措施的"单一信息门户"网站为优先工作目标,并争取国际社会在这方面的能力建设与捐助支持,不仅在实施《投资便利化协定》方面迈出了具有可操作性的一步,更能为提升世界范围内的外商直接投资营商环境作出重要贡献。

附表：发展中国家及最不发达国家有关 A、B、C 类条款的通知和实施要求
(《投资便利化协定》第 29 条与第 30 条)

类别	要求	发展中国家	最不发达国家	备注
A 类	指定的通报	协定生效时	协定生效后 1 年	A 类条款下指定的承诺将成为协定的组成部分
	条款的实施	协定生效时	协定生效后 1 年	/
B 类	指定的通报	协定生效时	不迟于协定生效后 1 年 不迟于协定生效后 2 年内确定指定	/
	最后实施期限的通报	指示性期限：协议生效时 确定性期限：不迟于协定生效后 1 年	指示性期限：不迟于协定生效后 1 年 确定性期限：不迟于协定生效后 2 年	可要求委员会给予更多时间来通报确定性期限
C 类	指定的通报	协定生效时	协定生效后 1 年	/
	实施最后期限的通报	指示性期限：协定生效时 确定性期限：协定生效后 1.5 年内	指示性期限：不迟于能力建设需求通报后 2 年 确定性期限：不迟于能力建设安排通报后 1.5 年	可要求委员会给予更多时间来通报确定性期限
	能力建设需求的通报	关于需求的信息：协定生效时	关于需求的信息：C 类条款指定通报后 1 年	/
	能力建设进展的通报	关于新的或正在进行的能力建设安排的信息：协定生效后 1 年内 能力建设安排的最新进展：安排通报后 1.5 年	关于新的或正在进行的能力建设安排的信息：不迟于能力建设需求通报后 2 年 能力建设安排的最新进展：不迟于安排通报后 1.5 年	双边或通过国际组织共同商定的条件作出 委员会可邀请非缔约方提供有关能力建设安排的信息 缔约方还可以提供有关实施计划或项目、负责实施的机构以及已与之作出安排的捐助方的信息

第三章　发言综述：国际投资便利规则制定的晚近发展和潜在挑战[*]

内容摘要：现有国际投资协定往往关注投资保护、投资准入和争端解决，对于投资便利缺乏充分关注，投资便利规则基本是通过国内法律和政策的方式制定和发展的。近年来，国际社会和部分国家加强了投资便利规则制定的努力。巴西缔结的新一代投资协定和世界贸易组织通过的《促进发展的投资便利措施协定》文本是重要成果。鉴于投资便利规则和投资协定中的公平公正待遇规则存在实质重合，协调国际和国内层面规则制定及解决潜在平行程序是亟待解决的问题。

国际投资便利规则在近年内得到了长足的发展。在国内层面，很多国家制定了强调国际投资便利的国内立法和投资政策，并作出了很多创新规定。一个典型的例子是中国，中国在近年来设立的诸多自由贸易试验区都强调了国际投资便利，并出台了很多具体政策和规则。

在国际层面，无论是双边角度还是多边角度，国际投资便利规则制定都有了进步。从双边角度看，巴西在2015年以来开始签订新一代的投资便利与合作的协议，目前已经签订了十几个此类协定。[①]此类协定和现有的双边投资协定相比的典型特点是在投资保护的同时更加强调投资便利，并不再继续允许采用投资仲裁的方式解决投资者和东道国之间的争端。在多边角度，世界贸易组织

---

[*] 池漫郊，对外经济贸易大学法学院教授，本文系根据作者在2023年中国国际投资仲裁学术论坛年会的发言初步整理而成，系作者对此议题研究的初步成果介绍，并不构成严格意义的学术论文，不完善之处请读者谅解。

[①] 巴西的新一代国际投资协定的范本可以参见 https：//investmentpolicy.unctad.org/international-investment-agreements/treaty-files/4786/download，2024年7月20日访问。

（World Trade Organization，WTO）不久前的第十三次部长级会议已经通过了《促进发展的投资便利措施协定》文本。②尽管目前该协定并未作为多边协定方式纳入WTO规则体系，但普遍认为该协定将会以诸边协定的方式纳入WTO规则体系。更为重要的是，该协定的制定，充分体现了超过100个WTO成员，尤其是发展中国家成员，对于国际投资便利规则制定的需求和参与，在国际经贸规则制定的历史上具有里程碑意义。从长远看，这些规则将在全球领域产生影响。

从本质上看，投资便利和投资保护、投资促进和投资仲裁等目前国际投资治理中的"主流议题"有重要区别。投资便利在本质上强调和规制的是各国政府对投资的管制措施，要求政府采取更加友好、高效和便捷的管制措施让外资能够便捷地在本国准入、运作和撤离。因此，投资便利措施在本质上体现出非常浓厚的政府管制措施改革的要求。易言之，投资便利措施基本上都是要求政府采取某些行为或不采取某些行为，从而使得该国对外资的管理能够得到优化和改善。

投资便利措施目前正在越来越广泛的使用可能对各国现有的投资治理措施产生挑战。其范围非常宽泛，可能牵涉到国家对于外资管制的各个方面。如果投资便利措施导致争议应如何解决？这个问题需要从以下两个方面进行讨论。

第一方面是投资者和东道国之间关于投资便利的争议的解决。这也和当前正在改革的投资争端机制解决（ISDS改革）密切相关。这个方面实际上有很多潜在风险。如上所述，投资便利规则是体现东道国对于外资管制措施的优化和完善，在本质上都是对于国家行使外资管制权的限制。随着国际上对于投资仲裁对国家管制权的冲击越发不满，很多国家并不希望将因投资便利措施导致的投资争端提交国际仲裁。但如果这样，此类争端将难以妥善解决。主要原因是在现有的大量双边投资条约中都有间接征收条款和公平公正待遇条款，此类条款在本质上是对于国家行使外资管制权的重要约束。尤其是公平公正待遇条款往往从程序角度对国家行使外资管制权设置限制。所以，投资者往往可以将涉及投资便利措施的争端以违反双边投资条约的间接征收或公平公正待遇条款为

---

② 关于WTO《促进发展的投资便利措施协定》的介绍，参见https：//www.wto.org/english/tratop_e/invfac_public_e/invfac_e.htm，2024年7月20日访问。

由提交到国际投资仲裁。比如，很多国家都出台了关于设立公司（设立一项商业存在）所提供的各种各样的便捷的服务和待遇之措施，这些措施在本质上是投资便利措施。但如果投资者认为国家没有合适提供此类服务或待遇，可能会提起国际投资仲裁。到目前为止，还没有一个妥善的方法能够完全地将投资便利措施与国际投资仲裁进行完全隔离，各国需要妥善应对。

第二方面涉及 WTO 争端解决。WTO 的争端解决跟投资仲裁不一样，是成员方之间的争端解决，主要体现为国家之间的争端解决。一个国家采取的投资便利措施如果被另一个国家视为违反 WTO 规则的话，该国可能提起 WTO 争端解决程序。从目前看来，由于 WTO 投资便利措施协定文本虽然达成，但还没有解决该协定在 WTO 规则体系内的地位，因此其效力如何尚待观察。但无论如何，各国有必要考虑"平行程序"或"重复救济"的行为，即同一项投资便利措施可能同时被认为违反双边投资协定条款和 WTO 投资便利措施协定，因此存在同时被诉至 WTO 和国际投资仲裁的可能。由于这两种争端解决程序的主体不同、诉由不同，彼此缺少必要的体系性沟通渠道，因此，"平行程序"或"重复救济"恐难以避免，国家将面临更多挑战。

目前并无一个完美方案能妥善解决前述两方面问题。各国需要通过规则制定来解决这个问题。比如，前述巴西签订新型的双边投资协定就已不再允许国际投资仲裁，因为投资便利措施引发的投资争端将无法通过国际仲裁解决，只能通过其他方式解决，如东道国国内救济或谈判等。但是，鉴于目前绝大多数双边投资条约都允许投资仲裁，巴西的做法可能难以在全球层面实现。

鉴于以上，各国在未来都需慎重考虑"隔离"的问题，其目的在于实现投资便利措施争议只能通过国家提交到 WTO 解决。WTO 投资便利措施协定对此制定了规则，但仍需持续观察这些规则是否真正有效。此外，鉴于目前前述"平行程序"或"重复救济"无法杜绝，如何在尊重法治原则的基础上，促进不同争端解决程序之间的沟通和协调，也是未来国际社会需要考虑和解决的问题。

外商投资法律制度的完善*

一、双边协议对于投资制度的吸纳

在过去的这10年里，首先就是以《区域全面经济伙伴关系协定》（Regional Comprehensive Economic Partnership，RCEP）和全面与进步跨太平洋伙伴关系协定（Comprehensive and Progressive Agreement for Trans-Pacific Partnership，CPTPP）为代表的一些新一代的区域贸易协定，对世界贸易组织（World Trade Organization，WTO）的规则做了一些重大突破。除了在贸易领域进一步延伸到了一些新的领域之外，还有一个重要的突破就是把投资规则也纳入区域贸易协定来了。该情况是原来WTO规则中没有的，跟中国已经制定的外商投资法相比，这些新一代的区域贸易协定有了这些新内容，比方说禁止业绩要求、保留不符措施、损失的赔偿，包括代位，还有这些投资便利化的规定。

虽然这些规定在以前签订的双边投资条约（Bilateral Investment Treaty，BIT）里面都有所出现，但是BIT不是国内法。在国内法的外商投资法里面还没有涉及这些议题，所以现在中国已经加入了RCEP，也正式申请加入了CPTPP。这些国际协定的规则，今后应该成为中国国内法的一个组成部分。

所以跟RCEP相比，CPTPP在投资领域的规则更加全面更加深入，尤其是它除了这些投资规则当中的一些实体性的规则，包括像赔偿、代位这些规则以外，它还增加了一个争端解决的条款，所以这些都是新一代区域贸易协定的发展。

二、外商投资法与国际条约的比较

外商投资法是自贸区成立以来的一个最大的贡献，通过先行先试，然后由原来的准入后国民待遇加正面清单的这种管理模式，改为现在的准入前国民待

---

* 胡加祥，上海交通大学法学院教授。

遇加负面清单的管理模式。

但是跟这些国际高标准的投资规则相比，外商投资法其实还是比较基础的。其实从外商投资法的内容来看，它还是处于一种准入阶段的管理，至于外商进入中国市场以后，这些给予包括投资便利化的措施、透明度，还有其他的一些国际合作方面的规定，外商投资法目前还比较欠缺。

三、国家外商投资体系完善路径

1. 自贸区先行先试

首先外商投资法律制度的完善先放在自贸区先行先试，是有立法依据的，中国新出台的外商投资法以及外商投资法的实施条例，都有明确规定，即国家可以设立特殊经济区，或在部分地区实行外商投资试验性的政策措施。这就是给外商、给自由贸易试验区先行先试这些外商投资的政策提供的法律依据。

除此之外，国家的政策制定，国家领导人的讲话也很明确，给自由贸易试验区下一阶段的发展布置了新的任务。

2. 妥善设置过渡期

其次就是利用过渡期，过渡期是指中国加入了这些国际协定，但是它有个过渡期，比方说 RCEP 有一个 10 年过渡期，完成过渡期 90% 以上的货物贸易的零关税，所以要充分利用这两个窗口期和过渡期，在自由贸易试验区先行先试这些高标准的国际投资规则，然后形成一种可复制、可推广的制度，最终能够完成实现中国完善外商投资法律制度的总体目标。

第四章 可持续发展视角下国际投资协定投资便利化条款的演进[*]

内容摘要：投资便利化不仅可以促进吸引投资，还可以在支持东道国实现可持续发展目标方面发挥关键作用。新一代国际投资协定日益体现出投资便利化特征。在近期达成的国际投资协定中，有一半以上载有投资措施透明度要求，与东道国监管环境有关的投资便利化条款的比重也在增加。然而，现有国际投资协定中的投资便利化条款仍有待发展完善。首先，投资便利化条款可以通过投资环境监管、利益相关方参与以及合作机制和技术援助等促进可持续发展。其次，应鼓励各国通过有关国家机构实施促进和便利可持续发展投资的积极性措施。再次，推动各国积极吸纳联合国贸易发展会议的最佳做法和指导意见。最后，积极推动投资便利化多边协定的达成。为实现可持续发展目标，我国目前不断推动绿色投资增长。未来，我国应在国际层面推进更广泛的投资便利化合作改革共识。

关键词：国际投资协定 投资便利化 可持续发展

投资促进和便利化对于经济增长和可持续发展来说至关重要，其有助于实现可持续发展目标和联合国 2030 年可持续发展议程。根据联合国贸易和发展会议（United Nations Conference on Trade and Development，UNCTAD）的统计，发展中国家面临日益扩大的实现可持续发展目标的缺口，缺口金额达到了每年 4

---

[*] 张生，西安交通大学法学院教授、博士生导师，"一带一路"与国际法治研究院研究员；马燕飞，西安交通大学法学院博士生。

万亿美元。① 在应对新出现的全球性挑战中，投资便利化对于各国向碳中和经济的过渡也非常重要。然而，要实现这些目标，仅仅增加投资数量是不够的，还要不断提升投资的质量，即投资必须带来具体的可持续发展效益。

进入21世纪，随着可持续发展成为国际投资协定改革的目标，投资便利化作为规范东道国监管以及降低外国投资者投资中的规制障碍的作用日益凸显。② 投资便利化措施旨在解决投资的基础性障碍，使投资者更容易建立或扩大投资，以及便利投资者在东道国开展日常业务。在新一代国际投资协定中，越来越多的协定包含了投资便利化条款。投资便利化正通过多边、区域和双边倡议在全球范围内推进。在多边层面，世界贸易组织（World Trade Organization，WTO）完成了关于《投资便利化协定》文本的谈判。在区域层面，《非洲大陆自由贸易区投资议定书》《东盟投资便利化框架（2021）》和《南方共同市场内部合作与投资便利化议定书（2017）》等协定都是以投资便利化为重要内容之一的。在双边层面，专门规定投资便利化的协定包括巴西缔结的《投资合作与便利化协定》（Cooperation and Facilitation Investment Agreements，CFIA）、《安哥拉—欧盟可持续投资便利化协定》以及《澳大利亚—新加坡绿色经济协定（2022）》等。然而，由于目前大多数投资协定并未包含投资便利化条款，通过投资便利化条款实现可持续发展投资还需要各方的持续努力。以此为背景，本章梳理了投资协定中的投资便利化条款的类型，在分析投资便利化和可持续发展的基础上探讨国际投资协定的投资便利化条款的完善路径，最后结合我国的实践针对我国投资协定的完善提出建议。

一、投资协定中的投资便利化条款概述

国际投资协定是国际投资法最重要的法律渊源。③ 国际投资协定通过投资保

---

① UNCTAD, *World Investment Report 2023: Investing in Sustainable Energy for All*, United Nations, 2023, https://unctad.org/system/files/official-document/wir2023_en.pdf. （联合国贸发会议《2023年世界投资报告》）

② 郝宇彪、梁梦阳：《投资便利化的起源、发展与评估》，载《区域经济评论》2022年第5期，第110页。

③ Ursula Kriebaum, Christoph Schreuer & Rudolf Dolzer, *Principles of International Investment Law*, Oxford University Press, 2022, p.18. （《国际投资法原则》第三版）

护条款和争端解决条款为外国投资者提供了法律权利保护和解决投资争端的国际仲裁途径。不同于上述条款，投资便利化条款旨在改善东道国国内法律框架以为外国投资提供便利。投资便利化并不涉及与投资有关的政策和法规的实质内容，而是涉及相关政策和法规的实施和适用。从具体要求上看，投资便利化措施涉及提高东道国政府投资框架的透明度和可预测性，简化与外国投资者有关的程序，以及加强东道国和母国政府、外国投资者、国内公司和社会参与者等利益相关者之间的协调与合作等。[4] 此外，投资便利化条款有别于投资促进条款。投资促进条款是指促进一个国家或地区成为有吸引力的投资目的地，而投资便利化条款则是指为投资者在东道国建立或扩大业务提供便利。

近年来，有关投资便利化的政策讨论越来越多。巴西自2015年起开始推动缔结CFIA。巴西已与非洲和拉丁美洲的发展中国家签署了数十项CFIA。此外，投资便利化问题也在二十国集团（Group of 20，G20）进行了讨论，并被纳入2016年通过的《G20全球投资指导原则》中。[5]

新一代国际投资协定越来越多地包含投资便利化条款。在最近签订的国际投资协定中，一半以上包含投资措施的透明度要求，与东道国环境监管有关的投资便利化条款的比例也在增加。建立合作机制框架的国际投资协定所占比例大幅增加，自2020年以来签署的国际投资协定中，70%以上包含了这种机制。[6]超过30%的新一代国际投资协定包含国家对利益相关方参与的承诺，包括允许外国投资者作为利益相关者对拟颁布的监管措施进行评议或设立一个具有投资相关权限的协调中心。此外，新一代国际投资协定还包括技术援助或针对可持续发展投资的便利化措施。[7]

晚近也出现了以实现投资便利化为重点的国际投资协定，如前述提到的《东盟投资便利化框架（2021）》《欧盟—安哥拉可持续投资便利化协定》《南方共同市场内部合作与投资便利化议定书（2017）》《非洲大陆自由贸易区投

---

[4] Axel Berger & Sebastian Gsell, *How Can an International Framework for Investment Facilitation Contribute to Sustainable Development?*, Briefing Paper, 2019, https://www.econstor.eu/bitstream/10419/206856/1/bp-15-2019.pdf.（《国际投资便利化框架如何促进可持续发展？》）。

[5] 《二十国集团全球投资指导原则》，载《人民日报》2016年09月07日，第21版。

[6] UNCTAD, *Investment Facilitation in International Investment Agreements: Trends and Policy Options*, IIA Issues Note, 2023, https://unctad.org/system/files/official-document/diaepcbinf2023d5_en.pdf.（联合国贸发会议《国际投资协定中的投资便利化：趋势和政策选择》）。

[7] 同上注。

资议定书》等。其中，建立合作机制框架和包含监管透明度要求的国际投资协定所占比例明显增加。归纳起来，晚近国际投资协定中的投资便利化条款主要涵盖以下四个方面的内容：东道国投资环境的监管规定；明确利益相关者公众参与的程序规定；在条约缔约方之间建立持久合作的机制的规定；通过投资便利化促进可持续投资的相关规定。[8]

（一）关于东道国的投资环境监管的规定

在以上四类投资便利化条款中，针对东道国投资环境监管的投资便利化条款最为常见。具体包括投资相关措施的透明度承诺和旨在改善监管环境的承诺。

透明度条款是国际投资协定中有关投资便利化的最普遍的做法。UNCTAD 的统计数据显示，2000 年之前签署的双边投资协定中只有 8% 的协定包含了透明度条款，近年来，包含透明度条款的国际投资协定的比例稳步增长。例如，美国 2012 年投资协定范本第 10 条"有关投资的法律和决定的公布"要求缔约方保证及时发布或以其他方式使公众获知任何有关投资协定涵盖事项的法律、法规、程序和普遍适用的行政裁决以及裁判性决定。同时第 11 条"透明度"进一步要求缔约国要对上述措施进行事先公布，并给予利害关系人对拟采取措施发表意见的机会，它也明确了投资者等公众参与"标准制定"的权利。[9]

自 2015 年以来签署的国际投资协定中有一半以上包含透明度承诺，[10]而且透明度承诺的范围和具体内容也在发生变化。近期的条约将透明度义务扩大到与国际投资协定范围有关的所有措施。这些措施既包括专门针对投资者的法规，如东道国发布的投资激励计划，也包括可能间接影响投资的法规，如有关公司治理、破产、财产、税收等方面的法律。有的投资协定还将透明度义务延伸至东道国政府准备通过的相关法律制度，明确要求缔约国必须在网上或通过单一的信息门户网站发布相关法律草案。

也有一些投资协定要求缔约国精简与投资有关的行政程序规则。虽然这些协定规定不尽相同，但其目的通常是要求缔约国消除多余的行政步骤以及明确有关

---

[8] UNCTAD, *Investment Facilitation in International Investment Agreements: Trends and Policy Options*, IIA Issues Note, 2023, https://unctad.org/system/files/official-document/diaepcbinf2023d5_en.pdf. （联合国贸发会议《国际投资协定中的投资便利化：趋势和政策选择》）。

[9] 马乐：《国际投资协定透明度要求变化及其启示——以美国实践为考察对象》，载《国际商务研究》2015 年第 1 期。

[10] 同前注⑥。

的行政框架。相关精简程序的承诺涵盖范围不尽相同，有的只涵盖了有关外国投资的准入、设立和运营的程序规定，有的则涵盖所有涉及外国投资的程序。

相较专门涉及外国投资促进和保护的双边投资保护协定，一些自由贸易协定在包含了单独的投资章节外，也就透明度进行专章规定。如《全面与进步跨太平洋伙伴关系协定》（Comprehensive and Progressive Agreement for Trans-Pacific Partnership，CPTPP）第25章就专门涉及"监管一致性"。该章要求缔约国以监管一致性为政策目标，在监管措施的计划、设计、发布、实施和审议过程使用良好的监管实践，并要求各缔约国政府在促进国际贸易和投资、经济增长和就业而加强监管合作努力过程中使用良好的监管实践。CPTPP还要求各缔约国改进规则制定方式，使规则更具可预测性，同时允许利益相关方不同程度参与规则制定的过程。目前也有不少其他的自由贸易协定与CPTPP一样在透明度部分引入了"良好的监管实践"（good regulatory practices）。[11]

2023年签署的《欧盟—安哥拉可持续投资便利化协定》是欧盟签署的第一个可持续投资便利化协定。它要求缔约方通过发布所有投资法律和条件并推动使用单一信息门户，为投资者提供信息，从而增强投资相关措施的透明度和可预测性。也要求缔约方简化投资授权程序，促进电子政务。同时设立联络点和利益相关者咨询机制以促进投资者与行政部门之间的互动。[12]

除政策透明度外，投资协定也通过专门条款为高管和董事会成员等关键投资人员的入境和居留提供便利。自20世纪80年代以来，约40%的国际投资协定中都包含此类条款。[13]此类条款一般会借鉴世贸组织关于入境程序和条件的透明度要求，有的规定会更加具体，纳入了关于接纳特定类别人员和公司内部调动人员方面的承诺，也有一些投资协定载有关于相互承认某些专业资格的承诺。

（二）关于利益相关方参与机制的规定

在包含投资便利化条款的投资协定中，投资者利益相关方参与规则制定的

---

[11] Rashmi Jose, *Good Regulatory Practice Provisions in Regional Trade Agreements: Examples and Considerations for Developing Countries*, IISD, 2023, https://www.iisd.org/system/files/2023-01/regional-trade-agreements-developing-countries.pdf.（《区域贸易协定中的良好管理做法规定：发展中国家的实例和考虑因素》）。

[12] European Commission, *EU and Angola conclude first-ever Sustainable Investment Facilitation Agreement*, Nov. 18, 2022, https://ec.europa.eu/commission/presscorner/detail/en/ip_22_6136.（欧盟委员会《欧盟与安哥拉缔结首份可持续投资便利化协议》）。

[13] 同前注⑥。

规定也很常见。自 2015 年以来签署的约 30%的投资协定中都有此类条款。[14] 但在具体内容上不同协定有不同侧重：有的协定承诺为投资者提供就拟议措施发表意见的机会，有的协定规定了更广泛的承诺，除了涵盖公开磋商，也明确了要求进一步审查拟议措施时考虑磋商结果等。

此外，越来越多的国际投资协定要求设立国家协调中心，以为外国投资者提供信息服务或履行其他沟通职能。比如，《区域全面经济伙伴关系协定》（Regional Comprehensive Economic Partnership，RCEP）投资章节第 17 条"投资便利化"第 1 款就要求缔约方"设立或维持联络点、一站式投资中心、联络中心或其他实体，向投资者提供帮助和咨询服务，包括提供经营执照和许可方面的便利"。

（三）关于投资便利化合作机制的规定

以往注重投资保护的国际投资协定多数不涉及长期合作机制，缔约国对于相关投资保护义务的遵守或履行主要通过投资争端解决机制这一事后救济途径实现。如今签署的大多数国际投资协定基本包含了条约缔约方之间合作的制度框架。[15] 以投资便利化为重点的国际投资协定，如巴西的《合作与促进投资协定》和《肯尼亚—英国经济伙伴关系协定（2020）》，还根据缔约方的共同优先事项为合作机构制订了工作计划。

也有一些国际投资协定纳入了国家间的合作，在各自的投资机构之间建立了更有针对性的联系，如投资促进机构（Investment Promotion Agencies，IPA）或与某一优先发展部门或投资项目类别相关的机构之间的联系。投资促进机构之间的合作最为常见，如巴西的 CFIA 等。这种实质合作在《澳大利亚—新加坡绿色经济协定（2022）》中得到了更大限度的落实。该协议旨在促进绿色经济的发展，在相关国家机构之间就环境产品和服务、碳中和经济投资、绿色金融和碳市场、人力资本开发等事项上制订了若干联合方案，并由两国投资促进机构之间的谅解备忘录作为补充。

合作机制还涉及对欠发达缔约方的技术援助和能力建设。技术援助和能力建设的提法在晚近的国际投资协定中越来越常见，在 2015 年以来签署的 30%以

---

[14] 同前注⑥。
[15] 同前注⑥。

上的投资协定中都有提及。不过这些提法大多是倡导性的，没有承诺具体的措施。唯一的例外是《非洲大陆自由贸易区投资议定书》，它除要求成员国承诺支持技术援助外，还设立了泛非贸易和投资促进局。该机构旨在向成员国及其相关机构提供技术援助和能力建设，由非洲自由贸易区秘书处提供经费支持。

虽然目前多数投资协定开始包含投资便利化条款，但多数协定在具体承诺方面的规定都比较"软性化"，通常采用"endeavor to"（尽力）等表述，这就导致相关条款不具有强制约束力，而且这些协定通常也会明确将有关投资便利化的规定排除在争端解决条款之外，而是规定通过调解或者谈判的方式解决相关争议。比如，RCEP 投资章节第 17 条"投资便利化"最后一款就明确了"本条规定不受本协定项下的任何争端解决程序的约束或影响"。

为了确保投资便利化条款的实现，也有越来越多的国际投资协定纳入了软性的合作执行机制，如报告机制等。比如，《智利—厄瓜多尔经济互补协定（2020）》要求缔约方每年向相关委员会报告其在履行规则制定和监管一致性承诺方面取得的进展和采取的措施。《东盟投资便利化框架（2021）》也要求缔约方致力于实施投资便利化框架并定期向东盟协调投资委员会报告进展。

二、投资便利化与可持续发展的关系

联合国 2030 年可持续发展议程的实现需要大量的全球投资。相较发达国家，发展中国家在落实可持续发展目标方面面临更多的资金缺口，解决这一问题的一个方案就是吸引外国投资，外国投资不仅为发展中国家带来了资本，还带来了先进技术和管理经验。然而，外国投资对于东道国的贡献并非自动实现，如果不对外国投资加以谨慎管理，投资可能会对环境、劳动标准造成损害，影响可持续发展。为了应对投资的负面影响，投资便利化政策就显得尤为重要。

自 2017 年以来，一些新兴国家和发展中国家一直在推动世界贸易组织关于建立国际投资便利化框架的讨论，该框架有助于增加外国直接投资流动。投资便利化涉及广泛的领域，其重点都是鼓励投资高效流动，为东道国带来最大利益。根据联合国 2030 年可持续发展议程，吸引更多的外国直接投资是必要的，同时还必须注重外国直接投资对东道国社会公平和环境友好的经济增长的贡献。

通常而言，投资便利化在以下四个方面可以促进可持续发展：

首先，投资便利化有助于吸引外国直接投资并确保其持续性。外国投资可以提高东道国的生产能力、创造就业机会并促成先进技术和管理经验的传播。但同样重要的是，要确保外国投资与国内可持续发展战略相一致。投资便利化有助于留住既有投资，从而增强其对可持续发展的贡献。因此，投资便利化的核心内容之一应该是如何确保外国投资具有可持续性。多数情况下，投资者必须在东道国居留一定时间，才能与当地商业界进行深度接触。根据统计，经合组织成员国的外国直接投资流量的60%实际上是再投资，这一事实凸显了确保投资可持续性的重要性。[16] 投资协定中的投资便利化安排，特别是投资促进机构不仅有助于吸引外国直接投资，也能为外国投资者融入东道国当地经济环境创造机会。

其次，发展中国家吸引外国投资固然重要，但仅仅关注流入的规模是不够的，还需要提高外国直接投资的质量及其对可持续发展的三个方面，即经济、社会和生态的贡献。投资便利化的可持续性导向对于在监管薄弱的政策环境下降低外国投资项目可能产生的负面外部效应非常重要。因此，国际投资法律框架的设计应有助于保留国家的政策空间和法律法规的实施，在改善环境和社会条件的同时，提高外国直接投资对东道国国内经济发展的贡献。

再次，为加强外国投资对可持续发展的贡献，投资便利化也有助于改善发展中国家的机构运行和行政能力。例如，鉴于可持续发展议程的复杂性，各国需要改善各个部门内部的协调与合作。建立协调中心可以帮助外国投资者获得与投资有关的经济、社会和环境法律法规方面的信息。此外，设立国家监察员也有助于减少外国投资者与东道国政府之间可能发生的冲突。

最后，通过达成国际投资便利化框架有助于提升国际合作水平，从而更好地实现投资便利化，进而促进可持续投资。加强外国直接投资对可持续发展的贡献取决于不同部门和政府机构之间的协调与配合。各国政府可通过促进多方利益相关者，如投资者、投资促进机构和民间组织等的参与促进可持续投资，有助于确保投资便利化措施的落实。

---

[16] Axel Berger & Sebastian Gsell, *How Can an International Framework for Investment Facilitation Contribute to Sustainable Development?*, Briefing Paper, 2019, https：//www.econstor.eu/bitstream/10419/206856/1/bp-15-2019.pdf.（《国际投资便利化框架如何促进可持续发展？》）。

三、国际投资协定的可持续发展改革

通常认为，国际投资协定的首要目的在于促进及保护外国投资，使其免受东道国的非法侵害，而非促进东道国的可持续发展。经济合作与发展组织（Organisation for Economic Cooperation and Development，OECD）在一项较早的调查中发现，"几乎所有的经合组织成员国及非成员国都致力于可持续发展的目标，但大部分国家都并未利用国际投资协定作为实现该目标的机制"。[17] 但是随着可持续发展内涵的不断丰富，依靠传统的环境保护协定已经不能有效实现经济、社会和环境的平衡发展。同时，随着外国直接投资数量的增长，国际投资活动导致的环境污染和侵犯人权等问题日益增多。通常情况下，外国投资者在东道国的行为主要由东道国国内法进行规制，这容易导致发展中国家为了吸引外资，降低环境和人权保护标准。因此，在投资协定中纳入可持续发展要求的呼声越来越高。在投资协定中纳入可持续发展条款有助于缓解这种不平衡现象，确保东道国有足够的政策空间管制国际投资，使其有利于可持续发展。仔细研究这些改革方案或者倡议，不难发现在各国推动国际投资协定可持续发展改革的同时，也关注投资便利化。

UNCTAD 在其 2012 年发布的《世界投资报告》就关注到了投资协定从以往的只关注投资促进与投资保护到平衡投资者与东道国利益以保证投资协定可以促进可持续发展的转变。[18] 为了帮助各国改革本国投资协定以实现可持续发展目标，UNCTAD 同时也提出了《可持续发展投资政策框架》，以将可持续发展落实到具体措施和机制的运作上。针对投资便利化，该政策框架要求各国投资政策应设立公开、稳定和可预测的准入条件，同时要求投资促进与便利的政策应与可持续发展目标保持一致，其设计应使追逐投资的有害竞争风险降到最低。2015 年，联合国可持续发展峰会制定的《实现可持续发展目标方案》也指出国

---

[17] OECD, *International Investment Law*: *Understanding Concepts and Taking Innovations*, 2008, https://doi.org/10.1787/9789264042032-en.（经合组织《国际投资法：概念理解和创新》）。

[18] UNCTAD, *World Investment Report 2012*: *Towards a New Generation of Investment Policies*, United Nations, 2012, https://unctad.org/system/files/official-document/wir2012_embargoed_en.pdf.（联合国贸发会议《2012 年世界投资报告》）。

际投资协定能够在使国际投资活动朝着有利于实现可持续发展目标方面发挥着重要作用。[19] 同样在 2015 年，OECD 也通过了《投资政策框架》，将投资便利化看作一国外国投资政策必不可少的一部分，并建议各国设立投资促进机构，投资促进机构不仅可以帮助简化行政程序、提高监管透明度，还可以作为私营部门参与国内法改革过程的渠道。[20]

2015 年，UNCTAD 还进一步推出了《国际投资协定改革路线图》，将"促进和便利投资"作为五个行动领域之一。2016 年，各利益相关方在 UNCTAD 世界投资论坛上通过了《投资便利化全球行动菜单》，确定了 10 条行动路线，其中有一条要求各方"通过加强投资促进发展方面的国际合作，包括在国际投资协定中作出规定，对投资便利化进行补充"。UNCTAD 在最新发布的《世界投资报告 2024》以数字经济为背景关注投资便利化，并指出"投资便利化和数字政府解决方案有助于优化投资环境"。

即使现有的投资协定在落实可持续发展改革时也比较多地涉及投资便利化条款，但是现有的投资便利化条款仍存在以下几方面的不足：

第一，现有的投资便利化条款具有明显的"碎片化"特征。虽然晚近投资协定比较多地涉及投资便利化，但目前的国际投资协定仍然是由"旧一代"投资协定主导，这些协定在很大程度上与全球可持续发展需求不一致。[21] 同时，从整个投资协定网络来看，投资便利化条款的覆盖面仍然不够大，这也意味着各国需要继续努力改革和完善本国的投资协定。另外，从内容上看，现有的投资协定中的投资便利化条款在涵盖范围和内容上也存在比较大的差异。以可持续发展条款的承诺的约束力为例，有的国家的投资协定采用不具有约束力的软法化的表述，而欧盟则试图在投资协定中要求缔约方作出具有约束力的承诺。[22]

---

[19] 张光：《论国际投资协定的可持续发展型改革》，载《法商研究》2017 年第 5 期。

[20] OECD, *Policy Framework for Investment: A Review of Good Practices*, 2015, https://www.oecd-ilibrary.org/finance-and-investment/policy-framework-for-investment_ 9789264025875-en. （经合组织《投资政策框架：良好做法回顾》）。

[21] UNCTAD, *Trends in the investment treaty regime and a reform toolbox for the energy transition*, IIA Issues Note, 2023, https://unctad.org/system/files/official-document/diaepcbinf2023d4_ en.pdf. （联合国贸发会议《投资条约制度的发展趋势和能源转型的改革工具箱》）。

[22] Shantanu Singh, *What's Happening on Investment Facilitation: A survey of recent global developments*, Investment Treaty News (Sept. 30, 2023), https://www.iisd.org/itn/en/2023/09/30/whats-happening-on-investment-facilitation-a-survey-of-recent-global-developments/. （《投资便利化的最新动态：近期全球发展概览》）。

此外，虽然在世界贸易组织框架下的《投资便利化协定》于2024年2月正式定稿，但其最终通过仍面临比较大的不确定性。像印度和南非等国家认为当前的诸边谈判与WTO的多边路径不一致。也有人主张《投资便利化协定》的通过是一个高度政治化的问题，许多国家更愿意首先解决多哈发展回合的问题，尤其是农业贸易问题，然后再启动诸如投资便利化等新议题的谈判。也有意见认为投资便利化条款可能会不当限制东道国的政策空间，甚至可能导致投资者援引该条款启动投资者—国家争端解决（Investor-State Dispute Settlement，ISDS）程序。[23]

第二，传统的投资便利化理念，甚至许多最近包含可持续发展目标的投资协定中的便利化条款，往往都是以外国投资者为中心，侧重于加快外资审批、消除投资障碍或监管壁垒以及稳定法律和监管环境等。然而，正如UNCTAD在2016年《投资便利化全球行动菜单》中所述，任何便利化倡议都不能脱离更广泛的可持续发展投资议程而单独考虑。有效的投资便利化条款应对东道国可持续发展作出贡献，包括提升东道国的能力和关键基础设施。投资便利化条款应成为整体投资政策框架的一个有机组成部分，以推动东道国最大限度利用外国投资的同时使外国投资的负面影响降到最低。[24]

第三，现有条款对中小企业的考虑仍显不足。对于外国投资者而言，投资协定中的争端解决条款，特别是国际投资仲裁条款，能够在其与东道国政府产生投资争端时提供有力的保障。但目前大多数投资协定都将涉及投资便利化措施引发的争议排除在可以仲裁的事项范围之外。如果不能提交投资仲裁，这些争议可以通过国家间仲裁解决。但巴西所签署的专门的CFIA只涵盖了投资预防机制，对于中小企业而言，这种机制可能并不能真正维护其自身利益，因为其

---

[23] Axel Berger & Zoryana Olekseyuk, *Investment Facilitation for Development-What's at stake at the 13th Ministerial Conference of the World Trade Organization？*, German Institute of Development and Sustainability (Feb. 23, 2024), https：//blogs.idos-research.de/2024/02/23/investment-facilitation-for-development-whats-at-stake-at-the-13th-ministerial-conference-of-the-world-trade-organization/. （《投资便利化促进发展——世界贸易组织第13届部长级会议的关键是什么？》）。

[24] Brooke Skartvedt Guven, *Briefing Note：Investment Promotion and Facilitation for Sustainable Development*, Columbia Center on Sustainable Investment (Jul. 1, 2020), https：//ccsi.columbia.edu/sites/default/files/content/docs/publications/Briefing-Note-Investment-Promotion-and-Facilitation-for-Sustainable-Development-FINAL.pdf. （《简报：投资促进和便利化可持续发展》）。

不一定拥有和政府进行谈判的对等的实力。㉕ 在这种情况下，如何在投资便利化条款中更好维护中小企业的利益就显得十分重要。

四、可持续发展视角下投资便利化条款的完善路径

第一，通过投资环境监管、利益相关方参与以及合作机制和技术援助促进可持续发展。关于投资环境监管和利益相关方参与的投资便利化承诺具有普遍性，但其范围和内容可能对可持续发展产生不同影响。一方面，缔约国应确保外国投资者在获得投资便利时不压缩东道国的监管空间，如根据可持续性标准为投资提供优惠待遇等。另一方面，缔约国应确保这些措施能够有效改善营商环境，并针对投资活动的潜在负面影响建立保障机制，同时不给地方行政部门造成过重负担。例如，在改善监管环境方面，除建立有助于外国投资者在本国投资的准入程序外，缔约国应优先考虑适用于不同规模的本地和外国投资者的程序的数字化和精简化，如设立企业、获得开展相关活动的许可证或申请知识产权注册等程序。关于利益相关方的参与承诺，需要采取措施确保这些机制考虑到来自中小企业投资者以及受投资活动影响的当地居民的声音。最后，强有力的合作机制和技术援助可以大大提高国际投资协定条款承诺的效力，确保这些承诺惠及发展中国家。此外，发展中国家应着重考虑其落实国际投资协定中的投资便利化条款的能力，并确保投资便利化承诺与有效的技术援助承诺相结合。㉖

第二，鼓励各国通过有关国家机构实施促进和便利可持续发展投资的积极性措施。首先需要明确能够落实这些承诺的国家机构并界定其作用，并设置监督落实情况的制度化机制，若协定中承诺的内容包含具体的行动措施，这类积极性承诺就更有助于实现可持续发展目标。就国际投资协定而言，相关国家机构之间在相关的一系列领域内建立强有力的合作机制，有助于取得预期成果。比如，《澳大利亚—新加坡绿色经济协定（2022）》就包含了此类详细承诺，

㉕ Nathalie M-P Potin & Camila Brito de Urquiza, *The Brazilian Cooperation and Facilitation Investment Agreement：Are Foreign Investors Protected?*, Kluwer Arbitration Blog（Dec. 29, 2021）, https：//arbitrationblog.kluwerarbitration.com/2021/12/29/the-brazilian-cooperation-and-facilitation-investment-agreement-are-foreign-investors-protected/.（《巴西合作与便利化投资协定：外国投资者是否受到保护?》）。

㉖ 同前注⑥。

承诺缔约国的总体目标转化为七个互补的行动领域，涵盖贸易和投资、绿色和转型融资、清洁能源、去碳化和技术等。每个行动领域都确定了主管机构和一系列合作活动，并包括具体的倡议清单。

第三，推动各国积极吸纳UNCTAD的最佳做法和指导意见。具体而言，有关实践包括：首先，鼓励各国纳入针对可持续投资的积极推动和促进承诺。规定优先可持续发展目标部门，如可再生能源、农业、健康、水和卫生设施等的特许经营承诺，并确定所有缔约方将采取的具体执行措施和行动，定期评估执行进展情况。其次，加强可持续发展方面的合作机制建设。具体包括制订明确的合作工作计划，定期举行会议并报告执行进展情况，以及考虑设立"投资委员会"促进对可持续发展目标优先部门和优先投资类别的投资。再次，主张投资者母国在支持本国企业对外投资时以满足可持续性标准作为支持标准。明确将可持续发展目标作为母国在提供投资担保或者发展融资时的考虑标准。此外，确保利益相关方参与机制对可持续发展产生积极影响。保障利益相关方参与机制具有包容性，为所有利益相关方提供有效参与。利用利益相关方参与机制的数字化，收集用户的相关数据，例如性别、地理分布等，以便能够作出正确的政策决策。最后，利用国际投资协定推进投资便利化。将一国的对外谈判目标和优先事项与其内投资促进和便利化政策协调起来，使国际投资协定中的便利化承诺与一国国内的总体投资便利化议程相一致。将国际投资协定作为实现一国可持续发展目标的合作平台，如技术援助、网络建设、交流最佳做法等。还可以让一国的投资促进和便利化机构参与国际投资协定的执行和合作机制。[27]

第四，积极推动投资便利化多边协定达成。在全球投资治理规则中，投资便利化是最容易达成多边共识的部分。它避开了以往多边投资规则中关于投资保护条款的核心争议，主要强调在投资准入阶段提升政策透明度、在执行阶段简化行政流程，并通过多边联动来加强国际合作与能力建设。[28] 当前在世界贸易组织框架下的《投资便利化协定》已经定稿，参与谈判的国家还重申了致力于将该协定作为诸边协议正式纳入《马拉喀什建立世界贸易组织协定》附件四。根据

---

[27] UNCTAD, *Investment Facilitation in International Investment Agreements: Trends and Policy Options*, IIA Issues Note, 2023, https://unctad.org/system/files/official-document/diaepcbinf2023d5_en.pdf.（联合国贸发会议《国际投资协定中的投资便利化：趋势和政策选择》）。

[28] 同前注②。

《马拉喀什建立世界贸易组织协定》的规定，一旦纳入附件四，《投资便利化协定》将在 75 个世贸组织成员根据其国内程序接受后生效。由于诸边协议对所有世界贸易组织成员开放，尚未接受该协定的成员在该协定生效以后也可以加入。

五、中国的实践

我国秉持人类命运共同体理念，始终坚持走绿色发展之路。为落实联合国 2030 年可持续发展议程，推动全球可持续发展，共同构建人与自然生命共同体，共建繁荣清洁美丽的世界贡献了中国智慧、中国力量。习近平总书记多次强调我国要积极应对气候变化，并在全球气候和环境治理中发挥积极作用。2023 年 1 月，国务院发布《新时代的中国绿色发展》白皮书，全面介绍新时代中国绿色发展理念、实践与成效，分享中国绿色发展经验。[29] 在投资领域，为实现可持续发展目标，我国不断推动绿色投资增长。

2016 年，二十国集团领导人峰会在中国召开，会议达成了《G20 全球投资指导原则》，G20 成员就国际投资确立了 9 大核心原则。这份指导原则是世界范围内首份关于投资政策制定的多边纲领性文件，将确立全球投资规则的总体框架，奠定未来多边投资协定的重要基础，为实现多边投资政策协调与合作迈出了历史性的一步，具有重要的前瞻性和导向性的意义。[30] 该文件指出，为了营造开放、透明和有益的全球投资政策环境，促进国际国内投资政策协调，促进包容的经济增长和可持续发展，二十国集团成员提出非约束性原则，为投资政策制定提供总体指导。文件第 7 条指出，投资促进政策应使经济效益最大化，具备效用和效率，以吸引、维持投资为目标，同时与促进透明的便利化举措相配合，有助于投资者开创、经营并扩大业务。最后，这些原则考虑到其国内和更广泛的可持续发展目标和重点，可为制定国际国内投资政策提供参考。总之，所有投资应该符合可持续发展的原则和包容增长的原则，既要对外资给予保护，同时也要给予东道国足够的政策空间，对外资行为进行规范。

---

[29] 《新时代的中国绿色发展》白皮书，载中国政府网 2023 年 1 月 19 日，https://www.gov.cn/zhengce/2023-01/19/content_5737923.htm。

[30] 《首份〈G20 全球投资指导原则〉出炉 利"己"也利"人"》，载央广网 2016 年 7 月 11 日，https://finance.cnr.cn/txcj/20160711/t20160711_522641847.shtml。

2021年7月，商务部和生态环境部联合发布《对外投资合作绿色发展工作指引》，指出绿色发展是可持续发展的必要条件，对外投资合作只有践行绿色发展理念，才能成为提升国内国际双循环质量的重要支撑，才能在开放发展中发挥关键作用，才能在国际合作与竞争中赢得主动。[31] 并提出要在对外投资合作过程中，推动绿色生产和运营，建设绿色基础设施，打造绿色境外经贸合作区，推进绿色技术创新，推动企业主体绿色转型，遵循绿色国际规则，鼓励和引导走出去企业提高绿色发展意识，严格保护生态环境，与东道国携手共建清洁美丽世界。2022年1月，商务部和生态环境部又发布了《对外投资合作建设项目生态环境保护指南》，为管理能源、交通和采矿等特定领域的环境风险提供了更有力的指导，进一步明确了企业在海外开展业务时应对环境风险的责任。[32] 指南共25条，介绍了企业应如何在项目的整个生命周期内即从规划到施工、管理和拆除以及信息披露中纳入环境因素。指南强调了在海外经营的中国企业仅遵守东道国的环境标准是不够的，尤其是在东道国环境监管或执法不足的情况下。相反，在当地法规缺位的情况下，鼓励企业在整个项目周期内适用国际或中国更严格的环境规则和标准。这表明了我国保护海外投资环境促进可持续发展的坚定决心。指南还在污染和气候方面为环境保护提供了良好的指导，最重要的是在生物多样性保护方面，建议采取更具体的行动保护和恢复生态系统，并避免进入生物多样性关键区域。指南要求民营企业和国有企业在海外新建项目、改扩建项目和并购项目中践行生态文明理念，推动项目绿色高质量发展。

此外，投资便利化是中国首个在WTO牵头设置并成功结束谈判的重要议题。2017年5月，中国在WTO牵头巴西、尼日利亚等发展中成员组成"投资便利化之友"，启动相关讨论，并在文本谈判过程中发挥重要作用。在谈判过程中，中方以中国方案引领高标准国际规则构建，发挥促谈促和促成关键作用。谈判期间，中方与巴西、尼日利亚、哈萨克斯坦等发展中成员组成"投资便利化之友"，与其他参与方保持密切沟通，两次召集专题世贸组织部长会议，推动达成3份联合声明，促成超过110个成员加入谈判。在谈判过程中，中方结合

---

[31] 《商务部、生态环境部联合印发〈对外投资合作绿色发展工作指引〉》，载中国政府网2021年7月19日，https://www.gov.cn/xinwen/2021-07/19/content_5625955.htm。

[32] 《关于印发〈对外投资合作建设项目生态环境保护指南〉的通知》，载中国政府网2022年1月5日，https://www.mee.gov.cn/xxgk2018/xxgk/xxgk05/202201/t20220110_966571.html。

转变政府职能和全面深化改革实践，先后提出15份正式提案，涵盖所有投资便利化规则领域，以中国方案引领高标准国际规则构建。在谈判关键阶段，中方多次就谈判难点问题提出务实解决方案，发挥促谈促和促成关键作用，获得各方高度认可。[33] 2023年7月，世贸组织投资便利化谈判召开大使级会议，宣布《投资便利化协定》文本谈判成功结束。2024年2月25日，代表123个世贸组织成员的部长们发表了《联合部长宣言》，标志着《投资便利化协定》的最终确定。《投资便利化协定》是全球首个多边投资协定，旨在提升投资政策透明度，简化行政审批程序，促进跨境投资便利化合作，推动可持续发展。[34]

2021年11月19日，习近平总书记在北京出席第三次"一带一路"建设座谈会时强调，"推动共建'一带一路'高质量发展不断取得新成效"，"要稳妥开展健康、绿色、数字、创新等新领域合作，培育合作新增长点"。[35] 绿色丝绸之路建设作为共建"一带一路"高质量发展的重要内容，顺应全球绿色低碳发展潮流，为共建国家促进环境保护、应对气候变化、落实联合国2030年可持续发展议程提供了经验和路径，展现出强大生机。[36] 中国不断加强绿色"一带一路"框架下的多边合作平台建设，提高参与引领全球环境治理领导力，为维护多边主义和推动国际合作出重要贡献。2019年，"一带一路"绿色发展国际联盟正式启动，以国际化的语言和运作方式，开展对话交流、联合研究、能力建设等活动，已吸引来自43个国家的150余个中外合作伙伴，得到了国际社会的积极响应与广泛支持。2021年6月，29个国家在"一带一路"亚太区域国际合作高级别会议上共同发起"一带一路"绿色发展伙伴关系倡议，进一步彰显了国际社会对绿色发展理念的认同和支持。截至去年12月，中国已与39个共建国家签署了48份气候变化南南合作文件，同埃塞俄比亚、巴基斯坦等30多个共建国家开展了70余个减缓和适应气候变化项目，共同建设了若干低碳示范区。中国还通过绿色丝路使者计划等，为上百个发展中国家培训了上万名环境

---

[33] 《中国推动全球首个多边投资协定成功结束文本谈判》，载中国政府网2023年7月8日，https：//www.gov.cn/yaowen/liebiao/202307/content_6890653.htm。
[34] 《世贸成员成功结束〈投资便利化协定〉文本谈判》，载中国政府网2023年7月7日，http：//chinawto.mofcom.gov.cn/article/xxfb/202307/20230703420623.shtml。
[35] 《推动共建绿色丝绸之路（观点）》，载人民网2022年1月11日，http：//env.people.com.cn/n1/2022/0111/c1010-32328588.html。
[36] 《外交部发言人：绿色丝绸之路建设展现出强大生机》，载中国政府网2023年12月21日，https：//www.gov.cn/lianbo/bumen/202312/content_6921568.htm。

与气候专业人才。[37]

在投资协定领域，我国近年来签署的投资协定中已经广泛涉及投资便利化条款。[38] 比如，2015 年签署生效的《中国—澳大利亚自由贸易协定》还包含了关于投资便利化安排的谅解备忘录。澳方专门针对中方投资项下工程和技术人员赴澳设立新的便利机制，促进中国企业在澳从事投资活动。该"投资便利化安排"为发达国家首次对中国投资项下工程和技术人员作出的特殊便利化安排。[39]

此外，在区域协定方面，中国批准生效的 RCEP 设置"投资"专章，专门规定了投资便利化条款。RCEP 投资章第 17 条在投资便利化方面包含了较为具体的规定。即简化投资申请及批准程序；设立或维持联络点、一站式投资中心、联络中心或其他实体，向投资者提供帮助和咨询服务，包括提供经营执照和许可方面的便利；接受并适当考虑外商提出的与政府行为有关的投诉，以及在可能的范围内帮助解决外商和外资企业的困难等。此外，依据 RCEP 协定建立的服务与投资委员会的工作内容包括便利合作和确定进一步促进投资的措施。

未来，中国应在国际层面推进更广泛的投资便利化合作改革共识。在多边层面积极推动世界贸易组织框架下的《投资便利化协定》通过；在区域层面以落实 RCEP 投资便利化要求为契机，加强与"一带一路"沿线发展中经济体的投资便利化合作；在双边层面强化对反腐、环保、劳工、知识产权保护等相关议题的关注及监管合作。[40] 而在国内层面则要继续深化投资体制改革，化解《外商投资法》实施中的问题，优化公平竞争环境，做好外商投资企业服务，支持有条件的自由贸易试验区立足国情，对接国际高标准经贸规则，率先探索实施投资便利化等领域谈判成果。[41]

---

[37] 《外交部发言人：绿色丝绸之路建设展现出强大生机》，载中国政府网 2023 年 12 月 21 日，https://www.gov.cn/lianbo/bumen/202312/content_ 6921568.htm。
[38] 王璐瑶、葛顺奇：《投资便利化国际趋势与中国的实践》，载《国际经济评论》2019 年第 4 期。
[39] 《中澳自贸协定解读》，载商务部网站，http：//www.mofcom.gov.cn/article/zhengcejd/bq/201710/20171002662721.shtml，2015 年 6 月 18 日访问。
[40] 同前注[38]。
[41] 《国务院办公厅关于印发〈扎实推进高水平对外开放更大力度吸引和利用外资行动方案〉的通知》，载中国政府网 2024 年 3 月 20 日，https：//www.mee.gov.cn/zcwj/gwywj/202403/t20240320_ 1068833.shtml。

热点追踪

ESG问题与国际投资法

第五章 新能源投资仲裁中东道国规制权[*]

内容摘要：实现碳达峰、碳中和成为全球气候治理核心，各国在此背景下积极推动能源转型，扩大新能源领域的国际投资是必然趋势。而新能源投资仲裁案件激增，尤其是以西班牙为代表的欧盟国家由于一系列补贴制度的调整而深陷投资者索赔泥潭，投资者保护与东道国规制权冲突加剧。仲裁庭倾向于保护投资者，东道国在仲裁中屡屡碰壁，投资争端中的利益失衡阻碍新能源投资可持续发展。ECT改革未减对化石燃料的持续保护、对ISDS机制改革的沉默令人失望，仲裁结果缺乏稳定性与可预期性等问题仍未得到解决，难以满足气候变化背景下国际社会对投资条约变革的期待。中国应当通过统筹国内法治和涉外法治，以强化东道国规制权的方式，提高对潜在纠纷的预防能力，保障新能源产业的可持续发展。

关键词：东道国规制权 新能源投资 能源宪章条约 国际投资仲裁

随着气候变化议题逐渐被人们重视，各国纷纷提出碳中和、碳达峰目标，期待通过节能减排、技术创新等途径抵消二氧化碳排放，加速能源转型、加快新能源发展是实现"双碳"目标的重要举措。联合国报告明确指出，将能源议题置于优先位置是气候行动计划的核心任务之一，加大对新能源的投资力度是有效应对气候变化的关键举措。[①] 然而，近年来新能源领域的投资仲裁案件大量涌现，东道国频繁败诉引起人们关注，东道国对新能源激励政策作出调整的

---

[*] 梁丹妮，中山大学法学院副教授，博士生导师，中山大学涉外法治研究院研究员；陈敏丹，中山大学法律硕士。

[①] 参见《联合国报告：能源须成为气候行动计划的优先事项》，载联合国新闻网站，https://news.un.org/zh/story/2022/10/1111322，2024年1月29日访问。

这一规制措施通常被认定为违反《能源宪章条约》（Energy Charter Treaty, ECT）中相关的投资保护条款，投资者与东道国的利益似乎在仲裁案件中难以实现平衡。中国作为能源生产大国与需求旺盛的能源消费国，进行新能源国际投资是必然选择，关注新能源投资领域的争端解决有助于我国更好开展国际能源合作，并在国内制定更加合理的新能源政策。

因此，本文从新能源投资仲裁案件出发，通过分析新能源投资仲裁案件中仲裁庭对东道国规制权的考量、ECT 现代化进程在维护东道国方面作出的努力，最后尝试从提高我国政府对潜在纠纷的预防能力出发，提出中国应采取的策略与路径选择。

一、问题的提出

新能源指的是从自然资源中提取的补充速度高于消耗速度的能源，一般包括太阳能、水能、风能、生物质能、地热能和海洋能等，其环境污染低、资源潜力大且可持续利用，有利于人与自然和谐发展。[②] 发展和加强气候友好型投资是国家实现能源转型的重要手段之一，各国在减缓气候变化的过程中需要鼓励和引导境外投资者参与境内的能源转型活动，新能源投资具有良好的发展前景。[③] 然而，随着新能源投资的发展，投资者与东道国的争端也逐渐显现。2023 年度国际投资争端解决中心（International Centre for Settlement of Investment Disputes, ICSID）统计数据[④]显示，截至 2022 年 12 月 31 日，在 ICSID 注册案件中涉及"电力与其他能源"的案件占 17%，ECT 项下的案件占 10%，大量相关的投资仲裁案件进入大众视野。其中，以西班牙为代表的国家深陷投资者索赔泥潭引发人们关注，据统计，截至目前，以西班牙为被申请人的新能源投资仲裁案件达 51 件，已作出裁决的有 33 件，其中西班牙胜诉的仅有 6 件。[⑤] 东道

---

② 参见美国能源信息署（Energy Information Administration），https://www.eia.gov/energyexplained/renewable-sources/，2024 年 1 月 29 日访问。

③ 参见刘雪芹、黄世席：《国际友好型投资争端的解决与国际安全例外抗辩》，载《新疆社会科学》2022 年第 3 期，第 114 页。

④ 参见 ICSID 案件统计（第 2023-1 期），https://icsid.worldbank.org/sites/default/files/Caseload%20Statistics%20Charts/The_ICSID_Caseload_Statistics.1_Edition_ENG.pdf，2024 年 1 月 30 日访问。

⑤ 参见 UNCTAD 投资政策中心（Investment Policy Hub），https://investmentpolicy.unctad.org/investment-dispute-settlement/advanced-search，2024 年 3 月 30 日访问。

国在新能源投资仲裁中频频败诉，使得东道国规制权与投资者利益的平衡问题成为新能源投资领域关注的热点话题。

规制权是国家主权在经济领域的具体体现，根据国家经济主权原则，主权国家可以根据本国国情，在不同的经济发展阶段，自主制定经济发展政策，保护国家经济健康有序发展。⑥ 在国际投资法语境下，东道国规制权专指东道国对其境内的外国投资者及其投资所行使的管理与约束的权力。东道国可以出于公共健康、环境保护以及经济社会可持续发展等公共利益，采取特定规制措施，若因实施规制行为而违反国际投资协定中规定的义务，东道国无须承担相应的赔偿责任。在本文所探讨的新能源投资仲裁案件中，东道国的规制行为主要体现在东道国出于对国家社会发展、经济安全、能源可持续发展等公共利益的考量，调整本国能源法律架构，取消先前对投资者优惠或有利的政策。例如，西班牙等欧盟国家在2008年全球经济危机爆发后，由于无法承受新能源补贴政策带来的财政负担，调整或取消了以上网电价补贴（feed-in tariffs）为代表的激励措施。这样的规制措施被投资者诉称破坏了国内法律的稳定性，对保护投资者合理期待产生了负面影响。投资者合理期待是仲裁庭在比较国内行政法的基础上，借助国际法中的一般法律原则将合理期待引入国际投资法领域。⑦ 合理期待在国际投资法中为东道国创设了义务，东道国需要保护投资者的相关利益。⑧ 在新能源投资仲裁中，投资者期待东道国行事清晰透明，确保投资规则和条例事先可知，以便规划投资活动并遵守法规；同时希望东道国决策前后一致，相关能源补贴以及税费优惠政策能够一直保持不变。从这个角度看，维护东道国规制权与保护投资者合理期待有着天然的冲突。

仲裁庭面临东道国规制权与投资者保护权益冲突时，应当努力实现二者的平衡，但目前东道国在多数案件中败诉，似乎透露出东道国规制权未能在裁决中被充分考量。仲裁庭在实践中随心所欲地判断投资者合理期待的合法性，对

---

⑥ 参见徐泉：《国家经济主权原则析论》，载《甘肃政法学院学报》2006年第3期，第82页。

⑦ 参见刘笋：《论合理期待原则在国际投资法中的引入与适用》，载《华南师范大学学报》2022年第1期，第161页。

⑧ See Laryea E. T., *Legitimate Expectations in Investment Treaty Law: Concept and Scope of Application*, Handbook of International Investment Law and Policy, January 2020, p. 8.

投资者进行过分保护，进而限制东道国规制权行使。[9] 对于东道国的制度变更到何种程度或何时会违反投资保护义务这一问题，不同仲裁庭提出的检验标准也各不相同，从考虑规制变化的剧烈程度（radical extent）到其在实现目标方面的不合理（unreasonable）或不成比例（disproportionate）性质，或是这些标准的组合。[10] Charanne v. Spain 案[11]、Eiser v. Spain 案[12]、Antin v. Spain 案[13]以及Novenergia v. Spain 案[14]等仲裁庭以"剧烈的（suddenly 或 drastic）和意外的（unexpectedly）"等词语审查东道国的制度变更，希冀通过这些标准缓解公平公正待遇（Fair and Equitable Treatment，FET）条款对东道国设置强制的规制稳定性义务的担忧，但这缺乏统一的客观依据，东道国规制权的界限仍旧模棱两可。[15] 可以说，仲裁庭对东道国制度变更界限的主观判断限缩了东道国的政策空间。另外，由于国际仲裁庭不必依循先例，在一个不具有约束力先例的系统中，不同的、独立的特设仲裁庭会根据不同的条约，对个案事实采用措辞模糊的标准，造成裁决的不一致性与可预测性。[16] 这会影响东道国准确理解其所应当承担的保护投资义务，这种不确定性增加了政府机构在行使职权时的风险，并可能对其决策制定和执行造成一定困扰，也将不利于新能源行业的持续发展。

仲裁庭的主观判断与裁决不一致性有部分原因来源于 ECT 对东道国规制权的忽视。ECT 签署于 1994 年，1998 年正式生效，是首个具有法律效力的多边能源合作机制和能源投资保护协定，在推动能源领域多边合作的进程中作用显著。但是该条约部分条款已经落伍，不符合当前国际新能源发展的实际要求，对投资者的利益倾斜造成对东道国规制权的侵蚀，不利于东道国规制权的维护。

---

[9] See Diego Zannoni, *The Legitimate Expectation of Regulatory Stability under the Energy Charter Treaty*, 33 Leiden Journal of International Law 452-453（2020）.

[10] See Diego Zannoni, *The Legitimate Expectation of Regulatory Stability under the Energy Charter Treaty*, 33 Leiden Journal of International Law 460（2020）.

[11] See Charanne v. Spain, SCC Case No. 062/2012, Award, 21 January 2016, para. 517.

[12] See Eiser v. Spain, ICSID Case No. ARB/13/36, Award, 4 May 2017, para. 370.

[13] See Antin v. Spain, ICSID Case No. ARB/13/31, Award, 15 June 2018, para. 531.

[14] See Novenergia v. Spain, SCC Case No. 2015/063, Award, 15 February 2018, para. 695.

[15] See Federico Ortino, *The Obligation of Regulatory Stability in the Fair and Equitable Treatment Standard: How Far Have We Come?*, 21 Journal of International Economic Law 848（2018）.

[16] 参见 2012 年国际投资协定系列文件, *Fair and Equitable Treatment: Series on Issues in International Investment Agreements II*（2012）, https://unctad.org/system/files/official-document/unctaddiaeia2011d5_en.pdf, 2024 年 3 月 31 日访问。

例如，条约的第 10 条第 1 款包含一个开放式的、不合格的 FET 条款，这是老一代投资协议的典型，始终对投资者给予公平公正对待的承诺。[17] 从文本内容上看，该条款属于"口袋"式条款，包含了公平公正待遇、稳定的保护和安全、不合理的或歧视性措施以及最低待遇标准等内容，但未明确公平公正待遇的内涵。当 ECT 项下其他投资保护条款适用门槛较高时，语义抽象的 FET 条款成为投资者的最优选择，投资者频频以此为突破口达到索赔目的。[18] 另外，ECT 第五部分规定的投资者——东道国争端解决（Investor-State Dispute Settlement，IS-DS）机制赋予投资者单方面启动仲裁程序的权利，投资者无须依赖事先存在的仲裁协议，缔约方需要无条件同意将有关争端提交国际仲裁，这为投资者针对东道国的诉求提供了前所未有的救济手段，不仅限制了东道国在投资争议解决方面的管辖权，还减少了东道国法律在争端解决过程中的适用机会。[19] 可以说，ECT 模糊抽象的条款以及充满强制性的 ISDS 机制存在被投资者滥用的隐患，使东道国的规制措施被轻而易举地置于仲裁庭的审视中，为仲裁庭的自由裁量权提供极大空间，使得东道国规制权受到侵蚀。

新能源投资仲裁中东道国规制权面临的困境主要在投资条约、投资仲裁机制两个方面中得以体现，因此有必要对仲裁裁决、ECT 进行进一步解读，以寻求实现利益平衡的路径。

二、投资仲裁庭对东道国规制权的考量

在新能源投资仲裁案件中，大多数投资者基于两个具体的条款提起索赔：一是 ECT 第 13 条关于禁止征收的规定；二是第 10 条第 1 款中要求东道国为外国投资者提供公平公正待遇。仲裁庭也是根据此类申请展开实体讨论，从这两个条款中的相关裁决中，能够探讨仲裁庭在具体要素的审查中是否做到合理平衡投资者权益与东道国规制权。

---

[17] See Yuriy Pochtovyk and Lukas Stifter, *Modernisation of the Energy Charter Treaty: A View from the Inside*, European Yearbook of International Economic Law, 2022, p. 82.

[18] 参见岳树梅、黄秋红：《〈能源宪章条约〉中公平公正待遇条款现代化：欧盟方案和中国因应》，载《国际商务研究》2023 年第 6 期，第 60—61 页。

[19] 参见白中红：《〈能源宪章条约〉争端解决机制研究》，武汉大学出版社 2012 年版，第 189—190 页。

（一）仲裁庭在征收行为判定中对东道国规制权的审视

ECT 第 13 条征收的含义不仅限于对财产进行物理或者法律含义上的直接征收，还包括产生类似效果的间接征收。一般来说，确定东道国行为是否构成直接征收没有问题。[20] 但是，确定是否构成间接征收需要进行更深入的分析。ECT 下投资者基于间接征收提出索赔，其主张的基础论点是，通过改变或取消最初吸引投资的激励措施，东道国实质上是在没有正当目的、正当程序或补偿的情况下对这些投资进行征收。[21] 对此，仲裁庭需要评估损失的实质性、东道国规制措施的性质以及产生的合理期待以确定东道国的规制措施是否达到间接征收。[22]

仲裁庭在判定是否构成间接征收时，集中讨论激励政策的改变是否造成投资者"实质性损失"。Charanne v. Spain 案的仲裁庭认为要在 ECT 下将规制措施认定为构成间接征收，措施必须具有等同于直接征收的实质性影响。因此，必须考虑规制措施是否具有剥夺投资者作为 T-Solar 股东的全部或部分权利的效果。[23] 该案投资者认为西班牙的规制措施使其盈利能力降低了约 10%，这种损失在商业环境中是巨大的，立法变化造成的股价损失以及光伏装置的利润损失是与直接征收具有同等效果的措施。[24] 而仲裁庭认为本案投资者仍然持有股份，且其作为股东的权利并没有因为西班牙的措施而受到限制，T-Solar 公司也持续运营且盈利。尽管规制措施对公司盈利能力的影响并不足以构成征收，投资者股份价值的简单减损也不能认定构成间接征收。[25] Isolux v. Spain 案仲裁庭也持相同观点，认为虽然西班牙的立法措施导致投资者盈利率降低，但是投资者仍然是盈利的，盈利比例降低这一简单事实不足以构成间接征收。[26]

在此类案件中，多数仲裁庭通过审查实质性损失这一要素就将间接征收的

---

[20] See P. D. Isakoff, *Defining the scope of indirect expropriation for international investments*, 3 Global Business Law Review 189—192 (2013).

[21] 参见《新能源白皮书》（Renewable Energy White Paper），https://lakewhillans.com/wp-content/uploads/2019/06/ATL-Arbitration-Renewable-Energy-White-Paper.pdf，2024 年 3 月 30 日访问。

[22] See Tomas Restrepo, *Modification of Renewable Energy Support Schemes under the Energy Charter Treaty: Eiser and Charanne in the Context of Climate Change*, 8 Goettingen Journal of International Law 111 (2017).

[23] See Charanne v. Spain, SCC Case No. 062/2012, Award, 21 January 2016, para. 460.

[24] See Charanne v. Spain, SCC Case No. 062/2012, Award, 21 January 2016, para. 284.

[25] See Charanne v. Spain, SCC Case No. 062/2012, Award, 21 January 2016, paras. 462—465.

[26] See Isolux v. Spain, SCC Case No. 2013/153, Award, 17 July 2016, para. 847.

索赔申请驳回，东道国的规制权并没有在间接征收的认定中受到挑战。[27] 仲裁庭在对征收条款的讨论中并未过多涉及投资者合理期待以及规制措施性质的讨论，对投资者权益与规制权的权衡更多体现在 FET 条款的审查中。

（二）仲裁庭在 FET 条款解释中对东道国规制权的权衡

ECT 第 10 条第 1 款中包含的 FET 条款要求东道国采取透明和善意的行动，避免任意和歧视性做法，并且尊重正当程序，为投资者提供公平公正的投资待遇。投资者依据该条款主张的主要论点是，国家通过有利的监管计划和框架吸引投资者进入本国投资，而后废除或消除这些有利计划的行为使投资者合理期待落空，违反了 FET 待遇标准的要求。[28] 政府向投资者作出的法律声明是否能作为合理期待的产生来源，是仲裁庭审查 FET 时常考查的要素。此外，东道国拥有调整本国法律框架的权力，其规制措施是否符合比例原则也是仲裁庭的关注重点。

1. 仲裁庭对投资者合理期待来源的判定

规制权的行使常受到投资者合理期待的限制，仲裁庭在对合理期待的判定中是否将东道国规制权纳入考量是本部分关注的重点。此类案件中，投资者合理期待是否成立、依据什么成立是首先需要关注的问题，仲裁庭往往会考虑投资者合理期待是否来源于具体投资合同、正式的政府决定、非正式的政府声明或是进入投资时东道国存在的立法和监管制度。

（1）基于合同承诺的合理期待

国家在投资合同中对个人投资者进行的承诺通常被认定为投资者合理期待的确定来源。当东道国在投资合同中向特定的投资者作出补贴承诺，并保证在一定时期内维持补贴政策不变，投资者依据这一承诺有理由期待未来补贴政策保持稳定。[29] 例如，在 Continental Casualty v. Argentina 案中，仲裁庭认为相比于其他诸如政治性声明和一般性立法保证产生的合理期待，基于投资合同产生的合理期待更应得到保护。因为依据该合同，投资者产生了法定权利以及该权利

---

[27] 参见吕江、赵靖：《〈能源宪章条约〉对可再生能源投资的规制研究》，载《武大国际法评论》2021 年第 4 期，第 54 页。

[28] 参见《新能源白皮书》（Renewable Energy White Paper），https://lakewhillans.com/wp-content/uploads/2019/06/ATL-Arbitration-Renewable-Energy-White-Paper.pdf，2024 年 3 月 30 日访问。

[29] See Diego Zannoni, *The Legitimate Expectation of Regulatory Stability under the Energy Charter Treaty*, 33 Leiden Journal of International Law 456 (2020).

得以实现的期待。[30] 在 CEF Energia v. Italy 案中，仲裁庭认为意大利与投资者双方签订的7封书面合同是投资者合理期待的来源，合同约定的主体内容是东道国承诺提供20年不变的激励政策，并且约定只有双方的书面协议可以改变合同条款，这视为东道国向投资者作出了具体承诺。[31]

尽管国际法明确一国违反合同并不必然违反国际法，多数仲裁庭也认为不能凭借违反投资合同的事实而简单认定东道国违反了投资条约，但这是对合理期待的进一步考虑，并不影响仲裁庭优先考虑投资者基于明确的投资合同而主张的合理期待。

（2）基于东道国政府声明和决定的合理期待

外国投资者基于正式的政府决定或许可进行投资，投资者依此产生"政府正式决定不可随意撤销"的合理期待通常会得到仲裁庭支持。例如，在 Infrad Red v. Spain 案中，仲裁庭认为西班牙政府在2010年7月2日发布的新闻稿和部长会议在2010年12月3日对 RD 1614/2010 法令的公开宣布，这些声明的发布保证现在运行的设施（包括预登记设施）在2013年后仍保持 RD 661/2007 法令的溢价和税费标准，使未来监管制度的可预见性与稳定性得到加强，为投资者提供了明确的法律保护指引。[32] 在 BayWa v. Spain 案中，仲裁员 Naon 在个别意见中同样表明此类新闻稿构成了未来关税修订没有追溯效力且不会影响已运行设施的具体陈述，投资者可以基于此期待特殊激励制度是稳定的。[33] 仲裁实践表明，一旦政府声明经过有权机关正式发布，使投资者产生信赖利益，仲裁庭就有充分的理由主张合理期待的成立。[34]

然而，仲裁庭对政府作出的非正式决定、报告往往持有谨慎态度。例如，在 Frontier Petroleum v. Czech 案中，仲裁庭认为捷克工业和贸易部长出具的信件并不构成对投资者的默示承诺，信中所陈述的内容并未体现出产生合理期待

---

[30] See Continental Casualty v. Argentina, ICSID Case No. ARB/03/9, Award, 5 September 2008, para. 261.
[31] See CEF Energia v. Italy, SCC Case No. 158/2015, Award, 16 January 2019, paras. 211—214.
[32] See Infra Red v. Spain, ICSID Case No. ARB/14/12, Award, 2 August 2019, paras. 424—425.
[33] See BayWa v. Spain, ICSID Case No. ARB/15/16, Dissenting Opinion, 25 January 2021, paras. 20—23.
[34] 参见梁丹妮、唐浩森：《"双碳"目标下的可再生能源投资仲裁研究——以"投资者合理期待"为切入视角》，载《武大国际法评论》2023年第4期，第126页。

的具体化程度,不能作为合理期待的来源。㉟ 可见,非正式声明若要作为判断合理期待的来源依据,必须达到足够具体、非模糊且非一般性的程度,投资者是否能够基于非正式政府声明而产生合理期待,应依据具体案件的情况进行个案判断。这一判断过程需要综合考虑声明的具体内容、投资者的依赖程度以及双方之间的交互行为等因素。

(3) 基于东道国一般性立法和管理性规章的合理期待

投资者有时声称其依赖于进入投资时东道国国内的一般性立法或管理性规章,产生对法律稳定不变的期待,东道国后来修改政策的行为使合理期待落空。关于东道国一般性立法或管理性规章能否成为合理期待的来源,仲裁实践中存在分歧。

在 Tecmed v. Mexico 案中,仲裁庭认为东道国未能保持法律法规的稳定性与可预见性违反了 FET 标准,国家的一般性立法与管理性规章应当保持高度稳定性。㊱ 部分仲裁庭跟随此案步伐,对东道国法律法规的稳定性提出较高要求。例如,9REN v. Spain 案的仲裁庭承认合理期待应当基于明确和具体的承诺,但是仲裁庭认为西班牙政府的管理条例具有吸引投资的目的并成功吸引了投资者,条例本身对投资者作出了明确和具体的承诺,因此投资者的合理期待是合法的。㊲ OperaFund v. Spain 案仲裁庭也持相同观点。㊳ 此类案件中仲裁庭将国家的一般性管理规章视为东道国对投资者作出了具体承诺。依据这样的观点,如果国家的一般性立法发生变化对投资者造成影响,即使先前并没有对投资者作出具有针对性的具体承诺,东道国也应当承担责任。这无疑扩大了合理期待的保护范围,对东道国规制权的行使造成不合理的限制。

上述严苛标准也遭到了许多仲裁庭的拒绝,多数仲裁庭认为国家的一般性立法不能视为具体承诺,也无法产生法律应当保持稳定不变的合理期待。在 Charanne v. Spain 案中,仲裁庭认为虽然 RD661/2007 法令和 RD1578/2008 法令是针对有限的投资者群体,但它们并不是专门针对每个投资者的承诺,它们具

㉟ See Frontier v. The Czech Republic, UNCITRAL, PCA Case No. 2008-09, Award, 12 November 2010, paras. 466—468.

㊱ See Tecmed v. Mexico, ICSID Case No. ARB (AF) /00/2, Award, 29 May 2003, para.154.

㊲ See 9REN v. Spain, ICSID Case No. ARB/15/15, Award, 31 May 2019, paras. 295—296.

㊳ See OperaFund v. Spain, ICSID Case No. ARB/15/36, Award, 6 September 2019, para. 485.

有法律或规章的一般性质。在没有合同稳定条款、政府声明情况下，西班牙政府没有对本案投资者作出具有针对性的具体承诺，投资者不能期望现有的法规不会被修改，否则将过度限制国家根据公共利益监管经济的权力。[39] 类似地，Blusun v. Italy 案的仲裁庭认为合同承诺和正式的政府声明才是东道国作出的具体承诺，一般性立法不能被视为具体承诺，意大利政府并没有义务保持补贴激励措施恒定不变。[40] 在 Saluka v. Czech 案中，仲裁庭认为必须根据投资的实际具体情况，将投资者的期望提高至合法且合理的层面。任何投资者都不应期待投资时东道国的整体法律环境会一成不变，还需要考虑东道国维护公共利益与管理国内事务的权力。[41] AES v. Hungary 案的仲裁庭也认为法律框架会随着它每天适应的新情况而发生变化，一个国家拥有行使包括立法在内的主权权力。[42] 类似的观点还存在于 Eiser v. Spain 案、Antin v. Spain 案、Foresight v. Spain 案以及 RWE v. Spain 案等仲裁裁决中，这一观点在实践中得到更多支持。

由此可见，尽管实践中存在分歧，但多数仲裁庭尊重东道国规制权，认为东道国一般性立法和管理性规章不能视为对投资者有针对性的具体承诺，此种情况下应当否认存在对法律框架恒定不变的合理期待。因此，投资条约中 FET 条款下要求的稳定商业环境和法律框架，不应被狭义地解释为要求东道国的一般性法律制度恒久保持不变。各国拥有修订其监管制度的权力，以便灵活应对环境变化和满足公众需求的变化，确保国家的长期稳定发展。

2. 仲裁庭对东道国规制措施合比例性的审视

仲裁庭在承认东道国规制权时，要求规制权的行使是合理的、公平的或是合乎比例的。例如，在 Charanne v. Spain 案中，仲裁庭认为如果没有具体承诺，投资者只能期待东道国不会以不成比例的方式修改其所依赖的法规。[43] 若国家出于对合法目标的追求，在公平的基础上以合乎比例的方式修改一般性立法，

---

[39] See Charanne v. Spain, SCC Case No. 062/2012, Award, 21 January 2016, paras. 490—499.

[40] See Blusun v. Italy, ICSID Case No. ARB/14/3, Award, 27 December 2016, paras. 371—372.

[41] See Saluka v. The Czech Republic, UNCITRAL, PCA Case No. 2001-04, Partial Award, 17 March 2006, paras. 304—305.

[42] See AES v. Hungary, ICSID Case No. ARB/07/22, Award, 23 September 2010, paras. 9.3.29-9.3.30.

[43] See Charanne v. Spain, SCC Case No. 062/2012, Award, 21 January 2016, para. 365.

则不应被要求对投资者作出赔偿。[44] 这是基于比例原则的考量，比例原则的根本思想在于平衡相互冲突的利益，为了实现公共目的，可以对个人基本权利进行限制。[45] 在国内法院和国际法院的司法实践下，比例原则包括四个要素：合法目的、适当性、必要性和均衡性。

（1）规制措施的合法目的与适当性

公共利益或公共目的是东道国规制权行使的前提，一旦东道国规制措施没有合法的公共目的，则措施本身是非法的。实践中，仲裁庭审查措施合法性的第一步是审查目的合法性，考虑措施是否出于保护诸如环境、公共卫生等公共利益。[46] 仲裁庭在审查过程中，常考虑两个要素：第一，东道国措施所追求的目标是否服务于公共利益，对目标的意义和内容作出判断。第二，所声称的符合公共利益目标是否可以通过公共记录和其他证据加以证实。[47] 例如，在 Blusun v. Italy 案中，仲裁庭认为意大利对上网电价条件的修正是一项符合国家公共利益目标的措施，考虑到早期能源账户的大量占用，这是对真正的财政需求的回应。[48] 同时，仲裁庭注意到，意大利的规制政策是为了执行欧盟关于促进和使用可再生能源的指令，因此符合公共利益。[49] 类似地，在 AES v. Hungary 案中，仲裁庭认为匈牙利的主要动机是解决所谓巨大利润的问题，这是完全有效和合理的政策目标。[50] 并且这项改革是在欧盟委员会所施加的压力下间接推动的，有足够证据证明其所追求的目标符合公共利益。[51] Electrabel v. Hungary 案的仲裁庭也认为匈牙利终止与投资者的购电协议的目标具有合法性，使国内电力部门与欧盟市场相结合，消除匈牙利内部和外部竞争的扭曲，保护国家的

---

[44] See Charles N. Brower and Stephan W. Schill, *Is Arbitration a Threat or a Boon to the Legitimacy of International Investment Law?* 9 Chicago Journal of International Law 484 (2009).

[45] 参见张庆麟、余海鸥：《论比例原则在国际投资仲裁中的适用》，载《时代法学》2015 年第 4 期，第 5 页。

[46] See Yulia Levashova, *The Right of States to Regulate in International Investment Law*, Wolters Kluwer, 2019, p. 107.

[47] See Yulia Levashova, *The Right of States to Regulate in International Investment Law*, Wolters Kluwer, 2019, p. 119.

[48] See Blusun v. Italy, ICSID Case No. ARB/14/3, Award, 27 December 2016, para. 342.

[49] See Blusun v. Italy, ICSID Case No. ARB/14/3, Award, 27 December 2016, para. 331.

[50] See AES v. Hungary, ICSID Case No. ARB/07/22, Award, 23 September 2010, para. 10.3.34.

[51] See AES v. Hungary, ICSID Case No. ARB/07/22, Award, 23 September 2010, para. 10.3.19.

预算和保留资金。[52]

仲裁庭在对目的合法性作出判定时，也会对适当性作出审查，这两者的审查是割裂不开的。例如，REW v. Spain 案的仲裁庭在讨论西班牙政府修改法案的适当性时，首先对措施的目的进行审查，进而得出规制措施符合适当性要求。仲裁庭认为政府的立法目标是建立一个新的制度以解决关税赤字和不可持续的电力部门债务问题。RD 661/2007 法令确立的补贴是基于 2005 年预测的宏观经济数据，西班牙经济确实受到了 2008 年及以后全球经济危机的沉重打击，电力消费下降比 2005 年预测的水平更加糟糕。关税赤字因为这些补贴的执行更加严重，因此规制措施在解决关税赤字方面是适当的。[53]

可见，东道国出于本国经济可持续发展以及遵守欧盟指令的目的，对新能源政策作出必要的修改被认为符合公共利益，仲裁庭在此类案件中往往对东道国规制措施的合目的性与适当性无异议。

（2）规制措施的必要性

必要性常与可替代性挂钩，仲裁庭在审查此项时常着眼于是否存在影响更小的替代措施以及替代措施的可操作性。例如，PV v. Spain 案的仲裁庭认为西班牙在面对一系列紧迫问题时，有许多可替代选择，它可以把负担强加给生产者、消费者或是国家预算。但它没有选择某种极端，而是选择了一个中间路线，既降低了生产者的回报率也仍旧保证了合理的利润；也尽力避免对消费者提高电价收取。[54] 因此，西班牙改变补贴政策的措施符合必要性要求。类似地，RWE v. Spain 案的仲裁庭在审查西班牙规制措施的必要性时，驳回申请人提出的可替代措施方案，认为东道国在改变 RD 661/2007 法令中特别制度的同时，也结合其他措施应对危机，符合必要性标准。[55]

但也有仲裁庭坚持严格标准。在 AWG v. Argentina 案中，仲裁庭肯定了国家措施的合目的性与适当性，但是认为阿根廷本可以采取其他更灵活的手段来达到目的。如果东道国关心的是保护穷人免受水价上涨的影响，则可以对其他

---

[52] See Electrabel v. Hungary, ICSID Case No. ARB/07/19, Award, 25 November 2015, paras. 214—215.

[53] See RWE v. Spain, ICSID Case No. ARB/14/34, Award, 18 December 2020, paras. 555—560.

[54] See The PV Investors v. Spain, UNCITRAL, PCA Case No. 2012-14, Award, 28 February 2020, paras. 628—629.

[55] See RWE v. Spain, ICSID Case No. ARB/14/34, Award, 18 December 2020, paras. 561—567.

消费者提高关税，同时对穷人应用社会关税或补贴，这是监管框架显然允许的解决方案。[56]阿根廷在水能生产领域引进新的监管框架，超出其规制权力的范围，构成权力滥用。[57]仲裁庭以事后的视角进行严格客观上的比较，并无考虑阿根廷在经济危机、社会动荡的大背景下是否有足够能力制定和实施所谓的替代措施。[58]

能源项目上不断增长的财政赤字通常是不可持续的，仲裁庭不应该事后猜测为解决赤字而可以采取的其他合理措施。[59]相比于东道国，仲裁庭对东道国国内的情况了解流于表面，东道国对其国内环境、社会背景、经济因素以及法律实践等方面具有更为深入和全面的认知，也能够更加准确地评估不同措施在本国实施时可能产生的影响以及这些措施的实际可操作性。因此，在可替代措施的实效与可操作性不明确时，仲裁庭应当尊重规制措施的必要性，尊重东道国在采取规制措施时所作出的判断和选择。

（3）规制措施的均衡性

仲裁庭还会根据狭义的比例原则，审查东道国强加给投资者的负担与其寻求实现的目标之间是否存在合理的关系，如果投资者承担过重的负担，那么东道国的行为会被判定为缺乏均衡性。

在此要素的审查中，仲裁庭将投资者的合理期待限定为合理的投资利益回报。例如，PV v. Spain 案的仲裁庭认为合理的投资回报是 RD661/2007 法令建立特别制度的一个关键因素。如果规制措施超出了"合理回报"线，那么东道国的行为违反 ECT 项下的 FET 条款。以合理回报作为违反条约的标准，可以达到正确的平衡。原因如下：一方面，有利于保护为西班牙环境效益部门投入大量资源的投资者；另一方面，确保西班牙有权监管和调整其框架以适应变化的环境。[60]对此，仲裁庭采取严格的比例原则审查特别制度的修改是否剥夺了申请人的合理回报。与西班牙承诺将 7% 收益作为合理和适当回报相比，RD661/

---

[56] See AWG v. Argentina, ICSID Case No. ARB/03/19, Decision of Liability, 30 July 2010, para. 235.
[57] See AWG v. Argentina, ICSID Case No. ARB/03/19, Decision of Liability, 30 July 2010, para. 237.
[58] See Valentina Vadi, *Proportionality, Reasonableness and Standards of Review in International Investment Law and Arbitration*, Edward Elgar Publishing, 2018, p. 147.
[59] See BayWa v. Spain, ICSID Case No. ARB/15/16, Award, 25 January 2021, para. 480.
[60] See The PV Investors v. Spain, UNCITRAL, PCA Case No. 2012－14, Award, 28 February 2020, para. 638.

2007 法令修改后，投资者有 10 个工厂的实际收益率低于 7%，仲裁庭否定了西班牙规制措施的均衡性，认为东道国违反了 FET 条款，这 10 个工厂可以获得赔偿。[61] 同样地，在 RWE v. Spain 案中，仲裁庭认为有必要审查规制措施对投资者单个工厂带来的影响，虽然申请人大多数工厂的收益率大于等于约定的标准值 7.398%，但是规制措施的整体影响已经大大减少了投资者的合理收益，尤其是对 6 所风力发电厂以及 1 所水力发电厂带来超出比例的损失，因此西班牙政府的规制措施不符合均衡性要求，违反 FET 条款。[62]

但也有仲裁庭认为特别制度的撤销并没有违反 FET 条款，如在为数不多以东道国胜诉的 Stadtwerke v. Spain 案中，仲裁庭认为西班牙修订政策时所希望实现的目标是保护公共电力系统的偿付能力和稳定性。为此，西班牙采取了"共同牺牲"的方法，从该制度中受益的人应为其继续运作和金融稳定作出贡献。为了保护电力系统，申请人必须放弃适度的收入。因此，从相对的角度来看，申请人所承担的责任与国家措施的目的相称。国家并不应当承担赔偿责任。[63]

仲裁庭在审查均衡性时并未达成统一的标准，多数仲裁庭倾向于站在投资者的视角作出裁决。投资者为捍卫自身利益，往往主张任何形式的补贴削减都使其合理期待落空，违反投资保护条款。仲裁庭在分析中对东道国政策调整的背景欠缺足够的关注，将规制权限制在较狭小的范围内。此外，仲裁庭在裁决个案时拥有较大的自由裁量权，对裁决的一致性造成不利影响。这需要从国际投资协定入手进行制度设计和优化，寻求对东道国规制权的维护。

三、ECT 现代化进程中维护东道国规制权的尝试

随着国际能源和国际投资制度的改革，国家在减缓和适应气候变化方面监管的灵活性、投资仲裁的合法性日益受到重视，国际社会重新审视 ECT 的缔结。2017 年 11 月，能源宪章大会决定启动关于 ECT 现代化的讨论。直至 2022

---

[61] See The PV Investors v. Spain, UNCITRAL, PCA Case No. 2012-14, Award, 28 February 2020, paras. 845-847.

[62] See RWE v. Spain, ICSID Case No. ARB/14/34, Award, 18 December 2020, paras. 582-589.

[63] See Stadtwerke v. Spain, ICSID Case No. ARB/15/1, Award, 2 December 2019, para. 356.

年 6 月，各缔约方在原则上达成协议，ECT 现代化谈判结束。[64] 但鉴于欧盟内部未就共同立场达成一致，原定于 2022 年 11 月的 ECT 现代化方案投票计划被无限期推迟，ECT 现代化进程严重受阻。与此同时，欧盟部长理事会于 2024 年 3 月 7 日批准欧盟退出 ECT，这给 ECT 的未来蒙上阴影。

尽管欧盟宣布退出 ECT，条约的现代化改革存在不确定性，但现代化文本在维护东道国规制权方面作出的努力仍有值得肯定之处。欧盟委员会在 2024 年 3 月 1 日谈及 ECT 现代化方案在原有基础上具有实质性的改进，文本中包含东道国规制权、可持续发展以及透明度等明确规定符合现代投资保护标准以及欧盟的立场。[65] 这足以见到 ECT 现代化方案在维护东道国规制权方面具有值得肯定之处。英国也正是因为这一"里程碑协议"迟迟未通过才决议退出 ECT。[66] ECT 的现代化进程对改革能源领域的投资条约制度十分重要，对寻求实体投资多边改革的可行性、能源安全保护与气候政策制定具有重要意义。[67] 因此，本部分将对 ECT 现代化进程中在保障东道国规制权方面的成效与不足进行分析，了解国际社会对国际投资条约在能源领域的新期待。

（一）实体条款的优化

ECT 现代化谈判小组就东道国规制权、投资待遇保护、投资者定义等条款展开讨论，这些条款的更新与讨论体现了 ECT 现代化寻求从实体条款保障东道国规制权的关切。

1. 增设专门的规制权条款

ECT 现代化方案在第三部分新列入独立的规制权条款，重申并加强东道国规制权：缔约方有权在其领土内进行管理，以实现诸如保护环境、保护公共健康等合法政策目标，并强调政策目标包括减缓和适应气候变化。[68] 与现行 ECT

---

[64] 关于谈判达成的《能源宪章现代化协议（2022 年 6 月 24 日）》参见 https：//www.bilaterals.org/IMG/pdf/reformed_ect_text.pdf，2024 年 3 月 19 日访问。

[65] 关于欧盟委员会的提案参见 https：//eur-lex.europa.eu/legal-content/EN/TXT/PDF/？uri=CELEX：52024PC0105，2024 年 3 月 19 日访问。

[66] 关于英国退出 ECT 的决定参见 https：//www.iareporter.com/articles/united-kingdom-leaves-energy-charter-treaty-over-failed-modernisation-process/，2024 年 3 月 19 日访问。

[67] See Yuriy Pochtovyk and Lukas Stifter, *Modernisation of the Energy Charter Treaty：A View from the Inside*, European Yearbook of International Economic Law, 2022, p.69.

[68] 参见 ECT 现代化协议新增的规制权条款，条款原文：The Contracting Parties reaffirm the right to regulate within their territories to achieve legitimate policy objectives, such as the protection of the environment, including climate change mitigation and adaptation, protection of public health, safety or public morals.

相比，现代化文本对规制权进行澄清是较大的革新和突破，意在更大程度实现投资者与东道国的利益平衡。另外，相比于在序言中增设关于规制权目标条款的做法，在正文中设立专门规制权条款具有更大的确定性，序言的法律效力不足制约着序言目标功能的实现，而专门的规制性条款可以成为东道国直接享有并行使该项实体权利的依据。仲裁庭可以直接适用该条款而无须援引其他目的性条文进行说理，东道国也可以据此进行有效抗辩。[69] 尽管此类条款在仲裁实践中的具体应用有待考察，但由于现行 ECT 对规制权规定的忽视不再适用于当前新能源行业发展，在文本中增设该条款足以体现各缔约方重视新能源领域的东道国规制权，也能够为东道国在仲裁程序中提供直接的抗辩依据。

2. 细化 FET 条款

FET 条款是新能源投资仲裁争端实践中被援引最多的条款。截至目前，在 ECT 下的 91 起索赔案件中，有 75.6% 的案件是投资者基于 FET 条款向东道国提起索赔；[70] 在 47 起发现东道国违反条约义务的案件中，有 76% 的案件明确东道国违反 FET 保护标准。[71] 在相关新能源投资仲裁实践中衍生出对 FET 条款的不同解释，缔约方期待能够对 FET 条款的广泛概念进行限制，以形成一个具体的标准。[72] 因此，ECT 现代化谈判中对 FET 条款进行修正和细化，提高该条款的适用门槛。

ECT 现代化方案选择欧盟缔约实践中常见的封闭式列举方式，以 6 个要素作为 FET 条款的限定要素，东道国的行为构成任一要素就可能被认定为违反 FET 条款，包括：（1）采取明显的专断措施；（2）基于性别、种族以及宗教信仰等错误理由的针对性歧视；（3）违反正当程序，包括违反司法和行政程序的透明度；（4）拒绝司法；（5）诸如骚扰、胁迫或强迫等虐待行为；（6）损害投

---

[69] 参见张庆麟：《论国际投资协定中东道国规制权的实践及中国立场》，载《政法论丛》2017 年第 6 期，第 69 页。

[70] 参见 ECT 案件统计，https：//www.energychartertreaty.org/cases/statistics/，2024 年 3 月 19 日访问。

[71] 其中包括 3% 的案件涉及"稳定、公平、有利和透明的条件（stable, equitable, favourable and transparent conditions）"，63% 的涉及"公平和公正待遇（fair and equitable treatment）"，10% 的案件涉及"不合理或歧视性措施（unreasonable or discriminatory measures）"。

[72] 参见能源宪章会议的决定（CCDEC 2019 08 STR），https：//www.energychartertreaty.org/fileadmin/DocumentsMedia/CCDECS/CCDEC201908_-_STR_Approval_by_correspondence_-_Policy_Options_for_Modernisation_of_the_ECT.pdf，2024 年 3 月 30 日访问。

资者合理期待。[73] 这种列举式立法能够有效解决现行 ECT 中 FET 条款语义抽象、标准模糊的问题，以穷尽式列举的方式对 FET 标准的要素进行限定，仲裁庭需要将事实与文本要素进行一一对应，相比于开放式列举，封闭式列举能够限制 FET 条款的外延，提高该条款的可预测性以及实践中的确定性。

值得注意的是，ECT 现代化方案对合理期待这一要素作出更加细致的限定。文本中强调投资者合理期待是投资的核心，其产生于投资者在决定进行或维持投资时，依赖的缔约方明确且具体的陈述或承诺；协议为了获得更大的确定性，规定合理期待不包括一般期待，即在没有明确和具体的陈述或承诺的情况下，投资者不能期待东道国的法律或监管框架不会发生改变。[74] 就本条而言，要确定东道国是否有明确和具体的陈述或承诺，需要进行个案的、基于事实的调查，并考虑其他因素、法律法规以及缔约方相关政策及其目标。投资者合理期待作为近年来仲裁庭的重点关切对象，在条约中明确其来源依据，并将东道国的公共利益纳入该要素的考虑范畴中，能够限制投资者滥诉，并避免仲裁庭对合理期待进行宽泛解释，有利于保障东道国规制权。

3. 明确间接征收定义并纳入征收例外条款

ECT 第 13 条的征收条款在新能源投资仲裁中常被投资者援引，截至目前，在 ECT 下 91 起索赔案件中，有 64 起案件投资者基于 ECT 第 13 条的征收条款向东道国提起索赔。但是对整体案件进行回顾，投资者关于征收的索赔要么因 FET 条款而被规避讨论，要么被直接拒绝，[75] 仲裁庭对 ECT 征收条款适用采取保守或回避态度。因此，ECT 现代化谈判将间接征收的定义纳入主题事项，旨在弥补现行 ECT 的定义漏洞。

ECT 现代化方案中明确区分了直接征收和间接征收的情况，在原条文的基础上增加了间接征收的定义以及审查标准。将间接征收定义为具有相当于直接征收的效果但没有直接没收或正式转让所有权的措施，并且该措施对投资者的

---

[73] 参见 ECT 现代化协议第 10 条第 2 款。
[74] 参见 ECT 现代化协议第 10 条第 2 款第 6 项注释，该注释对投资者合理期待的一般期待进行排除，原文：For greater certainty, an Investor's legitimate expectations do not include general expectations, such as an expectation (in the absence of clear and specific representations or commitments to that effect) that a Contracting Party's legal or regulatory framework will not change。
[75] See BayWa v. Spain, ICSID Case No. ARB/15/16, Dissenting Opinion, 25 January 2021, para. 429.

投资价值或其投资财产造成"实质性剥夺"（substantial deprivation）。⑯ 条文中还要求仲裁庭在基于事实对个案进行调查时，应当将东道国措施的性质、行使目的以及政策背景等纳入考量，仅凭东道国的措施对投资的经济价值产生不利影响这一唯一事实，不能判定东道国的行为构成间接征收。⑰ 这一规定为仲裁庭在判定间接征收时提供一定的指导与依据，要求仲裁庭综合考虑东道国的主观目的及其国内背景。

ECT 现代化方案也对征收例外作出规定，"除非在极少数情况下，否则缔约方旨在保护公共健康、安全和环境等合法政策目标（包括减缓和适应气候变化）的非歧视性措施不构成间接征收"⑱。该条款特别将"减缓和适应气候变化"作为政策目标之一，这与 UNCTAD 在报告⑲中提出的"从投资标准中制定气候行动措施"以加强东道国在气候行动中的规制权是一致的。

4. 限定"投资者"定义

现行 ECT 在界定投资者身份时采用了相对简化的标准，导致国内投资者乃至非缔约国投资者能够通过精心构建策划公司股权结构的方式，获得缔约国投资者的身份。⑳ 截至 2022 年 5 月，89% 的 ECT 索赔受益人不是新能源公司，而是与能源转型关系不大的金融公司，包括银行。㉑ 这些上游金融投资者在某项

---

⑯ 参见 ECT 现代化协议第 13 条第 3 款，该条款对间接征收作出定义，条款原文：Indirect expropriation occurs where a measure or series of measures of a Contracting Party has an effect equivalent to direct expropriation, without formal transfer of title or outright seizure, in that it substantially deprives the Investor of the value of its Investment or of the fundamental attributes of property in its Investment, including the right to use, enjoy and dispose of its Investment。

⑰ 参见 ECT 现代化协议第 13 条第 3 款，该条款明确了仲裁庭在个案调查中应考虑东道国所采取措施的相关因素，条款原文：The determination of whether a measure or series of measures of a Contracting Party constitutes indirect expropriation requires a case-by-case, fact-based inquiry that considers, among other factors: (a) the economic impact of the measure or series of measures, although the sole fact that a measure or series of measures of a Contracting Party has an adverse effect on the economic value of an Investment does not establish that an indirect expropriation has occurred. (b) the character of the measure or series of measures, including its objective and context。

⑱ 参见 ECT 现代化协议第 13 条第 4 款。

⑲ 关于 UNCTAD 报告参见 https://unctad.org/system/files/official-document/diaepcbinf2022d6_en.pdf，2024 年 3 月 21 日访问。

⑳ 参见吕江、赵靖：《〈能源宪章条约〉对可再生能源投资的规制研究》，载《武大国际法评论》2021 年第 4 期，第 61 页。

㉑ See Lucía Bárcena and Fabian Flues, *From solar dream to legal nightmare: How financial investors, law firms and arbitrators are profiting from the investment arbitration boom in Spain*, Transnational Institute and PowerShift, May 2022, p. 4.

业务中短暂停留，获益后撤资，与在国家内经营新能源项目并希望投资关系长期稳定的投资者截然不同。[82] 他们在决定进入东道国投资时，已经很清楚不断加深的经济危机以及政府决定削减对可再生能源部门的补贴，但仍进行投资。例如，RREEF v. Spain 案中的投资者是德意志银行集团的成员，专门从事基础设施投资工作，该公司在 2011 年收购了西班牙的一家太阳能发电厂，此时西班牙政府已经大量削减补贴政策，不稳定局势也众所周知。[83] 而在 Watkins v. Spain 案中，投资者出售了他们的权益并在交易中大量获利，且仍在仲裁索赔得到了进一步的赔偿。[84] 现行 ECT 对投资者身份的简单要求导致不适格的投资者索赔成功，极大限制了东道国的经济主权。

ECT 现代化方案对"投资者"定义进行了一定的限缩解释，明确了"实质性商业活动"（substantial business activities）的审查事项，并要求外国投资公司承担其在东道国内有实质性商业活动的证明责任。具体的审查事项包括：(1) 是否在该缔约方境内实际存在；(2) 在该缔约方境内雇用员工；(3) 在该缔约方境内产生营业额；(4) 在该缔约方境内纳税。[85] 该定义对申请索赔的投资者要求直接且严格，企业需要证明其在东道国内具有实质性商业活动，以此自证达到外国投资者身份的管辖要求，否则仲裁庭能够以投资或投资者不适格进行管辖权裁决。该条通过明确具体举证项目为仲裁庭提供审查标准，防止以控股公司形式存在但没有实质性商业活动的投资者搭便车，为东道国维护本国能源安全留下空间。

（二）程序条款的改良

ISDS 机制最初是为了保护外国投资免受东道国国有化的影响，尤其是为发展中国家的矿产、石油等资源的外资引入提供便利，但这直接影响东道国规制

---

[82] See Ladan Mehranvar and Sunayana Sasmal, *The Role of Investment Treaties and Investor-State Dispute Settlement in Renewable Energy Investments*, Columbia Center on Sustainable Investment, December 2022, p. 11.

[83] See Cecilia Olivet and Pia Eberhardt, *Profiting from crisis: How corporations and lawyers are scavenging profits from Europe's crisis countries*, Transnational Institute and Corporate Europe Observatory, March 2014, p. 29.

[84] See Watkins v. Spain, ICSID Case No. ARB/15/44, Dissent Opinion, 21 January 2020, para. 16.

[85] 参见 ECT 现代化协议第 1 条第 7 款第 2 项，该条款规定了实质性商业活动的具体审查事项，条款原文：The existence of substantial business activities should be established by an overall examination, on a case-by-case basis, of the relevant circumstances, which may include whether the enterprise (a) has a physical presence in the Area of that Contracting Party; (b) employs staff in the Area of that Contracting Party; (c) generates turnover in the Area of that Contracting Party; or (d) pays taxes in the Area of that Contracting Party。

权的行使，与东道国的主权利益相悖。[86] ISDS 机制的弊病也在新能源投资仲裁案件中有所体现，裁决的不一致与不可预测性问题突出，ECT 现代化进程中有意识地从程序条款入手寻求对东道国规制权的维护。

1. 倡导替代性争端解决方式

现行 ECT 第 26 条要求投资者与东道国发生争议时应尽可能以友好的方式进行解决，同时规定了三个月冷静期，这是 ECT 下提起投资仲裁的唯一前置条件。[87] 但这一规定在实践中所起作用并不大，当中对友好解决方式的规定也较为模糊，可操作性并不强。ECT 现代化协议在第 28 条新设调解机制，鼓励缔约方积极通过外交途径解决符合第 19 条、第 X 条以及第 20 条第 4 款规定的相关事宜。若在 6 个月内未解决且 12 个月内未考虑其他解决方式的，应当将相关材料提交调解人，调解人在向国际劳工组织、根据多边环境协定设立的相关机构组织寻求信息和建议后，积极促成争议双方的调解协议。若双方无法协商成功且不接受调解人的建议，调解人应当向会议附属机构提交报告，其中包含事实、相关条款的适用、调查结果和建议背后的基本理由。[88] 该条款对调解人的专业背景以及调解程序进行更加细致的要求，东道国的公共健康、环境保护、生物多样性等可持续发展事宜在程序中被予以更多考虑，这与气候变化下的能源转型具有共同的目的与归属。

2. 强化仲裁透明度规则

投资仲裁案件裁定由东道国承担赔偿责任是由东道国公众以税收的形式进行承担，裁决不仅影响涉案投资者的利益，也影响东道国国内广大纳税人的切身利益。但投资仲裁的秘密性使受影响的东道国公众对仲裁的相关信息一无所知，更无法参与其中，公众对仲裁过程中是否合理考虑东道国公共利益产生怀疑。[89] 同时，仲裁相关程序与文件未公开也无法为东道国提供良好的行为指引，

---

[86] 参见丁亚南：《可持续发展视野下的投资者与东道国争端解决机制》，载《天津法学》2022 年第 3 期，第 42 页。

[87] 参见 ECT 第 26 条第 1 款，该条款规定了 ECT 下投资仲裁的前置条件，条款原文：Disputes between a Contracting Party and an Investor of another Contracting Party relating to an Investment of the latter in the Area of the former, which concern an alleged breach of an obligation of the former under Part III shall, if possible, be settled amicably.

[88] 参见 ECT 现代化协议第 28 条。

[89] 参见吴辉：《国际投资仲裁透明度问题研究》，载《北京仲裁》2019 年第 4 辑，中国法制出版社 2019 年版，第 233—234 页。

导致东道国在进行决策时可能无法与国际规则接轨。新能源作为与公共密切相关的领域，公众期待获悉仲裁程序中的相关信息。

因此，ECT 现代化谈判也将仲裁透明度规则作为重要议题之一，新增了《UNCITRAL 透明度规则》。[90] 第 27 条第 4 款还作出关于信息与程序公开的规定："除了受保护的机密信息以外，争端国家一方可以在仲裁程序中公开其书面意见书和口头陈述。除非缔约方另有协议，否则仲裁庭的审理应当公开进行。如果涉及争端一方提交的机密信息，可以采取非公开的形式进行。"[91] 这样的新增规定符合当前国际社会对投资仲裁透明度规则的要求。同时，新文本对非争议方意见的提交程序也有所涉及，规定缔约方的自然人或在缔约方设立的法人可根据条约规定向仲裁庭提交法庭之友意见。[92] 该文本的增加在规则上为仲裁庭提供了听取社会公众、环保组织意见的机会，不同当事方有权向仲裁庭呈现相关意见，帮助仲裁庭对案件背景具有更全面的了解，考虑东道国公共利益的诉求能够被充分考虑。在气候变化的背景下，强化透明度仲裁规制具有较大实用性。不仅有助于仲裁庭在裁决中更加充分了解东道国的规制目的，对东道国公共利益予以更加合理的考量，还能够使有关组织知悉仲裁庭的审查标准，有助于有关组织向政府建议如何改善有关能源措施的具体实施方式，促进国内良法善治，减少投资者索赔概率。

（三）ECT 现代化改革的不足

尽管 ECT 现代化方案在诸多方面作出改革，使相关条款符合新近国际投资条约发展趋势，但是欧洲议会在报告中指出其与《巴黎协定》的气候目标、欧盟相关的气候法律、欧洲绿色协议的目标不相容，不利于欧盟履行气候义务。[93] 主导改革的欧盟在当下主张退出该条约，可以窥探到 ECT 的现代化改革存在较大的不足。

---

[90] 参见 ECT 现代化协议第 26 条第 6 款，该条款新增仲裁透明度规则，条款原文：The tribunal shall apply the UNCITRAL Rules on Transparency in Treaty-based Investor-State arbitration of 1 April 2014 (UNCITRAL Transparency Rules)。

[91] 参见 ECT 现代化协议第 27 条第 4 款。

[92] 参见 ECT 现代化协议第 27 条第 4 款，该条款规定了法庭之友意见提交的相关程序，条款原文：Natural persons of a Contracting Party or legal persons established in a Contracting Party may make amicus curiae submissions to the tribunal in accordance with paragraph (5)。

[93] 关于欧洲议会的报告参见 https：//www.europarl.europa.eu/doceo/document/TA-9-2022-0421_EN.html，2024 年 3 月 21 日访问。

第一，ECT 现代化方案仍然决定为化石燃料的投资者提供至少 10 年的投资保护，在应对气候变化和能源转型方面显得相对滞后。欧盟推动 ECT 现代化的初衷是希望通过逐步淘汰化石燃料、加速向可再生能源过渡，使该条约能够适应气候变化与环境变革的挑战。欧盟主张将化石燃料相关项目的新投资排除在 ECT 的保护范围之外，并逐步取消对此类项目已有的投资保护。尽管现代化方案中规定了一种"灵活性机制"，允许缔约方排除在其领土上对化石燃料的投资保护，但只有欧盟和英国通过附件中的例外条款选择了这一点。[94] ECT 对化石燃料投资的持续保护，限制了东道国为实现气候目标而行使规制的空间。

第二，ECT 现代化方案对 ISDS 机制改革方面的回应不足。现行 ECT 为投资者提供了便利的索赔救济渠道，仲裁庭在解决争端时可能会忽略东道国的公共政策目标，裁决不一致与不可预测性也在实践中日益凸显，这一系列问题都有待 ISDS 机制改革。然而 ECT 现代化在此问题上表示沉默。尽管现代化方案中在第 24 条第 3 款中明确规定 ISDS 机制不适用于属于同一区域经济一体化组织成员的缔约方，明确将欧盟内部的相关争端排除在外，[95] 由于目前 ECT 下的投资纠纷有超过 60%是在欧盟内部进行的，但此项仅限于欧盟内部的条文修订意义重大，对非欧盟内部的缔约方而言，该协议在改进 ISDS 方面的沉默是不利的。与此同时，ECT 旨在将缔约国成员扩大到非洲、亚洲和拉丁美洲的国家，这也可能给这些地区的能源转型与东道国公共利益带来更大的风险。

四、能源转型背景下防范被诉风险的中国进路

中国为实现"双碳"目标提高国家自主贡献力度，[96] 能源产业的低碳转型是未来重要的发展趋势。中国在新能源领域的地位日益突出，正在变成实现全球能源结构转变的主角，不仅连续七年成为全球新能源的最大投资国，也是全

---

[94] See Bart-Jaap Verbeek, *The Modernization of the Energy Charter Treaty: Fulfilled or Broken Promises?*, 8 Business and Human Rights Journal 100 (2023).

[95] 参见 ECT 现代化协议第 24 条第 3 款，该条款明确将欧盟内部的相关争端排除在外，条款原文：For greater certainty, Articles 7, 26, 27, 29 shall not apply among Contracting Parties that are members of the same Regional Economic Integration Organisation in their mutual relations.

[96] 2020 年 9 月 20 日习近平在第七十五届联合国大会一般性辩论上发表重要讲话提到："中国将提高国家自主贡献力度，采取更加有力的政策和措施，二氧化碳排放力争于 2030 年前达到峰值，努力争取 2060 年前实现碳中和。"

世界新能源领域的产能大国和最大的投资流入国。⑨⁷ 能源合作也是我国"一带一路"建设的重点部分。2013—2022 年，我国与"一带一路"合作伙伴双向投资累计超过 2700 亿美元，能源领域累计投资额约占我国对共建"一带一路"国家总投资额的 40%，其中电力部分占能源投资一半左右。⑨⁸ 我国在"一带一路"能源领域的建设涉及大量的国际承包商、开发商、投资者和其他各方，目前或未来的项目在未来有可能出现大规模的商业纠纷。⑨⁹ 面对当前国际上新能源投资仲裁案件频发、东道国规制权在仲裁中受到不合理限制的现状，在加强国际能源合作的同时，我国应当吸取相关国家的经验教训，在能源投资方面提高政府的潜在纠纷预防能力，避免未来面临巨额经济赔偿。

（一）坚持维护东道国规制权的缔约立场

东道国规制权贯穿了从定义到争端解决规定的各个方面。仲裁实践中出现的东道国与投资者权益保护失衡问题，很大程度是由于投资条约中的实体性权利和义务规定不明确或者过于抽象，给仲裁庭留下过大的解释空间。⑩⁰ 投资条约在仲裁程序方面的改革也有助于解决裁决不一致和不连贯性问题。当前我国尚未正式成为 ECT 缔约国，在能源投资领域产生的争端，仍需依托现有的投资条约进行妥善解决。

1. 细化投资保护实体规则

有西班牙新能源投资仲裁案件的经验教训在前，我国应当为能源规制措施留下政策空间，在投资条约中避免过于宽泛、模糊的实体条款。

首先，在条约中明确东道国规制权。可以在序言中对规制权进行确认，或在正文中设立专门的规制权条款。当前我国生效的 107 项双边投资协定⑩¹中均没有关于规制权的正面规定。尽管规制权自身带有主权属性，是一项无须依赖于

---

⑨⁷ 参见《中国引领全球可再生能源发展》，载国家能源局网站，https：//www.nea.gov.cn/2019-08/21/c_138326148.htm，2024 年 3 月 31 日访问。

⑨⁸ 参见《"一带一路"能源国际合作报告（2023）》，载中国能源新闻网，https：//cpnn.com.cn/news/baogao2023/202309/t20230922_1637305_wap.html，2024 年 3 月 28 日访问。

⑨⁹ 参见《新能源白皮书》（Renewable Energy White Paper），https：//lakewhillans.com/wp-content/uploads/2019/06/ATL-Arbitration-Renewable-Energy-White-Paper.pdf，2024 年 3 月 28 日访问。

⑩⁰ See M. Sornarajah, *The international law on foreign investment*, Cambridge University Press, 2021, p.333.

⑩¹ 参见 UNCTAD 网站，https：//investmentpolicy.unctad.org/international-investment-agreements/countries/42/china，2024 年 3 月 28 日访问。

贸易与投资协定授权的法定权利,[102]但是当投资条约缺少明确规定时,投资实践中的仲裁庭较少能够在投资者保护和东道国维护之间进行权衡考虑。在条约中明确规制权不仅能够有效维护东道国公共利益,还能为投资者提供可预期的法律环境。尽管通过例外条款也能维护东道国的公共利益,但是其做法重在保护投资者,不得妨碍国家安全利益和规制权是例外,容易被仲裁庭作倾向于保护投资者的解释。[103]因此,我国未来在签订投资条约时可在序言条款或是正文对规制权作出明确的规定,为条约的解释奠定"公共利益"基调。在气候变化的背景下,规制权的规定也应当纳入与应对气候变化相协调的内容,强调国家采取相应气候措施的合法性,为投资规则奠定"气候友好"基调。

其次,进一步澄清 FET 条款。晚近中外投资协定有意对 FET 条款作出限定,但其路径和方法并不一致。例如,《中国—韩国 FTA》以及《中国—毛里求斯 FTA》并未设置独立的 FET 条款,而是将其与习惯国际法下的最低待遇标准相联系;[104]而《中国—土耳其 BIT》与《中国—坦桑尼亚 BIT》等则将 FET 列为独立的条款进行界定。[105] FET 作为一项具有独立规范内容的保护标准已经被广泛接受,将其作为独立条款区别于其他待遇标准是对该条款进行改革的首要做法,确保其在适用上的独立性和确定性。另外,对该条款的要素进行具体列举能够最大限度限缩仲裁庭的自由解释空间。欧盟缔约实践中采用"封闭列举清单+定期审查制度"对该条款进行限制,既具有开放式清单无法比拟的优势,同时保留一定的灵活度,这种方式值得借鉴。因此,我国在未来的缔约中,应当将 FET 条款作为一项独立的条款予以规定,提高条款适用的明确性;再进一步明确限定具体要素构成,尝试通过列举的方式明确"投资者合理期待"的内涵。最后,允许缔约方定期对构成要素进行审查,实现该条款的与时俱进,在日新月异的能源发展领域,FET 条款的适时更新有利于

---

[102] 参见张庆麟:《论国际投资协定中东道国规制权的实践及中国立场》,载《政法论丛》2017 年第 6 期,第 68 页。

[103] 参见余劲松:《投资条约仲裁制度改革的中国选择》,载《法商研究》2022 年第 1 期,第 61 页。

[104] 《中国—韩国 FTA》(2015) 第 12.5 条第 2 款规定:"'公平公正待遇'包括依照法律的正当程序原则不得在刑事、民事或行政裁决程序中拒绝司法的义务。"相同的表述也在《中国—毛里求斯 FTA》(2019) 第 8 章第 5 条第 2 款可见。

[105] 《中国—土耳其 BIT》(2015) 第 2 条第 3 款规定:"'公平和公正待遇'要求缔约一方不得对缔约另一方投资者拒绝公正的司法程序,或实行明显的歧视性或专断性措施。"相同的表述也在《中国—坦桑尼亚 BIT》(2013) 第 5 条第 2 款可见。

能源市场的健康发展。

最后，进一步明确间接征收的构成要件。尽管从目前的新能源投资仲裁案件来看，投资者基于征收条款的索赔申请基本不会被仲裁庭肯定，但是征收条款也是投资者在案件中较多的援引依据，间接征收条款的概括式规定容易给仲裁庭留下较大裁量空间。为了维护东道国规制权，应当对间接征收构成要件进行明确规定和细化。例如，《中国—韩国 FTA》在附件 12-B 中对间接征收作了详细而具体的规定，要求间接征收的判定需以事实为依据进行个案调查，构成要件主要包括：措施的经济影响、措施对投资者合理期待的干扰程度、措施是否与目的成比例。加拿大与欧盟签订的《综合性经济贸易协议》（Comprehensive Economic and Trade Agreement，CETA）还在附件 8-A 增加 "东道国实施措施的持续时间" 这一认定因素。通过在投资协定中对间接征收构成要件进行明确界定，设置高标准的间接征收适用规则，有助于限制投资者利用征收条款挑战东道国规制权的空间。同时，尽可能纳入与气候变化相协调的相关规定，为国家实施气候友好型措施留下更多的规制空间。

2. 积极推进争端解决程序改革

ECT 现代化进程在程序方面的改革欠缺成为欧盟放弃该条约的直接原因，国际社会对能源投资仲裁方面的争端解决程序示以更加关切的态度。我国过去在条约缔结过程中也在程序条款变革上有相关实践，但就强化东道国规制权、实现利益平衡仍存在一定距离。因此，我国可以借鉴国际有益经验，作出相应改进措施。

其一，完善磋商机制的规定。在能源转型的背景下，增设投资者与东道国的调解前置程序，有助于维护能源长期合作，推动双方在能源转型领域的更深入交流。我国在对外缔结的投资协定中对该机制有所涉及，如《中国—加拿大 BIT》第 18 条规定了缔约方之间的磋商机制，[106]《中国—土耳其 BIT》第 9 条第 1 款规定了投资者与东道国之间的磋商机制。[107] 然而，相关条款仍有待进一步完

---

[106] 《中国—加拿大 BIT》（2012）第 18 条第 1 款规定："为如下目的，缔约双方的代表可召开会议：（一）审议本协定的实施情况；（二）审议本协定的解释或适用；（三）交换法律信息；（四）处理因投资引起的争议；（五）研究与便利或鼓励投资相关的其他事项，包括第三款所提及之措施。"

[107] 《中国—土耳其 BIT》（2015）第 9 条第 1 款规定："缔约一方与缔约另一方投资者之间关于其投资的争议应由该投资者书面通知接受投资缔约方，以提交国内行政复议程序，且书面通知应包含详细信息。投资者和相关缔约方应尽可能通过善意的磋商和谈判解决争议。"

善。现有的规定相对简单且模糊，缺乏具体的操作指导，这可能导致在实际执行中出现困难。对此，CETA 第 8.19 条对磋商请求的必备内容、磋商的时间限制、地点以及磋商的结果提交等细则进行具体规定的方式值得借鉴，为双方磋商提供更加具象的交流对话平台。

其二，积极推进上诉机制改革。国际社会为解决 ISDS 机制缺乏纠错机制的问题，进行的改革尝试主要有两种方式：在现行仲裁模式的基础上设立上诉机制、在 ISDS 体系之外构建国际投资法院，这两种方式都具有其值得认可之处。但是，对中国及广大发展中国家合作伙伴而言，欧盟主导的多边投资法院的建立未必是我国的最佳选择。[108] 国际投资法院模式尚未落地经受实践的考验，相比之下，渐进式改革、保留 ISDS 特征的上诉机制其试错成本更低。上诉机制是对现有 ISDS 机制的弊病进行针对性解决的方式，通过对诸如公平公正待遇条款、征收补偿等条款建立一致的解释体系，纠正具体案件中的法律错误，尽力实现仲裁裁决的一致性与可预见性，重拾公众对 ISDS 机制的信心。[109] 在能源转型的背景下，裁决的可预见性能够帮助东道国更好制定本国气候政策，降低被诉风险。《中国—澳大利亚 FTA》第 9 章第 23 条保留了建立上诉机制的可能性，[110] 但是该模式目前而言仍然是一纸空文，缔约层面仍停留在倡导阶段。因此，我国应当积极推进上诉机制改革，在推进模式的进程中，对上诉的性质、范围、效力、执行以及灵活性等尚未解决的技术性问题进行研究，积极输出中国方案，提高中国在国际投资协定规则制定中的话语权与影响力，建立中国参与、中国主导的 ISDS 范式。

综上，现行 ECT 不符合国际气候发展目标，ECT 现代化进程受阻，这一多边治理体系恐无法在当今能源发展中发挥更大作用。推进建设多边能源资源合作机制、保障能源资源安全是"一带一路"能源建设的愿景，我国倡导强化多

---

[108] 参见丁亚南：《可持续发展视野下投资者与东道国争端解决机制》，载《天津法学》2022 年第 3 期，第 47 页。

[109] 参见梁丹妮、戴蕾：《国际投资仲裁上诉机制可行性研究》，载《武大国际法评论》2020 年第 6 期，第 109 页。

[110] 《中国—澳大利亚 FTA》（2015）第 9 章第 23 条规定："自本协定生效之日起 3 年内，双方应启动谈判，以期建立上诉审查机制，审查在此上诉审查机制建立后依据本章第二十二条所作出的仲裁裁决。此上诉审查机制将审理有关法律问题的上诉。"

边合作机制，让更多国家和地区参与"一带一路"建设。[11] 近年来，我国借助"一带一路"能源合作伙伴关系开展制度化建设，在促进能源合作、解决能源投资争端、保障能源合作等方面形成中国的全球能源治理方案，不仅促进我国在国际社会进行更紧密的能源合作，也能提升我国在全球能源治理的话语权。中国在构建能源治理体系的过程中，应积极寻求维护东道国规制权的路径，推动能源投资治理体系的优化与升级。

（二）构建灵活有序的新能源补贴调整机制

为履行国际气候公约制定的减排义务，中国致力于在能源领域大力发展可再生能源，坚定推进绿色发展和清洁能源的承诺。为了深化能源领域的改革，我国通过大幅度放宽外商投资准入、全面实行准入前国民待遇加负面清单管理制度、全面取消新能源领域外资准入限制等方式，显著提升了新能源领域的开放水平，吸引了大量的外国投资者。[12] 例如，通过取消外资股比限制，降低外资的市场准入门槛，为外国投资者进入我国新能源领域提供便利。[13] 通过税费优惠政策、上网电价补贴等措施，为新能源发电企业提供经济激励。然而，随着能源技术的不断进步和生产成本的持续降低，新能源产业逐步走向成熟，新能源的补贴必然面临削减，我国新能源补贴政策正处于退坡阶段。例如，2021年取消对新备案集中式光伏电站、工商业分布式光伏项目和新核准陆上风电项目的上网电价补贴，实行平价上网，规定新建项目可自愿通过参与市场化交易形成上网电价。[14] 尽管政府对补贴政策进行调整，但是拖欠缺口已经在4000亿元以上。[15] 从现状来看，我国相关补贴标准的降低以及发放缓慢的问题尚未得

---

[11] 参见《推动共建丝绸之路经济带和21世纪海上丝绸之路的愿景与行动》，载中华人民共和国国家发展和改革委员会网站，https：//www.ndrc.gov.cn/xwdt/xwfb/201503/t20150328_956036.html，2024年3月28日访问。

[12] 参见《〈新时代的中国能源发展〉白皮书》，载中华人民共和国中央人民政府网站，https：//www.gov.cn/zhengce/2020-12/21/content_5571916.htm，2024年5月5日访问。

[13] 参见《我国将通过5年过渡期取消汽车行业外资股比限制》，载中华人民共和国中央人民政府网站，https：//www.gov.cn/xinwen/2018-04/17/content_5283413.htm，2024年5月5日访问。

[14] 参见《国家发展改革委关于2021年新能源上网电价政策有关事项的通知》，载中华人民共和国中央人民政府网站，https：//www.gov.cn/zhengce/zhengceku/2021-06/11/content_5617297.htm，2024年5月5日访问。

[15] 参见《新能源补贴拖欠问题及政策建议》，载中国电力企业联合会网站，https：//www.cec.org.cn/upload/1/pdf/1611189701502.pdf，2024年3月25日访问。

到有效解决，这可能会对投资者的预期利益造成不利影响。[116] 西班牙在新能源领域的制度调整所引发的投资仲裁案件为我们提供了宝贵的经验教训，在鼓励和促进新能源发展的同时，伴随的定价机制改革问题也值得重视，东道国应当重视制度调整的合理性与可预测性。[117] 从预防角度来讲，我国在制度设计上应当充分考虑相关措施可能在投资仲裁中的涉诉风险和不利影响，考虑建立合理且有序的补贴退出机制，实现新能源产业的可持续发展。

　　首先，确保机制调整的合理性。在建立补贴退坡机制之前开展评估工作，确保政策精准满足既定目标，也能规避不必要的投资索赔。围绕补贴退坡机制可能造成的社会经济影响、新能源行业的特性与市场发展趋势展开评估，充分考虑新能源行业的发展，设置合理的退出时间。其次，补贴退出机制的设立应当遵循国内法律要求。从国内法层面严格审查退出机制的合规性，确保补贴政策的调整与中止符合法律程序。在政策的过渡期内，政府应当积极履行职责，为投资者提供必要的指导与支持，包括向投资者明确说明政策调整的原因、目的和影响，提供相关的政策解读和咨询服务，协助投资者制定适应政策变化的经营策略等，帮助投资者平稳过渡，努力减少因政策带来的负面影响。最后，确保机制的调整符合国际规则与制度。准确把握合比例性、相对稳定性、透明性和可预见性等核心要素，充分考虑国际法的约束与要求，确保机制的调整与国际规则的要求保持一致。从合比例性角度考虑措施与目的是否相称，是否存在其他影响更小且能够达到相同目标的可替代措施。从相对稳定性要求出发，考虑所实施的措施不能"颠覆性地"改变原政策，避免给投资者和市场带来过大的不确定性，通过设立平稳的过渡期为受影响的投资者提供足够的缓冲时间，使投资者能够适应政策变化。在透明性要求层面上，及时向有关投资者报送补贴调整机制的内容，确保投资者充分知悉补贴政策的走向与变化；同时建立有效的沟通机制，及时回应投资者的关切与疑问。

---

　　[116] 参见刘禹、莫漫漫、程玉：《投资仲裁下碳中和政策的争端风险与应对》，载《中国人口·资源与环境》2022年第7期，第107页。

　　[117] 参见刘志一：《〈能源宪章条约〉下可再生能源投资仲裁案及启示——以西班牙投资仲裁案为主线的考察》，载《国际商务研究》2020年第1期，第106页。

五、结语

在气候变化的背景下，各国肩负着妥善应对气候危机、保障本国能源安全与推进新能源开发利用等多重任务，加快发展新能源是各国能源转型的必然趋势。以西班牙为代表的欧盟国家由于新能源政策的调整，引起投资者大量索赔。仲裁庭在裁决中对投资保护的扩大解释造成对东道国规制权的侵蚀，ECT 模糊条款的规定加剧了仲裁庭的自由裁量，ECT 现代化进程未涉及 ISDS 机制的改革也尚未实现强化东道国规制权的目的。随着新能源投资的重要性逐渐显现，如何实现东道国在能源领域的规制权与投资者保护之间的平衡对能源产业的发展意义重大，在国际投资条约制定中适当强化东道国规制权成为解决当前困境的重要方式。中国在全球能源领域的地位日渐突出，新能源投资也成为"一带一路"的重要项目。我国在新能源领域的发展道路上，应当吸取其他国家的教训，对外缔结投资条约时优化东道国规制权的相关规定；对内综合治理确保国内政策与国际规则接轨，避免因政策调整而引发投资者索赔，从而促进我国新能源产业的可持续发展。中国在努力推动本国能源清洁发展的同时，应当采取更加稳健的策略参与国际能源投资活动，推动国际能源投资规则的革新与重构，为构建更加公平、透明和可持续的国际能源投资环境贡献中国智慧和中国方案。中国将始终与世界各国并肩前行，共同构建能源与气候友好型低碳投资体系，实现全球"双碳"目标。

第六章　气候变化对国际能源投资规则带来的变革[*]

内容摘要：气候变化给国际能源投资规则带来了巨大挑战，投资者—国家争端解决案件攀升，案件裁决结果使得一些投资者获利，欧盟宣布退出《能源宪章条约》，国际投资协定救济依据不足，促使国际投资协定规则走向变革。本文分析了国际能源规则面临的诸多挑战，从《能源宪章条约》现代化以及国际投资协定的新近变化两个方面，介绍了国际投资能源规则的变革内容，就国际能源规则变革对中国现实意义进行思考，以期给相关决策者和从业人员带来启发。

关键词：气候变化　国际能源投资　能源宪章条约

前　言

地球是人类赖以生存的家园，气候变化是全人类面临的共同挑战。气候科学家表示，人类活动产生温室气体排放，导致全球气候变暖加速。气候变化带来的后果将是极端干旱、缺水、重大火灾、海平面上升、洪水、极地冰层融化、灾难性风暴，以及生物多样性减少等。[①]

为解决这项全球性挑战，197 个国家于 2015 年 12 月 12 日在巴黎通过了《巴黎协定》，[②] 旨在大幅减少全球温室气体排放，将 21 世纪全球气温升幅限制

---

[*]　陈芍开，复旦大学法学院 2022 级国际法学博士研究生。

[①]　参见联合国官网，https：//www.un.org/zh/climatechange/what-is-climate-change，2024 年 6 月 24 日访问。

[②]　参见 https：//www.un.org/zh/documents/treaty/FCCC-CP-2015-L.9-Rev.1，2024 年 9 月 28 日访问。

在2℃以内，同时寻求将气温升幅进一步限制在1.5℃以内的措施。该协定是继1992年《联合国气候变化框架公约》③、1997年《京都议定书》④之后应对气候变化的第三个里程碑式的国际法律文本。⑤

要实现普及清洁能源和避免气候危机的全球目标，就需要大规模扩大对能源转型的投资。联合国贸发会议（United Nations Conference on Trade and Development，UNCTAD）数据显示，2022年发展中国家在可持续发展目标相关领域宣布的国际投资项目数量大幅增加，发展中国家与可持续发展目标相关的绿地投资和国际项目融资总额达到4710亿美元，高于2015年的2900亿美元。基础设施（包括运输基础设施、发电和配电）和电信方面的国际投资项目数量增长高达26%。太阳能和风能投资继续占主导地位，占总项目的89%。潮汐能项目和垃圾转化能源项目的数量正在增加。⑥ 国际能源投资的巨大投入不可避免地带来了诸多法律挑战。

一、气候变化对国际投资规则带来的挑战

（一）ISDS案件数量攀升

为应对气候变化，各国纷纷颁布和实施绿色新政，落实碳中和目标，推动新能源产业发展，而这些政策在全球范围引发了大量争端。例如德国、荷兰要求在2030年前淘汰境内所有燃煤电厂，电厂投资者因无法继续经营，提起了投资仲裁⑦。根据联合国贸发会议发布的数据，过去涉及与气候行动直接相关的措施或行业的投资者，以国际投资协定为法律依据，发起投资者—国家争端解决（Investor-State Dispute Settlement，ISDS）案件至少有175起。此外，矿物燃料行业的投资者经常是ISDS案件的申请人，针对不同的国家行为发起了超过192起ISDS案件。过去十年，可再生能源投资者发起的ISDS案件激增，已知案

---

③ 参见https://unfccc.int/sites/default/files/convchin.pdf，2024年9月28日访问。
④ 参见https://unfccc.int/resource/docs/convkp/kpchinese.pdf，2024年9月28日访问。
⑤ 参见联合国官网，https://www.un.org/zh/climatechange/paris-agreement，2024年6月24日访问。
⑥ World Investment Report 2023，（June 24 2024），https://unctad.org/publication/world-investment-report-2023.《世界投资报告2023》，2024年6月24日发布。
⑦ 刘禹等：《投资仲裁下碳中和政策的争端风险与应对》，载《中国人口资源与环境》2022年第7期。

例有 80 起⑧，其中大多数是在《能源宪章条约》（Energy Charter Treaty，ECT）下针对捷克、意大利和西班牙提出的。由于这些国家在 2000 年早期到中期使用上网电价（Feed-In Tariff，FIT）来吸引对可再生能源部门的投资，最初，FIT 政策成功地吸引了大量投资，然而，在 2008 年严重金融危机的背景下，许多欧洲国家无法维持其可再生能源支持政策。2012 年年底，西班牙的关税赤字超过 290 亿欧元，占西班牙 GDP 的 3%。为了应对这种不可预见的情况，政府取消了可再生能源激励政策，以阻止关税赤字进一步扩大。投资者声称，监管变化违反了 ECT 下公平与公平待遇（Fair and Equitable Treatment，FET）标准对合法期望的保护。迄今为止，西班牙已经发生了至少 51 起已知的 ISDS 案例。截至 2022 年 11 月，在 27 个案件裁决中，有 21 个裁决裁定西班牙违反了 FET 标准。到目前为止，西班牙仍欠付投资者补偿金约 12 亿欧元及 1.01 亿欧元的法律和仲裁费用⑨。

（二）ISDS 案件裁决使得一些投资者获利

国际仲裁庭将国际投资协定 FET 标准解释为东道国有义务确保法律和商业环境的绝对稳定，有学者指出，这过度保护了对投资者监管的稳定性，同时削弱了对政府和社会治理的灵活性。具体来说，许多国际争端解决案件仲裁庭认为，一般立法即使东道国政府没有具体、稳定的承诺，也可以使人产生一种合理的期望，即监管框架将保持不变。Occidental v. Ecuador 一案是将 FET 标准解释为包含绝对稳定性义务的著名案例。该案仲裁庭指出，在 FET 标准下，东道国"有义务不改变实施投资的法律和商业环境"，并且稳定性要求是"一项客观要求，不取决于被申请人（东道国）是否善意地进行"。⑩ 最近的一些案例，包括可再生能源投资者对西班牙提起的几起诉讼，都维持了绝对稳定的严格标准。迄今为止，数十起与可再生能源政策有关的 ISDS 案件根据 ECT 已成功地

---

⑧ The International Investment Treaty Regime and Climate Action, IIA Issues Note (No. 3, 2022), https://unctad.org/system/files/official-document/diaepcbinf2022d6_en.pdf.《国际投资条约制度与气候行动》，载《国际投资协定问题备忘录》2022 年第 3 期。

⑨ Ladan Mehranvar & Sunayana Sasmal, The Role of Investment Treaties and Investor - State Dispute Settlement (ISDS) in Renewable Energy Investments, Columbia Center on Sustainable Investment (January 12, 2023), https://scho-larship.law.columbia.edu/sustainable_investment/5.《投资条约和投资者与国家争端解决（ISDS）在可再生能源投资中的作用》，哥伦比亚可持续投资中心，2023 年 1 月 12 日。

⑩ Occidental Exploration and Production Company v. Republic of Ecuador (I), LCIA Case No. UN3467. 该案是将 FET 标准解释为包含绝对稳定性义务的著名案例。

对几个州提起诉讼，导致数百万美元的赔偿，该机制使一些投资者获利。

依据 ECT 对西班牙提起仲裁的大多数投资者是金融投资者。一项研究[11]指出，截至 2022 年 5 月，"在 89%针对西班牙的案件中，原告不是可再生能源公司，而是股权基金、银行或其他类型的金融投资者，他们直接或间接持有在西班牙运营的公司的股份"。金融投资者的主要关注点是实现最大的财务回报，无论是在哪个领域开展业务。他们的做法是在某一商业领域投资 5—7 年，从中获利，然后退出并寻找其他可以获利的投资项目，这与在一个特定国家经营可再生能源项目且与该国政府保有长期关系的投资者完全不同。事实上，在一部分案件中，西班牙的金融投资者出售了他们的权益并已从中获利，但仍通过仲裁希望获得更多赔偿。

（三）欧盟宣布退出能源宪章

2023 年 7 月，欧盟正式提出欧盟及其成员国和欧洲原子能共同体以协调的方式退出 ECT，以确保欧盟内外投资者的平等待遇。欧盟方面的官方解释认为，该条约并未与时俱进，不符合欧盟气候法及其在《巴黎协定》下的承诺[12]。

ECT 作为国际能源领域具有法律约束力的多边条约，曾经对推动和促进能源领域的贸易、投资和运输活动具有重要意义。该条约于 1998 年正式生效，截至 2019 年 7 月，共有 53 个签署方的 ECT 还是一个同时覆盖投资保护和贸易的多边协定、首次将过境运输条例应用于能源网络的协议，它创设了适用能源领域各种争端的多种有法律约束力的争端解决机制。ECT 的内容涵盖石油、天然气、煤炭及可再生能源在内的各种能源资源及能源产品，并涉及从勘探开发到生产加工，是一个涵盖非常广泛的国际条约[13]。条约提供的争端解决机制已经成为从事国际能源投资活动的投资者保护其合法权益的有效途径。该条约当初恰是欧盟及其主要成员国极力推动的结果，被誉为"在投资保护方面是当今全

---

[11] Lucía Bárcena and Fabian Flues, *From Solar Dream to Legal Nightmare: How Financial Investors, Law Firms and Arbitrators are Profiting from the Investment Arbitration Boom in Spain*, Transnational Institute and Powershift, (May 31, 2022), p. 4, https://www.tni.org/en/publication/from-solar-dream-to-legal-nightmare. 该文章指出，《能源宪章条约》(ECT) 只让跨国投资者和专业律师事务所受益，却损害了西班牙的太阳能梦想。

[12] 《马克龙也受不了啦！欧盟这一条约为何不再受待见？》，载《新京报》2022 年 10 月 24 日，https://m.bjnews.com.cn/detail/1666591940169381.html。

[13] 马迅：《〈能源宪章条约〉投资规则研究》，武汉大学出版社 2012 年版，第 8 页。

球范围内最高标准的投资规则"[14]。这项条约下允许能源企业利用相关投资利益争端规则起诉所在缔约国政府，只要投资者认定自己受到"不公正"对待，便可发起仲裁，且仲裁结果通常对投资者有利。

2016年意大利率先退出ECT，导火索是该国当年立法禁止海上石油钻探，损害了已获得在意大利钻探开采离岸石油的英国企业的利益，后者立即根据ECT发起仲裁，索赔数亿欧元，而实际上，这家英国公司仅在意大利投资了2500万欧元。2022年10月，荷兰宣布退出ECT，原因是此前荷兰政府为遵守《巴黎协定》，将在2030年之前彻底淘汰煤炭，要求能源公司在此之前关停或改造相关设备，但并未向企业提出补偿方案，引发德国最大电力生产商莱茵集团和天然气巨头Uniper依据ECT起诉荷兰政府，分别要求赔偿14亿欧元和10亿欧元。近年来，欧盟各国均致力于淘汰化石能源，许多欧洲能源公司以违反ECT为由对欧盟国家政府提起诉讼，波兰和西班牙也已启动退出程序。

尽管在作出退出决定之前，欧盟方面曾试图努力推动ECT现代化谈判指令，授权欧盟委员会对可持续发展和气候目标、现代投资保护标准、投资者与东道国争端解决机制等条约条款的补充和修订进行谈判，但该修订条约没有获得欧盟成员国的批准[15]。即使欧盟退出条约，ECT仍可继续适用20年，但成员国数量将从56个减少到28个。

（四）国际投资协定救济依据不足

大多数国际投资协定都没有包括支持低碳投资的积极投资促进和便利化条款，使得现有的老一代国际投资协定不足以确保从高碳经济到低碳经济的有效能源转型。《投资条约制度的趋势和能源转型的改革工具箱》一文中的数据显示，[16] 1959年至2011年全球各国签订了约3400个国际投资协定，现行有效的大约有2300个

---

[14] 马迅：《〈能源宪章条约〉投资规则研究》，武汉大学出版社2012年版，第20页。

[15] Directorate-General for Energy, *European Commission proposes a coordinated EU withdrawal from the Energy Charter Treaty*, July 7, 2023, https://energy.ec.europa.eu/news/european-commission-proposes-coordinated-eu-withdrawal-energy-charter-treaty-2023-07-07_en#:~:text=Today%2C%20the%20European%20Commission%20has%20proposed%20that%20the, the%20European%20Green%20Deal%20and%20the%20Paris%20Agreement, 2023年10月3日访问。

[16] *Trends in the Investment Treaty Regime and a Reform Toolbox for the Energy Transition*, IIA Issues Note, No. 2, 2023, https://unctad.org/system/files/official-document/diaepcbinf2023d4_en.pdf, 2023年10月3日访问。《投资条约制度的趋势和能源转型的改革工具箱》，载《国际投资协定问题备忘录》2022年第2期。

老一代的国际投资协定。通常，这类国际投资协定没为可持续能源转型保留各国的规制空间，它们的实质性待遇标准是宽泛和模糊的，几乎没有例外条款或保障条款[17]。然而它们作为现有的国际争端解决方案索赔的基础，这些老一代国际投资协定将会加重从传统化石燃料项目转向可再生能源国家的负担。

新的国际投资协定在保障国家规制权方面表现相对较好，但在纳入与可持续能源投资和能源转型有关的具体条款方面仍然不足。2012—2022年签署生效的涉及能源转型和气候行动相关条款的国际投资协定数据如下：在征收条款中加入气候或环境例外的41个，在履行要求限制中加入气候或环境例外的32个，加入不低于或弃权标准的24个，设置规制权17个，加入气候行动合作条款的10个，加入企业社会责任条款的8个，加入履行国际环境义务的6个，在国民待遇和最惠国待遇中设置气候和环境例外的4个，加入尊重东道国环境规定的4个[18]。由于旧国际投资协定的数量大大超过了新协定，此外还包括管理能源相关的投资、贸易和过境的ECT等多边投资条约，解决国际投资条约现存的问题和风险显得至关重要[19]。气候变化和能源转型使得国际投资协定规则的变革迫在眉睫。

二、能源转型带来国际投资规则的变革

（一）《能源宪章条约》现代化

ECT的缔约国自2017年11月以来启动了关于ECT现代化的讨论，在2020年7月谈判正式启动后，举行了15轮谈判，2022年6月24日原则上达成了基本一致意见。现代化的主要内容包括如下方面：

---

[17] *Trends in the Investment Treaty Regime and a Reform Toolbox for the Energy Transition*, IIA Issues Note, No. 2, 2023, https：//unctad.org/system/files/official-document/diaepcbinf2023d4_en.pdf, 2023年10月3日访问。《投资条约制度的趋势和能源转型的改革工具箱》，载《国际投资协定问题备忘录》2022年第2期。

[18] *Trends in the Investment Treaty Regime and a Reform Toolbox for the Energy Transition*, IIA Issues Note, No. 2, 2023, https：//unctad.org/system/files/official-document/diaepcbinf2023d4_en.pdf, 2023年10月3日访问。《投资条约制度的趋势和能源转型的改革工具箱》，载《国际投资协定问题备忘录》2022年第2期。

[19] *Trends in the Investment Treaty Regime and a Reform Toolbox for the Energy Transition*, IIA Issues Note, No. 2, 2023, https：//unctad.org/system/files/official-document/diaepcbinf2023d4_en.pdf, 2023年10月3日访问。《投资条约制度的趋势和能源转型的改革工具箱》，载《国际投资协定问题备忘录》2022年第2期。

1. 对定义的修正

关于"宪章"的定义，参考 2015 年《国际能源宪章》，将定义扩展到二氧化碳的捕获、利用和储存（Carbon Capture, Utilization and Storage, CCUS），以使能源系统脱碳。修订后的条款增加了在缔约方清洁能源目标的背景下，如何在 ECT 下保护不同能源的投资。对定义的修正基于以下三个方面：(1) 将氢、无水氨、生物质能、沼气和合成燃料等能源材料和产品纳入投资保护条款，其他与能源有关的设备，如羊毛、岩棉和类似的矿物棉，以及多壁绝缘玻璃装置，列入贸易规定覆盖。(2) 引入一项创新的"灵活机制"，允许缔约方根据会议决定，考虑到各自的能源安全和气候目标，排除石化燃料在其领土范围内的投资保护。例如，欧盟和英国选择将化石燃料相关投资作为 ECT 下投资保护的例外，包括相关条款生效 10 年后的现有投资，以及 2023 年 8 月 15 日之后的新投资也设置了例外限制。作为一项原则，这些限制将不影响其他缔约方在其领土内的投资保护，除非它们选择对上述缔约方和投资者相互适用。(3) 增加审查机制。修订后的 ECT 生效五年后，以及此后每隔五年，或在宪章会议决定的更早日期，将审查 ECT 涵盖的能源材料和产品清单以及灵活机制的适用情况。这将使缔约方有可能对技术和政治发展作出调整。

2. 投资保护的涵盖范围

投资的定义：为了被修订后的 ECT 所涵盖，除非另有规定，投资必须明确按照东道国的法律设立或取得，并符合指示性特征清单，如承诺出资、期待的收益或利润、一定期限或承担风险。新的投资定义不包括司法和行政决定以及仲裁裁决，并将索赔的范围限于仅因销售货物和服务的商业交易而产生的货币和信贷。具体的公共债务工具不在争端解决规定的范围之内。

投资者的定义：新规定不包括在投资时拥有东道国国籍或永久居民身份的个人。此外，投资者需要根据 ECT 的要求证明其满足实质性商业活动的要求，如东道国缔约方在该地区的实际存在、雇用工作人员、产生营业额或纳税。

解释"最持久的保护和安全"：解释此条款仅是指涉及投资者和投资的物理安全。

与投资有关的转移：加入了严重国际收支困难的例外情况，并加入了在欧洲联盟经济和货币联盟的运作或其他缔约方的货币和汇率政策出现严重困难时采取保障措施的具体规定。

公平与公平待遇的定义：为了增加法律确定性，在 ECT 下提供公平与公平待遇的新条款将提供一个清单，构成违反这一保护标准的某些措施或一系列措施。在这些措施或一系列措施中，新条款规定了违反投资者合法期望的情形，并描述了产生投资者合法期望的情况以及可以构成合法期望的条件。

间接征收的定义：新规定解释了"直接征收"的概念，并进一步引入了"间接征收"的定义，以及在每种情况下确定存在间接征收（如经济影响和措施的性质）时需要考虑的因素清单。作为一般规则，为保护公共健康、安全和环境（包括减缓和适应气候变化）等合法政策目标而采取的非歧视性措施不构成间接征用。

拒绝授予保护：为确保该条款的有效性，ECT 加入了援引拒绝授予保护条款的时间表，包括在仲裁程序开始后援引该条款的可能性。拒绝授予保护条款不需要事先正式通知。新的规定解释了对投资的保护可能被拒绝的情况，特别是为了维持国际和平与安全，包括保护人权。

最惠国待遇条款：为获得更大的法律确定性，澄清最惠国待遇条款不应扩大到其他国际协定中的争端解决程序，其他国际协定中的实质性规定本身并不构成根据该条给予的"待遇"。

规制权：在序言部分和整个 ECT 中增加了措辞，以加强缔约国在其领土内进行规制的权利。为了法律上的确定性，ECT 第三部分中引入了一条关于规制权的新的独立条款，以强调缔约方为了合法的公共政策目标而对投资和投资者进行规制的权利。这些目标可包括保护环境，包括减缓和适应气候变化，保护公共健康、安全或公共道德。在 ECT 例外的规定中还引入了一种新的结构，以补充以关贸总协定和服务贸易总协定的规定为基础的现有一般例外，并解释为维持国际和平与安全采取措施的可能性。

保护伞条款：只有通过行使政府权力而违反具体书面承诺的情况才能适用保护伞条款。

3. 争端解决

透明度：2014 年 4 月 1 日的《贸易法委员会投资者与国家间基于条约的仲裁透明度规则》[20] 将适用于投资者与缔约方之间争端的仲裁程序，ECT 还进一步将

---

[20] 参见联合国国际贸易法委员会官网，https：//uncitral. un. org/sites/uncitral. un. org/files/media-documents/uncitral/zh/rules-on-transparency-c. pdf，2024 年 9 月 28 日访问。

缔约国之间争端的争端解决程序引入了更大的透明度，确保此类争端的程序性文件可以公开获得，听证会也可以公开获得。

明显无理的要求：为确保仲裁程序的效率和减少诉讼费用，设立了以下机制：（1）在诉讼开始阶段驳回作为实质问题或管辖权问题显然没有法律依据的主张；（2）快速驳回没有事实和法律根据的主张。考虑加入一条特别规定，对为了依据ECT提出主张而进行投资结构调整的案件予以驳回。

4. 运输

新的ECT引入了以下方面的一般原则：为透明和非歧视地使用现有和未来的能源运输设施提供便利；可能被拒绝进入的情况，需要充分证明拒绝的合理性；能源运输设施的容量分配机制和拥堵管理程序；为过境目的进入或使用能源运输设施所需关税的客观、透明和非歧视适用，以及用于计算关税的方法。对于天然气和石油的过境，引入了"获得能源运输设施"和"可用容量"的定义。此外，过境规定也更新了有关实际流动和国际交换业务的规定，缔约国可以利用这些规定来组织其能源系统。

5. 可持续发展与企业社会责任

缔约方认识到迫切需要有效应对气候变化，提出了若干条款，重申缔约方应要求与能源有关的行业遵守多边环境和劳工协定，如《联合国气候变化框架公约》《巴黎协定》和劳工组织基本公约下各自的权利和义务。他们还重申致力于促进能源部门的国际贸易和投资，以助力可持续发展和负责任商业实践的实现。

此外，缔约各方不得通过降低各自的环境和劳工保护法律和标准来鼓励国际能源贸易和投资。缔约各方将促进在其区域内经营的投资者执行负责任商业实践的国际标准。

关于可持续发展和企业社会责任的新规定进一步明确和加强了对能源投资项目环境影响评价的规定，符合缔约方各自的法律法规，确保了更高水平的环境保护和更广泛的公众参与。

缔约方重申致力于清洁能源转型，在能源贸易和投资中推广低碳技术，并在实施气候变化相关政策方面开展合作。在缔约方之间设立一个可持续发展争端解决机制。这种争端解决机制将包括提交调解。

6. 区域经济一体化组织（Regional Economic Integration Organizations，REIO）

协定引入了一项条款，规定第7条过境、第26条投资争端解决、第27条缔约方之间的争端、第 29 条与非世贸组织成员的贸易不适用于在相互关系中属于同一区域经济一体化组织成员的缔约方。目前，欧盟是唯一的 REIO 缔约方。取消谈判预投前活动补充条约以对投资前提供保护的义务（现行第 10.4 条），同时保留投资前的自愿条款（第 10.6 条）和尽最大努力规定（第 10.2 条和第 10.5 条），要求适用于投资前的任何歧视性措施应通知秘书处的义务（第 10.9 条）[21]。

以往的 ECT 在保护投资者方面给予了充分保护而忽略了对东道国规制权的关注，本次 ECT 现代化的内容大大强化了东道国规制权，赋予其基于本国应对气候变化制定公共措施更多的灵活空间。

（二）国际投资协定的新近变化

鉴于老一代国际投资协定的规定不足以为气候变化和能源转型提供有力支持，联合国贸发会议自 2015 年以来陆续发布促进可持续发展能源投资和国际投资协定改革措施的指导文献，其中对于促进可持续能源投资的工具包，在涉及便利和促进可持续能源投资、技术转让、气候行动的监管权和能源转型以及企业社会责任等四个方面，提供诸多政策选项。其中包括：一是在促进和便利可持续能源投资方面，将可持续能源投资纳入国际投资协定的规定，为可持续能源投资提供优惠待遇，建立可持续技术研发合作体制机制，对采取可持续能源投资便利化措施提供技术援助，鼓励低碳和可持续技术及专门知识进行转让。二是在技术转让和扩散方面，努力创造接受技术的良好环境，允许与能源转换相关的某些性能要求，确保知识产权的保护不会过度阻碍技术的传播。三是对气候行动和能源转型进行监管的权利方面，完善能源转型相关投资保护标准内容，改革能源投资 ISDS 机制，承认监管灵活性的必要性，加入与气候变化和能源转型有关的一般例外情况，厘清有关赔偿及损害赔偿的条文。四是在企业社会责任方面，加入与企业社会责任相关的约束性义务，明确要求能源投资者遵

---

[21] Directorate-General for Trade, *Agreement in principle reached on Modernised Energy Charter Treaty*, European Commission（June 24 2022），https：//policy. trade. ec. europa. eu/news/agreement-principle-reached-modernised-energy-charter-treaty-2022-06-24_ en#：~：text=Agreement%20in%20principle%20reached%20-on%20Modernised%20Energy%20Charter，the%20negotiation%20mandate%20it%20received%20from%20the%20Council。《就〈现代化能源宪章条约〉达成原则性协议》，欧盟委员会贸易总署，2022 年 6 月 24 日。

守可持续投资要求[22]。

近期公布的新一代国际投资协定开始加入保障各国规范和纳入有关保护环境、气候行动和可持续发展的具体条款，或者包含更明确的实质性规定。例如，《非洲自由贸易区投资议定书》[23]设置了促进和便利可再生能源投资的条款。《日本—英国全面经济伙伴关系协定》[24]载有促进与减缓气候变化的投资，如与可再生能源和节能商品和服务有关的投资。《摩尔多瓦—英国伙伴关系、贸易和合作协定》[25]包含了气候变化以及促进传播安全和可持续的低碳和适应技术的条款。巴西牵头的《投资合作与便利化协定》[26]以及最近的《安哥拉—欧盟可持续投资便利化协定》[27]尽管未提及能源投资，但包含有关可持续发展、环境保护、促进和便利投资以及企业社会责任的条款。还有一些新一代国际投资协定加入了通过国家间合作实施国家气候行动政策的具体程序和机制，如《美国—墨西哥—加拿大协定》[28]建立联合委员会、联合对话、气候行动磋商和专家小组。

这些变革表明，国际投资协定未来将会成为帮助各国实现可持续能源转型的有效工具，在应对气候变化以及促进和便利可持续投资方面发挥着重要作用，以推动各国落实可持续能源投资的举措，包括向低碳经济过渡。然而，在最近的国际投资协定中，有效保护监管空间的条款仍然为数不多。新的国际投资协

---

[22] *Trends in the Investment Treaty Regime and a Reform Toolbox for the Energy Transition*, IIA Issues Note, No. 2, 2023, https：//unctad.org/system/files/official-document/diaepcbinf2023d4_en.pdf，2023年10月3日访问。《投资条约制度的趋势和能源转型的改革工具箱》，载《国际投资协定问题备忘录》2022年第2期。

[23] 《非洲大陆自由贸易区投资议定书（草案）》，第2条。参见https：//au.int/sites/default/files/treaties/36437-treaty-consolidated_text_on_cfta_-_en.pdf，2024年9月28日访问。

[24] 《日本—英国全面经济伙伴关系协定》，第8章。参见https：//www.europarl.europa.eu/RegData/etudes/STUD/2018/603880/EXPO_STU(2018)603880_EN.pdf，2024年9月28日访问。

[25] 《摩尔多瓦—英国伙伴关系、贸易和合作协定》，第72条。参见https：//assets.publishing.service.gov.uk/media/60056e8c8fa8f55f6eb80d96/CS_Moldova_1.2021_Strategic_Partnership_Trade_and_Cooperation.pdf，2024年9月28日访问。

[26] 《投资合作与便利化协定》，第14条。参见https：//investmentpolicy.unctad.org/international-investment-agreements/treaty-files/4786/download，2024年9月28日访问。

[27] 《安哥拉—欧盟可持续投资便利化协定》，第5章。参见https：//assets.publishing.service.gov.uk/media/60056e8c8fa8f55f6eb80d96/CS_Moldova_1.2021_Strategic_Partnership_Trade_and_Cooperation.pdf，2024年9月28日访问。

[28] 《美国—墨西哥—加拿大协定》，第24章。参见https：//ustr.gov/trade-agreements/free-trade-agreements/united-states-mexico-canada-agreement/agreement-between，2024年9月28日访问。

定中的相关条款是否会显著在保护能源转型措施免受 ISDS 索赔或有效阻止高碳投资的投资者援引 ISDS 索赔，仍有待实践观察。

三、国际能源规则变革的现实意义

气候变化给国际能源投资规则带来挑战并引发变革。以往给予能源投资者强有力保护的《能源宪章协定》将伴随欧盟退出威力大减，联合国贸发会议引导各国引入的政策工具使得全球国际投资协定将朝向平衡东道国规制权和投资者利益的方向发展，ISDS 可以被视为一个保护投资和限制东道国规制权的缓释机制，但修正后的国际投资条约的效果目前尚有待观察。尽管国际能源规则在各方利益博弈中此消彼长，但由于能源投资在跨境投资中的权重较高，气候变化使得绿色能源项目国际合作不断增多，可持续发展的绿色能源项目始终是应对气候变化的重中之重，该类投资项目的未来的存量和增量只会有增无减。

我国是《联合国气候变化框架公约》《巴黎协定》的缔约国，也是应对气候变化全球治理的积极参与者和行动者，中国积极实施《中国应对气候变化的政策与行动》[29]，采取更加有力的政策和措施，二氧化碳排放力争于 2030 年前达到峰值，努力争取 2060 年前实现碳中和，实现"双碳"目标，责任义不容辞。习近平总书记高度重视绿色发展理念，强调"要顺应当代科技革命和产业变革大方向，抓住绿色转型带来的巨大发展机遇"，绿色发展将是我国未来经济社会发展的重要准则。以此为目标，通过绿色发展国际合作，鼓励从事环境保护、节能减排、新能源相关产业的中国企业"走出去"，服务全球市场，吸引拥有绿色高新技术和绿色资源的外国企业"走进来"，提升国内的产业转型，双向推进绿色基建、绿色能源、绿色交通、绿色金融的可持续发展，意义重大。因此，我们应高度关注并积极回应气候变化带来的国际能源投资规则变革，拥抱这些变化所释放的机遇。

第一，建议梳理我国各类国际投资协定。我国目前已签署的国际投资条约大部分不涉及环境保护、可持续发展和气候变化等绿色条款内容，除了近期少

---

[29] 参见 https：//www.gov.cn/zhengce/2021-10/27/content_ 5646697.htm，2024 年 9 月 28 日访问。

量的国际投资条约，如 2016 年生效的中国和刚果双边投资协定[30]、2020 年生效的中国和土耳其双边投资协定等开始逐渐出现[31]。此外，我国与新西兰、澳大利亚、英国、葡萄牙、法国、美国、意大利、印度、挪威签署了应对气候变化及绿色能源合作的专门协议[32]，但这些国际投资协定和专门协议仍为少数，无法满足气候变化对能源投资的保护需求。建议有关部门应参考和运用联合国贸发会议提供的政策工具，尽快梳理和更新我国已签署的双边和多边投资协定和自贸协定，并在今后新签署的投资协定、自贸协定以及与能源相关的协定中，引入气候变化、绿色能源和可持续发展等绿色条款，推动双边和多边的绿色能源合作条约的订立。

第二，建议完善国内配套立法。我国在 2024 年 11 月 8 日颁布了《中华人民共和国能源法》。该法作为能源基本法，与以往的四部能源专门法——《中华人民共和国电力法》《中华人民共和国煤炭法》《中华人民共和国节约能源法》《中华人民共和国可再生能源法》，以及其他散见于各类部门法规、政府规章和规范性文件，初步形成能源部门立法体系。然而，我国目前并未将气候变化写入立法，仅发布了《中国应对气候变化的政策与行动》以及《推动碳达峰、碳中和目标如期实现——解读〈中国应对气候变化的政策与行动〉白皮书》，相关立法并未体现气候变化的内容，目前主要在行政文件和地方规定层面，未将应对气候变化和绿色能源投资的相关规定有机结合起来。德国在应对气候变化的能源转型立法可供借鉴。2021 年 5 月，德国通过了《气候保护法》，规定将于 2045 年实现"碳中和"的净零排放目标。2022 年 7 月 7 日，德国通过了《可再生能源法》修正案，详细阐明了未来十余年可再生能源的发展规划，并要求从 2035 年开始电力供应基本实现净零排放。德国在能源转型过程中不断修改的立法，形成了一套健全的法律体系，为减少温室气体排放和促进能源转型

---

[30] 《中华人民共和国政府和刚果民主共和国政府关于促进和保护投资的协定》序言部分。参见 https://tfs.mofcom.gov.cn/cms_files/oldfile/tfs/201910/20191031150608768.pdf，2024 年 9 月 28 日访问。

[31] 《中华人民共和国政府和土耳其共和国政府关于相互促进和保护投资协定》第 4 条。参见 https://tfs.mofcom.gov.cn/sbtzbhxd/yz/art/2020/art_90c640913083454489ea7b47b79d73bc.html，2024 年 9 月 28 日访问。

[32] 参见中国商务部中国自由贸易服务区网：http://treaty.mfa.gov.cn/web/list.jsp?nPageIndex_=1&keywords=%E6%B0%94%E5%80%99%E5%8F%98%E5%8C%96&chnltype_c=2，2024 年 9 月 28 日访问。

提供了重要保障[33]。建议有关部门尽快将应对气候变化纳入能源立法，作为未来绿色能源发展的重要内容使国内外能源投资有章可循，依据充足，保障我国实现能源转型并达成"双碳"目标。

第三，建议善用国际能源规则。中国政府、中国企业和中国律师应加强对国际能源规则的学习，及时关注变化。对于政府而言，谨慎考虑和发布为应对气候变化而对国际能源投资产生变化的法律、法规和政策，以免违反国际投资条约义务。同时在合法适当的范围内运用规制权，因地制宜地制定应对气候变化和绿色能源的政策和措施，把握好绿色治理的政策空间。对于中国企业，开展投资决策前，应关注东道国的投资环境及政策稳定性，融入绿色发展理念，履行企业社会责任，提前预判气候变化对投资项目的影响。对于中国律师，应了解和掌握国际能源规则和东道国法律政策，充分关注气候变化对能源投资的影响，厘清涵盖投资的范围和例外情形，正确适用国际规则，帮助企业识别和管理投资风险，及时应对和处理各类纠纷，维护当事人海内外合法权益。

第四，建议积极参与国际规则制定。我国应积极参与全球及区域应对气候变化能源转型规则的制定，利用与石油输出国组织、国际能源署、国际能源论坛等国际能源组织以及《联合国气候变化框架公约》缔约方大会、二十国集团（G20）、金砖国家、亚太经合组织和上海合作组织等国际组织和区域组织已建立的沟通渠道和协调机制，参与国际能源组织变革进程，推动应对气候变化的国际能源规则修订，通过多方渠道、不同场合，发出应对气候变化能源转型的中国声音，提出完善国际能源治理的中国方案[34]。

结　语

能源对于各国发展至关重要，应对气候变化的能源国际合作已势不可当。国际能源规则的变革，正是全球经济发展的缩影。在气候挑战面前，单边主义没有出路。《巴黎协定》自通过以来，控制温升和实现碳中和已经成为全球共

---

[33] 李品等：《德国能源转型进程及对中国的启示》，载《气候变化研究进展》2023年第19期，http://www.climatechange.cn/article/2023/1673-1719/1673-1719-19-1-116.shtml，2024年9月28日访问。

[34] 张运东等：《对中国深度参与全球能源治理的思考》，载搜狐网2019年1月11日，https://www.sohu.com/a/288388026_650865，2024年9月28日访问。

识。能源转型是各国实现"双碳"目标的必经之路，其不仅是能源系统的结构性变革，更是一场社会、技术、政治、经济、法律系统的共同演进[35]。应对气候变化挑战而导致的国际能源规则变革，是对国家治理能力的检视，也是对企业国际投资风险管理的考验，更是对律师跨境法律服务能力的挑战。但无论是国家治理、商业运营，还是律师服务，有一点共同的是，唯有利益相关方的积极参与和携手合作，方可走出一条能共同有效应对气候变化的绿色发展之路。

---

[35] 于宏源：《能源转型的市场嬗变、大国竞合和中国引领》，载澎湃新闻2022年8月29日，https://www.thepaper.cn/newsDetail_forward_19644007，2024年9月28日访问。

第七章　碳排放政策的投资仲裁风险与因应[*]

内容摘要：世界气候变化不断加重各国减少碳排放的责任，持续影响着全球产业发展。近来，一些国家实施了高碳产业禁令和可再生能源激励的碳排放政策，减损了部分外国投资者经济利益，违反了其缔结的国际投资协定规定的外资待遇，引发大量投资争端。国际投资仲裁是最常适用的投资争端解决机制，由独立的仲裁庭审查东道国行为是否违反投资者所享有的待遇，一旦违反机制规定，东道国则可能面临对投资者的巨额补偿。对此，我国在兑现"双碳"承诺的进程中，应结合先进的国际实践经验，及时更新完善已缔结的国际投资协定，系统性纳入在碳排放等领域的国家规制权条款，制定投资者义务条款，加强碳排放政策的合规性，制定灵活的产业激励或退出政策，以避免引发投资仲裁的风险。

关键词：碳排放政策　投资者待遇　规制权　投资仲裁　投资治理

自第一次科技革命以来，国家的发展水平与其碳排放量呈现正相关。各国长期以来在激烈的全球市场竞争中，以宽松的规制政策促进贸易和投资等商业活动，忽视了对碳排放的限制，而温室气体排放引起全球气候变暖和环境危机。[①] 为有效应对气候变化，国际社会不断强化各国减少温室气体排放的义务。对此，许多国家纷纷出台碳排放政策。德国、荷兰等国制定燃煤电厂淘汰政策，导致燃煤电厂投资者无法经营或转型；西班牙、意大利等国为加快能源转型，实施可再生能源产业激励政策，但随着财政等因素变化，激励政策被降低或取

---

[*] 刘禹，北京工商大学法学院讲师；孔庆江，中国政法大学国际法学院教授，博士生导师。
[①] 基金项目：北京市教委社科规划基金一般项目（SM202110011002）。程玉：《气候难民的自然权利救济及其制度展开》，载《太平洋学报》2020年第9期。

消，使投资者预期落空。由此引发大量投资仲裁案件，呈现连锁反应，步步紧逼，东道国面临支付数百万美元至数十亿美元的补偿金。很多欧美国家的律所正在积极推动受碳排放政策影响的企业对东道国提起投资仲裁，使东道国被诉的概率大增。欧盟建立碳排放交易体系后，其成员国需要调整产业政策以履行碳减排义务，将进一步加剧东道国碳排放政策与外商投资利益间的冲突。

我国同样实施了以上两类碳排放政策，已引发一起投资仲裁案，即新加坡投资者亚化集团（AsiaPhos）因其投资的矿场被四川省政府划入自然保护区而无法经营，遂提起投资仲裁。而中国在第75届联合国大会期间，作出"二氧化碳排放力争于2030年前达到峰值，努力争取于2060年前实现碳中和"的"双碳"承诺；同时，欧盟为应对碳泄漏而实施的碳边境调节机制，客观上有促使我国碳排放体系与欧盟对标的效果。可以预见，我国的减排压力是空前的。目前我国经济结构正在转型升级，经济发展和民生改善对碳排放依赖较高，注定需要"提高国家自主贡献力度，采取更加有力的政策和措施"以实现减排。同时，我国承担着大量国际投资协定（International Investment Agreements，IIAs）下的外资保护义务，碳排放政策将影响我国境内外企的投资、经营及收益，随之而来的同样将是外国投资者提起投资仲裁的潜在挑战。

本文基于不断增加的碳排放政策引发的投资仲裁案，运用描述性、解释性和评估性实证研究，分析其中的问题和成因，拟总结中国范式投资治理的经验及对策。

一、国家的减排义务与投资保护义务

（一）减排义务与投资保护义务的冲突

《联合国气候变化框架公约》《京都议定书》以及《巴黎气候协定》等国际公约规定了国家的环境保护义务。比如，《巴黎气候协定》提出目标，即21世纪全球平均气温升幅与工业革命前水平相比"尽力"不超过 1.5°C，为此全球 2020—2030 年化石燃料产量需要每年减少 6%。② 各国需要制定相应政策以履行

---

② 参见斯德哥尔摩环境研究所《生产差距报告（2020年）》第4页。SEI, The Production Gap, 2020, p. 4. https：//productiongap. org/2020report/. 2024年9月27日访问。

条约义务，生产生活方式也将随之发生深远改变。

与此同时，各国还缔结了 IIAs 以保护缔约方投资者的权益。IIAs 是经济体之间为处理彼此投资权利义务关系而缔结的国际条约，包括双边投资条约（Bilateral Investment Treaty，BIT）和关于投资的区域协定，如《能源宪章条约》（Energy Charter Treaty，ECT）、美墨加协定等。③ 几乎所有 IIAs 中都规定了许多实体和程序性条款以保证外国投资者免受东道国的歧视或侵害，包括国民待遇、公平公正待遇、征收条款以及争端解决条款等。因此，东道国实施碳排放政策不得违反其缔结 IIAs 中的外资保护义务，否则将承担违反条约的责任。

国家需坚持条约信守原则，履行其所缔结国际条约规定的义务。但气候公约与 IIAs 下的义务时常出现冲突——东道国为履行环保义务，实施的可再生能源产业促进政策或限制高碳产业的环保政策若影响了 IIAs 下的投资待遇，投资者则可以依据相应 IIAs 的规定主张权利。

（二）碳排放政策对投资者的影响

近年来，全球范围因碳排放政策引发投资仲裁的案件数量逐年增加，总计超过 200 件。例如，西班牙为减少碳排放实施了可再生能源的产业激励政策，吸引了大量外资进入市场。但由于财政紧张，取消了部分激励政策，使投资者的预期利益落空，甚至投资价值减损，引发数十起投资仲裁案。投资者主张西班牙的措施违反了 IIA 中征收和公平公正等条款。意大利、荷兰等国也因能源或税收的措施而被提起投资仲裁。此外，德国、拉脱维亚等国家实施了高碳产业退出政策，严重影响投资者原有的生产经营，最终同样构成对 IIAs 的违反。

在碳排放政策引发的投资争端中，征收条款及公平公正待遇条款最常被援引。许多 IIAs 的征收条款均规定，缔约国不得征收外商投资，除非缔约国采取措施是出于公共利益、不具歧视性、依据正当程序并给予补偿。公平公正条款通常要求东道国保护投资者的合理期待，包括投资者做出投资时可预期的收益等。

（三）投资保护条款对碳排放政策的挑战

东道国有权对外国投资实施征收，但 IIAs 的征收条款对东道国的征收设置了严格的纪律。现实中，东道国为强化碳排放政策，会实施责令停业或撤销投

---

③ 余劲松：《国际投资法》，法律出版社 2018 年版，第 9 页。

资者的特许权、土地使用权等措施。而这些措施若被仲裁庭认定违反征收条款，东道国则面临对投资者的补偿。征收分为直接征收和间接征收两种形式，前者指东道国政府将外国投资者的财产收归国有，后者通常指东道国政府干预外国投资者行使财产权的各种措施，导致其失去实质效用，又称"事实征收"或"逐渐征收"等。由于很多IIAs的征收条款对征收的定义较为宽泛，因而与征收相关的投资仲裁案较为常见。

IIAs 中的公平公正待遇条款因其内涵的抽象性，常被用来保护投资者的合理预期，任何违反投资者预期的政策都可能被认定违反公平公正待遇。例如，近年来投资者对西班牙、意大利及荷兰提起的投资仲裁，几乎全部针对加征环保税和取消产业激励政策这两项措施。

二、投资仲裁对国家碳排放政策的影响

（一）投资仲裁保护的涵盖投资

投资仲裁所保护的投资即 IIAs 下涵盖投资，是指在一缔约方领土内存在的另一缔约方投资者的投资，或在此后设立、获得或扩大的投资。④不同 IIAs 中涵盖投资的范围不尽相同，但总体上范围都十分宽泛。大多数 IIAs 将涵盖投资定义为"具有投资特征的各种资产"。联合国贸易和发展会议指出，"各种资产"这一宽泛的术语几乎没有限定，涵盖了全部具有经济价值的事物。⑤很多 IIAs 还会列举涵盖投资的形式，包括土地、设备等有形资产以及知识产权、市场准入权和特许权等无形资产。比如，2012 年《中华人民共和国政府和加拿大政府关于促进和相互保护投资的协定》列举涵盖投资包括"用于商业目的的其他有形资产或无形资产、动产或不动产、财产权或与财产权相关的权利"。⑥

因此，与我国缔结 IIAs 的国家的投资者，在我国投资设立的工厂、拥有的技术、投入的设备、持有的公司股份、经营的项目以及获得的开采权等，均属

---

④ 参见《全面与进步跨太平洋伙伴关系协定》第 9 条第 1 款。Article 9.1 of CPTPP.

⑤ 参见《联合国贸易与发展会议国际投资协议问题系列二：范围和定义》第 24 页。UNCTAD, UNCTAD Series on Issues in International Investment Agreements II: Scope and Definitions, p. 24.

⑥ 参见《中华人民共和国政府和加拿大政府关于促进和相互保护投资的协定》第 1 条。Article 1 of Agreement Between the Government of Canada and the Government of the People's Republic of China for the Promotion and Reciprocal Protection of Investments.

于 IIAs 下的涵盖投资而受其保护。可以预见，随着我国碳排放交易体系全面建立，投资者需要购买碳排放权才能进行生产经营活动。碳排放权作为一种市场交易的商品，承载了巨大的经济价值，同样可以构成涵盖投资而受 IIAs 保护。IIAs 所涵盖的投资分布在各行各业，而对于新兴经济体而言，高碳行业依然是重要的外商投资领域。

（二）投资仲裁对国家政策实施的威慑

IIAs 争端解决机制旨在解决条约的违反和解释等问题，从而维护缔约方达成的承诺。[7]作为适用最广泛的投资争端解决方式，投资者—国家仲裁（Investor-State Dispute Settlement，ISDS）是指依据政府间签订的 IIAs 解决外国投资者与东道国之间投资争端的机制，[8]即当外国投资者与东道国产生投资争端时，由中立的仲裁庭进行解决，从而保障前者依据该协定（或投资合同）所享有的权利。ISDS 是外国投资者对财产权的救济方式，是私人财产权对东道国规制权的挑战。ISDS 源起于"解决外国财产争端国际委员会"，最初的宗旨是仅用于解决东道国征收投资者财产却不给予补偿。[9]

目前，ISDS 的适用范围取决于缔约方作出的仲裁同意。在我国缔结的诸多 IIAs 中，仲裁同意的范围已不仅限于征收补偿争议问题，更是可以适用于"与投资相关的任何争议"。如区域全面经济伙伴关系协定（Regional Comprehensive Economic Partnership Agreement，RCEP）和全面进步跨太平洋伙伴关系协定（Comprehensive and Progressive Agreement for Trans-Pacific Partnership，CPTPP）等中国新近签订或申请加入的 IIAs 都进一步明确仲裁同意的范围，对于投资的准入、公平公正待遇、国民待遇、最惠国待遇、业绩要求、征收、税收措施等条款义务的违反均可提交投资仲裁。同时，仲裁庭对其管辖权具有自裁权，[10]能够通过对仲裁同意的扩张性解释扩大自身管辖权。

ISDS 不会直接中止或撤销东道国的政策，但允许投资者对东道国提起巨额

---

[7] 孔庆江：《RCEP 争端解决机制：为亚洲打造的自贸区争端解决机制》，载《当代法学》2021 年第 2 期。

[8] 李旭：《美国国家安全审查下中美投资争端解决的路径》，载《当代经济管理》2020 年第 11 期。

[9] 参见《投资者与东道国争端中的母国回归》，英国剑桥大学出版社 2019 年版，第 240 页。Rodrigo Polanco, The Return of the Home State to Investor–State Disputes, Cambridge University Press, 2019, p. 240.

[10] 鲁洋：《论宏观仲裁法学的构建》，载《吉首大学学报》2018 年第 4 期。

赔偿，产生的"寒蝉效应"（chilling effect）使投资者能够挑战诸多主权行为，如东道国各级政府所实施的法律、法规、政策和指令等，⑪甚至可以改变主权行为。⑫烟草公司菲利普莫里斯认为乌拉圭、澳大利亚等国家的烟草包装要求侵犯了其商标权，于是通过 ISDS 解决。加拿大和新西兰等国家忌惮于 ISDS 的威慑，均未通过可能限制菲利普莫里斯权益的烟草法案。

能源、交通、农业、建筑、制造、采矿等高碳行业属于资本密集型行业，碳排放政策对这些行业投资者的经济影响巨大。涉及环境保护的投资争端中，东道国的赔偿金额在数千万美元到数十亿美元，特提沿铜业公司诉巴基斯坦（Tethyan Copper v. Pakistan）案的赔偿金额超过 40 亿美元。⑬ ISDS 使东道国，特别是发展中国家担心巨额赔偿而难以推行国内政策。截至 2024 年 9 月，适用 ISDS 的案件已超过 1332 个，其中已决案件 958 个，支持投资者的已决案件 268 个。⑭

ECT 是投资仲裁实践中适用度最高的 IIA，⑮依据 ECT 提起投资仲裁的案件数量和增速尤为引人注意，呈现出连锁反应。主要原因在于 ECT 条文规定不清，易引发争端。尽管我国尚未加入 ECT，但德国、法国企业在我国传统能源和可再生能源领域投资巨大，中法、中德 IIAs 同 ECT 在征收、公平公正待遇、履行要求等条款的表述相似，可以推定我国碳排放政策也正面临同样的风险。

（三）征收条款对高碳产业退出政策的适用

结合已有案例分析，高碳产业退出政策有较大可能被认定违反征收条款。南美白银公司诉玻利维亚案中，投资者主张东道国撤销其采矿特许权构成征收，仲裁庭认为东道国出于公共利益的考量享有规制权，但采取的措施只要对投资者财产造成了征收的效果，就需要对投资者进行补偿。⑯根据欧洲能源宪章条约

---

⑪ 参见《外国投资者保护问题》，英国牛津大学出版社 2020 年版，第 57 页。Gus Van Harten, The Trouble with Foreign Investor Protection, Oxford University Press, 2020, p. 57.

⑫ 参见《外国投资者保护问题》，英国牛津大学出版社 2020 年版，第 100 页。Gus Van Harten, The Trouble with Foreign Investor Protection, Oxford University Press, 2020, p. 100.

⑬ https：//investmentpolicy.unctad.org/investment-dispute-settlement/cases/463/tethyan-copper-v-pakistan，2024 年 9 月 27 日访问。

⑭ https：//investmentpolicy.unctad.org/investment-dispute-settlement，2024 年 9 月 27 日访问。

⑮ 参见《联合国贸易与发展会议世界投资报告（2010 年）》第 130 页。UNCTAD, World Investment Report, 2021, p. 130.

⑯ 海牙常设仲裁法院第 2013-15 号案件"2018 年南美银矿公司诉玻利维亚共和国案"仲裁裁决书第 875—876 段。South American Silver v. Bolivia, PCA Case No. 2013-15, Award, 2018, paras. 875—876.

组织统计，截至2024年9月，共有150个援引ECT的投资仲裁案件。[17]

近期的案件中，德国RWE公司主张荷兰的立法没有给予企业足够的时间和资源用以从"煤炭依赖"转型为生物质电厂，将导致电厂倒闭，损失高达14亿欧元，违反了ECT，并于2021年2月提起投资仲裁。同年4月，德国能源公司尤尼珀（Uniper）同样就该立法提起投资仲裁。西班牙因能源产业政策改革已引发了数十起投资争端，有15件中投资者依据ECT主张西班牙行为构成征收。其中，Eiser、Micula、SolEs Badajoz等案件的投资者认为西班牙征收发电税的行为违反征收条款、公平公正待遇条款和保护伞条款，仲裁庭则指出投资者的三项主张都是基于相同的事实，因而没有审查征收条款，只审查了公平公正条款，并最终作出支持投资者的裁定。[18]

（四）公平公正待遇条款对产业激励政策的适用

目前适用ECT的投资仲裁案中，68件涉及公平公正待遇（包括国际最低待遇标准）条款，除待审及和解案件外，裁定违反该条款的案件占43.1%。ECT中公平公正待遇表述为"缔约方应根据条约规定，为其他缔约方投资者创造稳定、公平、有利和透明的条件，包括承诺在任何时候给予投资者公平待遇、最持续的保护，不得以任何不合理或歧视性措施减损投资的管理、维护、使用、享有或处置"。[19]由于"公平""合理"等概念较为主观，仲裁庭易作扩大解释，进而限缩东道国的规制空间。

我国是全球最活跃的可再生能源投资市场，吸引了大量外资。随着投资规模的迅速扩大，可再生能源补贴的总额也在迅速增加，虽然政府多次降低补贴，但2017年中国可再生能源补贴资金已出现800亿元缺口。[20]针对这一问题，德国采取征收消费者税，导致产业发展缓慢，而西班牙采取征收生产者税，被诸多投资者提起投资仲裁，主张违反公平公正待遇。

我国与德国、法国、荷兰及英国等国家之间的双边投资协定均设有类似表

---

[17] https://www.energychartertreaty.org/cases，2024年9月27日访问。
[18] 国际投资争端解决中心第ARB/15/38号案件"2019年巴达霍斯太阳公司诉西班牙王国案"仲裁裁决书第466段。SolEs Badajoz v. Spain, ICSID Case No. ARB/15/38, 2019, para. 466.
[19] 《能源宪章条约》第10条第1款：Article 10 (1) of Energy Charter Treaty.
[20] 《中国是可再生能源的冠军》，载世界经济论坛官网，World Economic Forum, China is a renewable energy champion, available at, https://www.weforum.org/agenda/2018/05/china-is-a-renewable-energy-champion-but-its-time-for-a-new-approach/. 2024年9月20日访问。

述的公平公正待遇条款，考虑到以上国家的投资者在我国可再生能源领域投资较多，可以推断我国同样面临投资仲裁的风险。

三、投资仲裁审查碳排放政策的问题

碳排放政策与IIAs的征收和公平公正条款联系最为紧密，通过分析投资仲裁庭考察这两个条款存在的问题，有助于找到在ISDS下碳排放政策空间不足的成因。通过对案例的分析，研究发现仲裁庭在审查东道国政策时存在保护对象不确定、审查标准不统一、审查范围不确定的问题。

（一）保护对象不确定

由于IIAs中一些条款的规定缺少明确的指向，从而导致受保护的投资范围不确定。例如，大多数的征收条款均未明确规定投资者若丧失对部分投资的支配，是否构成征收。现实中，东道国的碳排放政策可能影响投资的整体价值或部分价值。当东道国要求投资者停产或撤销特许权，将对企业或项目的运行产生实质性影响，是对投资整体价值的影响；当东道国要求外商提高减排技术标准或加征碳排放税等，可能会导致投资者的收益减少或技术专利使用受阻，是对投资的部分财产利益的影响。比如，西班牙对发电企业征收收益7%的发电税，自认受到影响的CSP等企业认为西班牙的措施使企业盈利能力下降、运行受阻，因而构成征收，对此提起投资仲裁。在仲裁实践中，东道国的措施无论是实质影响整体投资，还是影响部分利益，都可能被仲裁庭认定为征收。

目前，大多数仲裁庭选择遵循"投资经营总体论"，即投资者的整体投资是公司而不是公司收益，投资者并未投入未来的收益，当整体投资未受到实质影响时，仲裁庭拒绝将减损某项投资权益的措施认定为征收。例如，在CMS公司诉阿根廷等案中，尽管适用的IIA涵盖投资包括"法律或合同规定的任何权利"，但仲裁庭"拒绝将一项投资分为若干权利，每项权利不能独立于整体投资而被征收"。[21]此外，对于西班牙向发电企业征收发电税，其他有关发电企业爱舍、9REN、立方等公司分别提起投资仲裁，主张该措施构成对其收益的征

---

[21] 国际投资争端解决中心第ARB/01/8号案件"2015年温特斯豪公司诉阿根廷共和国案"仲裁裁决书第263—264段。CMS Gas Transmission Co. v. Argentina, ICSID Case No. ARB/01/8, Award, 2015, para. 263—264.

收，均未得到仲裁庭支持。当然，在 Eiser 案中，仲裁庭认为投资者同时主张公平公正待遇、征收等条款下的权利是基于同样的事实理由，出于司法经济性考量，只审查东道国是否违反公平公正待遇。[22]

相反，在中东水泥运装公司诉埃及案中，仲裁庭根据征收条款分别审查具体权利和资产。[23]在分析每项权利是否符合适用的 IIAs 中涵盖投资的定义后，仲裁庭审查了东道国是否剥夺了投资者每项具体权利的价值，而不考虑对整体投资的影响。[24]Eureko 诉波兰案的仲裁庭采取了类似做法，确认争议措施虽不影响整体投资，但东道国剥夺了与该投资有关的具体权利。[25]

综上，停产令和撤销特许权等措施会直接对整体投资产生影响，企业的停产和项目特许权的撤销也会对投资造成实质减损，有较大可能被认定为征收。比如，土耳其取消里巴拿可子公司的发电许可，哈萨克斯坦取消斯塔堤公司的油气开采许可等均被认定为征收。而取消产业激励政策或加征环保税虽然通常不会对整体投资产生影响，但作为投资一部分的技术、收益等权益若受到政府措施的剥夺，仍可能被仲裁庭认定为征收。

（二）审查标准不统一

对于认定东道国行为是合理措施还是违约措施，仲裁实践缺乏统一的审查标准。就征收条款而言，一些仲裁庭采取行为效果标准，认为东道国的行为若对投资造成永久的实质影响，不论该行为是否出于公共目的，都需承担补偿责任。例如，南美白银公司诉玻利维亚案中，玻利维亚政府出于当地环保和人权的考量，撤销了投资者持有的采矿特许权。仲裁庭认定玻利维亚的行为虽然是出于公共目的、具有必要性且符合比例原则，但其效果等同于征收，因而需承

---

[22] 国际投资争端解决中心第 ARB/13/36 号案件"2017 年艾泽太阳能基础设施有限公司诉西班牙王国案"仲裁裁决书第 352—356 段。Eiser v. Spain, ICSID Case No. ARB/13/36, Award, 2017, paras. 352—356.

[23] 国际投资争端解决中心第 ARB/99/6 号案件"2002 年中东水泥运输和装卸有限公司诉阿拉伯埃及共和国案"仲裁裁决书第 144 段。Middle East Cement Shipping & Handling Co. v. Egypt, ICSID Case No. ARB/99/6, Award, para. 144.

[24] 国际投资争端解决中心第 ARB/99/6 号案件"2002 年中东水泥运输和装卸有限公司诉阿拉伯埃及共和国案"仲裁裁决书第 107 段。Middle East Cement Shipping & Handling Co. v. Egypt, ICSID Case No. ARB/99/6, Award, para. 107.

[25] 联合国国际贸易法委员会"2005 年尤里科有限公司诉波兰共和国案"仲裁裁决书第 145 段。Eureko v. Poland, UNCITRAL, Partial Award, 2005, para. 145.

担补偿责任。[26]

也有一些仲裁庭秉持行为性质标准，认为东道国如果善意行使规制权，即便对投资者造成损失也无须承担责任。例如，在菲利普莫里斯诉乌拉圭案中，乌拉圭政府以公共健康为由，要求增加卷烟包装健康警示的面积占比。投资者声称该措施妨碍其商标和商誉价值，是对财产权的征收。仲裁庭认定乌拉圭的措施是出于保护公共健康且具有非歧视性，是有效地行使规制权而不构成征收。[27]同样，Methanex 诉美国案的仲裁庭指出，出于公共目的且依据正当程序所采取的非歧视性规制不被视为征收。[28]

关于认定东道国行为构成征收还是合理规制，仲裁庭适用不同的认定标准会带来截然不同的结论。因而，一些仲裁庭在行为效果和行为性质标准之间进行了平衡，通过结合个案情况，分析政府措施的必要性和比例原则来判断其合理性。即如果东道国的措施与要实现的公共目的存在必要性，与造成的损失成比例，则该措施是合理行为，不构成征收。这种认定方式在 LG&E 诉阿根廷等诸多案件中得到了适用。

可见，采用何种标准认定征收，是由仲裁庭主观判断而缺乏统一的客观依据，这种实践情况增加了东道国碳排放政策被诉的风险，限缩了东道国的政策空间。而征收概念的模糊性导致了征收对象的不确定，扩大了仲裁庭的解释权，一些仲裁庭的造法行为僭越了东道国的公共利益范畴。

中—法 BIT 和中—德 BIT 均规定，只有为了公共利益，以非歧视性方式、依照法律程序并给予补偿，缔约另一方方可对缔约一方投资者在其境内的投资进行征收。这些规定与 ECT 征收条款类似，缺少对征收概念的明确界定，以及对征收条款适用的排除性规定，这使我国同样面临政策空间被 ISDS 限缩的风险。

---

[26] 海牙常设仲裁法院第 2013-15 号案件 "2018 年南美白银公司诉玻利维亚案" 仲裁裁决书第 619 段。South American Silver v. Bolivia, PCA Case No. 2013-15, Award, 2018, para. 619.

[27] 国际投资争端解决中心第 ARB/10/7 号案件 "2016 年菲利普·莫里斯国际公司诉乌拉圭东岸共和国案" 仲裁裁决书第 305—306 段。Philip Morris v. Uruguay, ICSID Case No. ARB/10/7, Award, 2016, para. 305—306.

[28] 联合国国际贸易法委员会 "2005 年梅赛尼斯公司诉美利坚合众国案" 仲裁裁决书第四部分第四章第 7 段。Methanex Corporation v. America, UNCITRAL, Final Award of the Tribunal on Jurisdiction and Merits, 2005, Part IV, Chapter D, para. 7.

（三）审查范围不确定

ECT 对于公平公正待遇条款的规定较为模糊，未对"公平公正"的含义进行任何限定，仲裁庭进行含义解释时享有巨大的裁量空间，甚至超出了东道国缔约时的基本预期，这也给投资者挑战东道国政策带来了一定优势。仲裁实践中，"公平公正"包含合理期待、非歧视性、透明度要求和正当程序等要素。"公平公正"含义的模糊，导致东道国政策的合理性边界无法确定，仲裁庭的审查范围存在扩大化的隐患。同 ECT 一样，中—法 BIT 和中—德 BIT 未限定"公平公正"的涵义，仅规定"任一缔约方应当根据普遍接受的国际法原则给予缔约另一方的投资者公平和公正待遇"。这些 IIAs 因而存在着被投资者滥用的隐患。

1. 法律稳定性的要求

西班牙的能源改革改变了原有的法律框架，对电力生产企业加征了 7%的发电税，减少了对可再生能源生产者的补贴，引发了一系列投资争端。许多仲裁庭将国家的一般立法等同于对投资者的具体承诺，因而投资者可以合理期待东道国不会对法律框架作出违反具体承诺的调整。在 9REN 诉西班牙和欧帕拉基诉西班牙等案中，仲裁庭通过分析被诉法律的措辞和目的，认定国家法律的调整使投资者的合理期待落空。光伏投资者诉西班牙案仲裁庭虽未明确表示法律能够作为具体承诺，但在裁决中指出不能仅依据被诉法律文本自身判断是否构成具体承诺，而应当依据国家整体的规制框架。[29]

另一些仲裁庭认为，国际立法不等同于对投资者的具体承诺，投资者的合理期待仅限于东道国不会不合理或无理地改变法律，而不及于法律框架中合理变更和修订的真实可能性，外国投资者的合理期望不能是国家永远不会修改法律框架。[30] Hydro Energy 诉西班牙案仲裁庭虽确认国家享有规制权，且公正与公平待遇中的合理期待和法律稳定性要求亦不排斥法律的变化，[31]但以不得根本违

---

[29] 海牙常设仲裁法院第 2012-14 号案件"2020 年光伏投资者诉西班牙王国案"仲裁裁决书第 601—611 段。PV Investors v. Spain, PCA Case No. 2012-14, Final Award, 2020, paras. 601—611.

[30] 国际投资争端解决中心第 ARB/07/17 号案件"2011 年英波基洛公司诉阿根廷共和国案"仲裁裁决书第 291 段。Impregilo v. Argentine, ICSID Case No. ARB/07/17, Award, 2011, para. 291.

[31] 国际投资争端解决中心第 ARB/15/42 号案件"2020 年水能公司诉西班牙王国案"仲裁裁决书第 676 段。Hydro Energy v. Spain, ICSID Case No. ARB/15/42, Decision on Jurisdiction, 2020, para. 676.

反法律稳定性为由，认定西班牙激励政策的调整违反了公正与公平待遇。㉜

2. 合理期待中的合理回报

在光伏投资者诉西班牙和 Stadtwerke 诉西班牙等案件中，仲裁庭认为投资者的合理期待还包括获得合理的回报。光伏投资者诉西班牙案仲裁庭承认东道国的行为符合公共目的且具有合理性后，但以合理回报要求限制了国家改变规制框架的权力，从而保障投资者经营条件的稳定性。㉝如果政策变更剥夺了投资者的合理回报，国家的行为则违反了 ECT 第 10（1）条的公平公正待遇。㉞在 SolEs Badajoz 诉 Spain 案中，仲裁庭也认为投资者的合理期待是获得稳定的回报。㉟

这些仲裁庭认为，法律变更的合理性与措施的相称性有关。东道国不必在任何情况下无条件地将外国投资者的利益置于所有其他考虑因素之上，但公平公正待遇的适用需要进行平衡，以确保预期措施的效果与受影响的权益保持相称。RREEF 诉西班牙案仲裁庭认为西班牙法律只承诺了投资者合理的回报。

3. 合理期待中的比例原则

一些仲裁庭认为，如果东道国的措施不符合比例原则，也构成对公平公正待遇条款的违反。SolEs Badajoz 案仲裁庭认为，光伏发电厂是资本密集型企业，杠杆率很高，大部分成本产生于运营前，面临漫长的资本回收期。如果没有大量的公共补贴或其他形式的激励，光伏发电厂就无法与传统形式的能源生产竞争。㊱而东道国为降低关税赤字，改变了原有的可再生能源补贴政策，对补贴设置了配额限制，在配额之外不给予任何经济支持。㊲该措施对投资者的严重影响

㉜ 国际投资争端解决中心第 ARB/15/42 号案件"2020 年水能公司诉西班牙王国案"仲裁裁决书第 673 段。Hydro Energy v. Spain, ICSID Case No. ARB/15/42, Decision on Jurisdiction, 2020, para. 673.

㉝ 海牙常设仲裁法院第 2012-14 号案件"2020 年光伏投资者诉西班牙王国案"仲裁裁决书第 616 段。PV Investors v. Spain, PCA Case No. 2012-14, Final Award, 2020, para. 616.

㉞ 海牙常设仲裁法院第 2012-14 号案件"2020 年光伏投资者诉西班牙王国案"仲裁裁决书第 638 段。PV Investors v. Spain, PCA Case No. 2012-14, Final Award, 2020, para. 638.

㉟ 国际投资争端解决中心第 ARB/15/38 号案件"2019 年巴达霍斯公司诉西班牙王国案"仲裁裁决书第 458 段。SolEs Badajoz v. Spain, ICSID Case No. ARB/15/38, 2019, para. 458.

㊱ 国际投资争端解决中心第 ARB/15/38 号案件"2019 年巴达霍斯公司诉西班牙王国案"仲裁裁决书第 415 段。SolEs Badajoz v. Spain, ICSID Case No. ARB/15/38, 2019, para. 415.

㊲ 国际投资争端解决中心第 ARB/15/38 号案件"2019 年巴达霍斯公司诉西班牙王国案"仲裁裁决书第 459 段。SolEs Badajoz v. Spain, ICSID Case No. ARB/15/38, 2019, para. 459.

超过了维护公共利益的必要程度，不符合比例原则，因而违反了公平公正待遇。㊳

四、投资仲裁下碳排放政策空间不足的成因

作为主权者，国家对其领域内的投资享有规制权是毫无争议的国际法原则。但在投资仲裁实践中，仲裁庭却往往忽视国家应有的政策空间，而径行依据 IIAs 中投资保护条款，扩大解释国家的投资保护义务。由于 IIAs 中规制权实体条款等规定的缺失，导致公益与私权间的平衡极易被打破。

（一）IIAs 缺少国家公共利益的规定

国家作为主权者，对其领土内的事项享有规制权。IIAs 作为国际条约，是缔约国让渡主权而达成的合意，确定了缔约国享有的权利和承担的义务。IIAs 诞生之初是资本输出国保障海外投资安全的工具，㊴大多强调保护投资而未规定国家在哪些公共领域对投资享有规制权及何种程度的规制权，忽视了东道国的公共利益。因此，在很多仲裁实践中，保护投资成为 IIAs 唯一的目标，在确定条约具体条款含义时，通常作出有利于投资者的解释。㊵比如，中—德 BIT 和中—法 BIT 既没有在序言中体现缔约国保护自然环境等公共利益的精神，也没有设置例外条款保障国家采取环保措施的空间。

经济社会的发展使 IIAs 不断演进，很多现代化 IIAs 的序言都表明保护投资并非其唯一目标，而是缔约国实现发展的路径。这在一些仲裁实践中有所体现，如 Saluka 诉捷克案仲裁庭指出：" 保护投资是鼓励外国投资和加强缔约国间经济联系这一总目标的必要组成部分。"㊶然而，IIAs 序言有关国家发展的规定多是宣言性表述，可以作为条款解释依据用以确认东道国的规制权，但远远无法

㊳ 国际投资争端解决中心第 ARB/15/38 号案件 "2019 年巴达霍斯公司诉西班牙王国案" 仲裁裁决书第 462 段。SolEs Badajoz v. Spain, ICSID Case No. ARB/15/38, 2019, para. 462.

㊴ 余劲松：《国际投资条约仲裁中投资者与东道国权益保护平衡问题研究》，载《中国法学》2011 年第 2 期。

㊵ 国际投资争端解决中心第 ARB/01/11 号案件 "2005 年诺布尔风险投资公司诉罗马尼亚案" 仲裁裁决书第 52 段。Noble Ventures Inc. v. Romania, ICSID Case No. ARB/01/11, Award, 2005, para. 52.

㊶ 联合国国际贸易法委员会 "2006 年日本投资公司诉捷克共和国案" 仲裁裁决书第 300 段。Saluka Investments v. Czech, UNCITRAL, Partial Award, 2006, para. 300.

满足东道国应对国内社会发展、环境保护所需要的规制空间。[42]

在 Clayton/Bilcon 诉加拿大案中，加拿大政府经过环保评估，以违反地区的"社区核心价值"为由，否决了投资者的采石场和海运码头投资项目。仲裁庭认为"社区核心价值"没有法律授权，是任意适用的标准，[43]因而加拿大的行为是专断的，违反了国际最低待遇标准。该案中，仲裁庭在公共利益与私权的价值间游移，[44]因法律缺少公共利益的具体规定，否定了国家考量地区生态环境、生活质量及社区健康等公益的合理性。

(二) IIAs 中国家规制权实体条款的不足

近来，IIAs 需承担促进缔约国经济、社会和环境可持续发展的任务已成为国际社会的共识。但在内容设置上，大多数 IIAs 只强调了东道国与投资者在投资合同中的对等关系，却忽视了现实中前者对后者的规制，[45]破坏了二者权利义务平衡，这也是国际投资法体系中"公私冲突"的根本原因。因此，IIAs 在功能上本应是全面的，但在内容设置上却是片面的，投资者可以依据 IIAs 对东道国的政策和措施提出挑战，而东道国反而因其中规制权反而空缺。

从现有涉及环境保护的投资仲裁案来看，各仲裁庭没有建立统一和连贯的审查标准，而是基于个案采取了不同做法，对于案件的裁决可以是任意的，"每一种情况都像是掷骰子"。[46]究其原因，IIAs 中国家规制权实体条款的缺失，导致仲裁庭审查基础不足，无法确定国家实施公共政策的空间所至，难以统一规制权合理性的判断标准及公权私权的价值位阶，同时也扩大了仲裁庭自由裁量权，使"法官造法"压缩了国家立法空间。如果在 IIAs 中明确规定东道国在哪些公共领域享有规制权，以及东道国是否对其措施的必要性具有自裁权，则会

---

[42] 莫漫漫：《论国际投资协定中履行要求的问题及对策》，载《湖南师范大学社会科学学报》2018年第6期。

[43] 联合国国际贸易法委员会"2006年克莱顿及比尔康诉加拿大案"仲裁裁决书第505—506段。Clayton/Bilcon v. Canada, UNCITRAL, Award on Jurisdiction and Liability, 2015, paras. 505—506.

[44] 参见《国际投资法与可持续发展：2010年代的关键案例》，国际可持续发展研究所出版社2018年版，第56页。Stefanie Schacherer, International Investment Law and Sustainable Development: Key cases from the 2010s, IISD Publishing, 2018, p. 56.

[45] 参见《国际投资法中的全球公共利益》，英国剑桥大学出版社2012年版，第96页。Andreas Kulick, Global Public Interest in International Investment Law, Cambridge University Press, 2012, p. 96.

[46] 参见《加拿大海岸的北美自由贸易协定战场》，载《纽约时报》2017年10月16日。Ana Swanson, A Nafta Battleground on the Shores of Canada, The New York Times, 16 Octorber 2017, available at https://www.nytimes.com/2017/10/16/us/politics/nafta-united-states-canada.html.

降低仲裁庭自由裁量带来的不确定性。

（三）IIAs 中投资者义务规定的缺失

投资者义务条款的缺失会导致东道国无法通过 ISDS 维护自身合法权益。在 Urbaser 诉阿根廷案中，阿根廷为应对金融危机采取的措施导致 AGBA 公司遭受损失而无法运行。Urbaser 作为公司股东认为政府措施不具合理性，违反了 BIT 下公平和公正待遇和征收条款，遂提起投资仲裁。阿根廷辩称 AGBA 未能履行特许合同下的供水义务，遂提出反请求主张 Ubaser 违反国际法规定的人权义务。[47] 尽管仲裁庭确定了对反请求的管辖权，[48] 并认定不得将 BIT 理解为不提供东道国任何权利或不对投资者施加任何义务，[49] 但通过对 BIT 及国际人权法的审查，仲裁庭指出私人主体在国际法上不负有供水的人权义务，[50] 因而不能支持阿根廷的反请求。由于国际法少有为私人主体设定实体义务，因此即便在 IIAs 序言中规定投资者需在东道国法律范围内进行投资也是不够的。

国家出于可持续发展的需要，尤其是实施碳排放政策过程中，难免会对投资者提出环保要求。在此情形下，如果 IIAs 实体条款中缺少投资者的社会责任等义务，投资者依据公平公正待遇对东道国环保政策提起投资仲裁，而东道国以投资者未履行环保政策而提出的反请求则难以获得支持。

（四）一般例外条款适用难度较大

IIAs 通常会设置有关环境、人权的一般例外条款，允许缔约国在规定情形下可以不履行投资保护义务而免责。比如，ECT 第 24 条例外条款中规定了生命健康例外、不可抗力导致的资源短缺例外以及原住民利益保护例外。我国在 2006 年后缔结的 IIAs 开始大多采用例外条款的形式为国家规制权预留空间。尽管一般例外条款在 IIAs 制定中越发重要，但在 ISDS 中尚未得到支持。[51] 一般例

---

[47] 国际投资争端解决中心第 ARB/07/26 号案件"2016 年艾尔巴瑟环境公司诉阿根廷共和国案"仲裁裁决书第 1165 段。Urbaser v. Argentina, ICSID Case No. ARB/07/26, Award, 2016, para. 1165.

[48] 国际投资争端解决中心第 ARB/07/26 号案件"2016 年艾尔巴瑟环境公司诉阿根廷共和国案"仲裁裁决书第 1155 段。Urbaser v. Argentina, ICSID Case No. ARB/07/26, Award, 2016, para. 1155.

[49] 国际投资争端解决中心第 ARB/07/26 号案件"2016 年艾尔巴瑟环境公司诉阿根廷共和国案"仲裁裁决书第 1182—1183 段。Urbaser v. Argentina, ICSID Case No. ARB/07/26, Award, 2016, paras. 1182—1183.

[50] 国际投资争端解决中心第 ARB/07/26 号案件"2016 年艾尔巴瑟环境公司诉阿根廷共和国案"仲裁裁决书第 1205—1206 段。Urbaser v. Argentina, ICSID Case No. ARB/07/26, Award, 2016, paras. 1205—1206.

[51] 韩立余：《国际投资法》，中国人民大学出版社 2018 年版，第 182 页。

外条款的适用需要同时满足双层检测：首先，东道国措施需要符合例外条款所保护的目标（如保护环境资源、人权、劳工权益等）；其次，东道国的措施对于目标的实现是必要的，即措施应当具有合法性、非歧视性以及比例性。

但是，双层测试给仲裁庭留有很大的裁量空间，使环保例外条款较难适用，难以充分保障国家公共政策空间。在 Canfor 诉美国案中，仲裁庭认为东道国援引例外条款与 IIA 的目的相悖，应作狭义解释限制一般例外条款的援引。[52] Enron 诉阿根廷案仲裁庭认为即使东道国面临经济危机，其条约义务也不能轻易受到减损，应对一般例外条款进行狭义解释。[53] 在 Copper Mesa 诉厄瓜多尔案中，仲裁庭认定东道国撤回采矿许可是任意的，而一般例外条款不适用于任意或不合理的措施。[54]

一般例外条款是有关国家免责的实体规则，而不直接规定国家规制权的具体内容，在适用中可能被仲裁庭狭义解释。一些仲裁庭将一般例外条款解释为习惯国际法的替代而不是补充，反而将东道国规制权限制在一般例外条款所规定的情形，如在 Bear Creek 诉秘鲁案中，仲裁庭认为本案 BIT 的一般例外条款是特别法，排除了适用习惯国际法进行抗辩。[55] 类似地，在世界贸易组织（World Trade Organization，WTO）实践中援引一般例外条款主张免责同样成功率极低，[56] 不仅不能保障甚至可能减损东道国政策空间。[57]

---

[52] 联合国国际贸易法委员会"2006 年坎佛公司诉美利坚合众国案"仲裁裁决书第 187 段。Canfor Corporation v. America, Decision on Preliminary Question, UNCITRAL, 2006, para. 187.

[53] 国际投资争端解决中心第 ARB/01/3 号案件"2007 年安然公司诉阿根廷共和国案"仲裁裁决书第 307 段。Enron Corporation v. Argentine, ICSID Case No. ARB/01/3, Award, 2007, para. 307.

[54] 海牙常设仲裁法院第 2012-2 号案件"2016 年科珀梅萨矿业公司诉厄瓜多尔共和国案"仲裁裁决书第 658—667 段。Copper Mesa Mining Corporation v. Ecuador, PCA No. 2012-2, Award, 2016. paras. 658—667.

[55] 国际投资争端解决中心第 ARB/14/2 号案件"2017 年贝尔溪矿业公司诉秘鲁共和国案"仲裁裁决书第 473—474 段。Bear Creek Mining Corporation v. Peru, ICSID Case No. ARB/14/2, Award, 2017. paras. 473—474.

[56] 谭观福：《数字贸易规制的免责例外》，载《河北法学》2021 年第 6 期。

[57] 参见《关于国际投资的法律和政策展望》，英国剑桥大学出版社 2013 年版，第 340 页。Barton Legum, GATT Article XX and International Investment Law, in Roberto Echandi eds., Prospects in International Investment Law and Policy, Cambridge University Press, 2013, p. 340.

五、投资治理的中国方案

我国高碳行业的外资占据较大比重，2020 年我国电力、燃气、建筑业、制造业、采矿业、农、牧、渔及交通运输等高碳行业的外资实际利用金额达 421.7 亿美元，占外资总额的 29.2%。[58]而随着环境保护义务强化，我国产业政策已然发生变化，可再生能源行业投资迅速增长，高碳行业的投资将面临退出或转型。作为 IIAs 下的涵盖投资，新能源和高碳行业的投资在市场变幻中都会面临挑战，同时也受到 IIAs 的保护。考虑到 IIAs 覆盖的碳排放主体财产权范围在不断扩大，且我国碳排放政策框架已落地实施，我国需要对已签订的 IIAs 进行治理，形成可持续发展范式，以完善促进环境保护与可持续发展的功能，并在强化后续出台碳排放政策的合规性。

（一）系统性纳入国家规制权条款

考虑到我国在全球治理中应发挥的积极作用，欧美国家不断完善碳排放交易体系，以及欧盟逐步实施的碳边境调节机制，在我国全面建立碳排放交易体系已是大势所趋，这意味着我国的环保压力将持续高企。经济、社会、环境作为可持续发展的三个维度，[59]三者间的失衡将面临调整，经济和社会发展需要与环境考量相平衡，以实现可持续发展，因此需要重新分配 IIAs 中东道国与投资者有关环境保护的权利和义务。最近一些条约将执行《巴黎气候变化协定》《巴黎协定》等主要条约的承诺作为谈判重要组成部分。《欧盟—英国贸易与合作协定》（TCA）明确规定，如一方退出《巴黎协定》，另一方有权部分或完全暂停或终止协定，这是第一个作出此类规定的协定。[60]

在 IIAs 中以专章或专门的条款对环保、人权等问题作出规定已成为新近改革趋势。根据 2021 年《世界投资报告》，2020 年缔结的 9 个 IIAs 中，有 8 个在协定序言中提及保护健康和安全、劳工权利、环境或可持续发展；8 个纳入一

---

[58] 载国家统计局官网，https://data.stats.gov.cn/easyquery.htm?cn=C01&zb=A060A&sj=2020，2024 年 9 月 28 日访问。

[59] 参见《约翰内斯堡可持续发展声明》第 2 页。UNWSSD, Johannesburg Declaration on Sustainable Development, 2002, p. 2.

[60] 参见《经济合作与发展组织关于国际投资的工作文件：投资协定的未来》第 8 页。OECD, OECD Working Papers on International Investment: The Future of Investment Treaties, 2021, p. 8.

般例外条款，包括保护人类、动物或植物的生命或健康，或者保护不可再生自然资源；6个在文本中明确承认缔约方不应放宽健康、安全或环境标准以吸引投资。5个在条约序言或单设条款促进投资者社会责任标准。[61]加拿大范式的IIAs在环境保护和社会发展维度有着先进的实践经验。由环保政策或产业政策引发的投资争端中，加拿大作为被申请方的案件有26件，全部以《北美自由贸易协定》（North American Free Trade Agreement，NAFTA）作为申请依据，而加拿大范式的IIAs尚未引发投资争端。

《加拿大双边投资条范本》（2004）专设"健康、安全和环境措施"条款，规定各国不得降低国内环境保护标准。[62]该条款确定了国家享有环境保护的权利。加拿大与欧盟签订的《综合性经济贸易协议》（Comprehensive Economic and Trade Agreement，CETA）在投资章专设"投资与规制措施"条款，重申缔约方为实现保护公共健康、安全、环境、社会及文化多样性等合法政策目的享有规制权。[63]该条款明确了缔约方在哪些公共领域可以行使规制权，并将社会和文化维度纳入规制范围。"缔约方仅通过调整国内法律对外资产生消极影响，或影响投资者收益的预期等，不构成对投资章义务的违反。"[64]该条款明确了法律不是国家对投资者的特别承诺，法律的调整不构成对合理期待的违反。在《加拿大—韩国自由贸易协定》（Canada-Korea Free Trade Agreement，CKFTA）投资章中，"投资与环境"条款采用自裁性条款立法模式，规定"本章不应被解释为阻止一方采取、维持或执行其认为适合的与本章一致的措施，以确保在其领土内进行投资活动时顾及环境和社会关切"。[65]"其认为合适……"赋予了东道国实施政策的自裁权，减少仲裁庭对东道国措施合理性的审查空间。

尽管我国与欧盟签订的《全面投资协定》（EU-China Comprehensive Agreement on Investment，CAI）暂未生效，但为我国今后缔结IIAs提供了值得借鉴的范本。CAI系统地引入可持续发展条款，单独设置"投资与可持续发展"一节，纳入了"规制权""保护水平""与投资有关的环境问题的对话与合作""有利

---

[61] 参见《联合国贸易与发展会议世界投资报告（2010年）》第131—132页。UNCTAD，World Investment Report，2021，pp. 131—132.

[62] 参见《加拿大双边投资条范本》（2004年）第十一条。Article 11 of Canadian model BIT (2004).

[63] 参见《综合性经济贸易协议》第8条第9款第1项。Article 8.9 (1) of CETA.

[64] 参见《综合性经济贸易协议》第8条第9款第2项。Article 8.9 (2) of CETA.

[65] 参见《加拿大—韩国自由贸易协定》第8条第10款。Art 8.10 of Canada - Korea FTA.

于绿色增长的投资""投资与气候变化"的内容。在规制权的领域上，允许缔约方根据其在劳工和环境领域的多边承诺，确定可持续发展政策和优先事项，确定本国的环境保护水平，并相应地通过或修改其相关法律和政策；还鼓励缔约方促进对环境商品和服务的投资；要求缔约方有效执行《联合国气候变化框架公约》和《巴黎协定》，包括其关于国家自主贡献的承诺；鼓励采用有利气候友好型技术的政策框架。这些规定虽未直接确定环境公约与 IIAs 的效力优先顺序，但规定了国家环保义务高于投资保护义务，明确了规制权影响投资利益的合理性程度，并允许东道国自行确定可持续发展政策和优先事项。

因此，我国可以借鉴该模式，在序言或单独条款中明确保护公益的目标。同时，应当设置独立的国家规制权条款，明确规制权的范围，并以自裁条款模式确定国家享有规制权，还需特别强调法律的变化不构成对 IIAs 的违反。

（二）完善征收和公平公正待遇条款

确保国家政策空间是 IIAs 改革的一个驱动因素，澄清征收、限定公平公正待遇条款应是主要的改革路径，即通过对措施的非法性排除，将公共政策嵌入某一具体的实体义务规范当中。CETA 规定："除非为实现公共目的、符合正当程序、以非歧视性方式、给予及时充分有效的补偿，否则缔约国不得直接征收或等效的方式间接征收涵盖投资"[66]同时规定征收条款"不适用于根据《与贸易有关的知识产权协议协定》（Agreement on Trade-Related Aspects of Intellectual Property Rights，TRIPS 协定）授予的与知识产权有关的强制许可的发放"。[67]"若知识产权的撤销、限制或创设符合《TRIPS 协定》和知识产权章，这些措施则不构成征收。有关这些措施不符《TRIPS 协定》的决定亦不构成征收。"[68]该条明确排除了基于上述目标的东道国管制措施的违约责任，扩大了东道国的规制空间。

对公平公正待遇的改革，《美国—墨西哥—加拿大协定》对"公平和公平待遇"的含义限定在"根据世界主要法律制度所体现的正当程序原则，在刑

---

[66] 《综合性经济贸易协议》第 8 条第 12 款第 1 项。Article 8.12 (1) of CETA.
[67] 《综合性经济贸易协议》第 8 条第 12 款第 5 项。Article 8.12 (5) of CETA.
[68] 《综合性经济贸易协议》第 8 条第 12 款第 6 项。Article 8.12 (6) of CETA.

事、民事或行政审判程序中不得拒绝司法的义务"[69]。同时将"一方的作为或不作为与投资者预期不一致的事实"排除在违约情形之外，即使因此导致涵盖投资遭受损失或损害。[70] CETA 采取封闭式清单的模式，列明违反公平公正待遇具体情形，包括拒绝司法、根本违反正当程序（包括根本违反透明度）、明显的专断、明显错误的歧视、对投资者的虐待，[71]从而防止投资者利用抽象性的公平公正条款进行滥诉，也可以对投资仲裁庭的自由裁量权做出一定的限制，减少投资争议的产生。

除完善征收和公平公正待遇条款外，一些 IIAs 还纳入了投资者义务的条款。《美国—墨西哥—加拿大协定》纳入了"企业社会责任"条款，规定"鼓励在其领土内或管辖的企业自愿将国际公认的标准、准则和企业社会责任原则纳入其内部政策，其中包括经合组织跨国企业指南。这些标准、准则和原则可能涉及劳工、环境、性别平等、人权、土著和原住民权利以及腐败等领域"[72]。这一规定确定了投资者在哪些领域对东道国负有义务，将环境、人权、原住民权利等考量纳入公益范围，既有利于扩大仲裁庭对公益的审查范围，也有利于东道国依据宽泛的公益范围主张权利。CAI 中也有类似规定。

（三）加强碳排放政策的合规性

与发达国家相比，中国从碳达峰到碳中和的周期短、任务重。减排压力高企的情况下，我国碳排放政策可能会在短时间、多领域影响外国投资者，引起投资仲裁的风险较大。因而在兑现"双碳"承诺的进程中，还需要注重加强政策的合规性。西班牙、捷克、意大利、荷兰等国家频繁被诉的困境，除因 IIA 本身的风险外，还反映出东道国碳排放政策合规化在其中的重要性。

首先，产业激励政策应缩短实施期限，保留较大的灵活性。比如，西班牙 2007 年的产业激励政策给予投资者 25 年的优惠待遇，但到 2013 年激励政策已数次调整，不断降低优惠待遇。由于可再生能源企业很多都是通过融资等方式进行投资，收益的减少将导致企业资金周转困难，甚至造成企业破产，引起投

---

[69] 参见《美国—墨西哥—加拿大协定》第 14 条第 6 款第 2（a）项。Article 14.6（2）（a）of USMCA.

[70] 参见《美国—墨西哥—加拿大协定》第 14 条第 6 款第 4 项。Article 14.6（4）of USMCA.

[71] 参见《综合性经济贸易协议》第 8 条第 10 款第 2 项。Article 8.10（2）of CETA.

[72] 参见《美国—墨西哥—加拿大协定》第 14 条第 17 款。Article 14.17 of USMCA.

资者不满。随着环境变化，国家的产业激励政策难免短期发生变化，给政策制定灵活的有效期能够限定投资者"合理期待"的边界，降低投资者依据公平公正待遇提起投资仲裁的风险。同时，还应当尽可能避免对投资者作出"合理回报"的承诺，避免仲裁庭将回报收益作为投资者合理期待的认定标准。

其次，实施高碳产业退出政策，需要给予投资者合理的转型或退出时间。取消投资者特许权，或拒绝延长投资合同是较为常见的被诉防范措施，从投资者主张来看，在政策实施前给予投资者充足的准备时间能够一定程度上避免争端激化。目前，我国已为高碳产业投资者转型提供了融资通道，在此基础上可以进一步加强绿色金融体系的建设，在做好风险防控的同时扩大转型融资渠道。

（四）参与投资仲裁规则改革

投资仲裁规则规定了仲裁庭进行争端解决的程序和法律适用等事项，对 ISDS 有着重要的指引作用。目前，最常适用的投资仲裁规则包括《解决投资争端国际中心仲裁规则》（International Centre for Settlement of Investment Disputes Arbitration Rules，ICSID 规则）、《联合国国际贸易法委员会仲裁规则》（United Nations Commission On International Trade Law Arbitration Rules，UNCITRAL 规则）和《斯德哥尔摩商会仲裁员仲裁规则》（Stockholm Chamber of Commerce Arbitration Rules，SCC 规则）等。然而，东道国环境保护与投资保护义务的冲突持续紧张，一方面反映了 IIAs 中规制权和公共利益的缺乏使仲裁庭审自由裁量权过大，另一方面体现了投资仲裁规则缺少明确的经济目标与公益目标融合机制，[73] 导致投资仲裁庭难以平衡私权与公益。

在法律适用方面，现行投资仲裁规则应当明确规定，在环保措施引发投资争端的案件中，将气候公约纳入的法律适用范围，从而保证仲裁庭能够审查东道国的环保义务与政策空间。在仲裁程序方面，应完善法庭之友制度，提升仲裁的公平公正性。目前，国际商会（International Chamber of Commerce，ICC）仲裁院意识到各国在气候变化领域的争议日益增多，新成立了气候变化争议仲裁工作组。该工作组已重审国际商会的《仲裁规则》《调解规则》和《专家规则》，讨论有关多方仲裁或争议解决条款的指引，以便在气候变化及其相关能源

---

[73] 李坤海：《投资仲裁中协调气候投资与东道国气候保护冲突的困境与对策》，载《大连海事大学学报》2021 年第 6 期。

和环境争议解决程序中，酌情增加当事人或扩大议题，并开展研究国际商会仲裁和其他争议解决服务在解决与气候变化相关的能源和环境纠纷中的运用现状，确定建立气候变化及其相关的能源和环境争议解决机制所需具备的要素。

第八章　中国投资条约中 ESG 原则的实施与挑战[*]

内容摘要：本文探讨了中国投资条约中环境、社会和治理（ESG）原则的实施现状及面临的挑战。中国作为全球第二大经济体，积极在双边投资条约和自由贸易协定中纳入 ESG 条款，以促进可持续投资。然而，实际操作中仍存在法律框架不完善、政策执行难度大、企业合规成本高等问题。本文从法律、政策、企业实践和社会监督等多个层面系统地梳理了中国在 ESG 原则实施方面的现状，通过案例分析和比较研究，本文还探讨了中国与其他主要经济体在 ESG 原则实施方面的差距和改进空间。中国在推行 ESG 原则方面取得了一定进展，但仍需进一步完善法律法规和投资条约、增强政策执行力、提高企业 ESG 意识和实践能力，并加强公众参与和监督机制，以确保 ESG 原则在投资条约中的有效落实。

关键词：环境、社会和治理（ESG）　双边投资条约　可持续发展　自由贸易协定

一、引言

随着全球经济的发展和环境、社会问题的日益凸显，环境、社会和治理（Environmental, Social, and Governance, ESG）原则逐渐成为国际投资的重要考量因素之一。ESG 原则不仅涵盖了环境保护、社会责任和公司治理等方面，还强调了可持续发展和长远利益的实现。[①] 在全球范围内，越来越多的投资者和企业开始重视 ESG 因素，认为它们不仅有助于降低投资风险，还能提升企业

---

[*] 杜涛，华东政法大学国际法学院教授、博士生导师；曲光毅，华东政法大学涉外法治研究院助理研究员。

[①] 黄世忠：《支撑 ESG 的三大理论支柱》，载《财会月刊》2021 年第 19 期。

的声誉和长期回报，特别是在应对气候变化和推动绿色经济转型方面，ESG 原则发挥着至关重要的作用。[2] 中国作为全球第二大经济体和最大的发展中国家，在国际投资中的地位举足轻重。随着"一带一路"倡议和中国对外开放政策的深入推进，中国在国际投资中的影响力不断增强。[3] 在这一背景下，如何将 ESG 原则有效地融入中国的投资条约中，成为一个亟待研究和解决的重要课题。这不仅关系到中国的国际形象和可持续发展，也对全球的投资格局和可持续发展具有重要意义。

本研究旨在全面探讨中国投资条约中 ESG 原则的实施现状，分析其在实际操作中面临的主要挑战，并提出相应的解决方案。具体而言，本研究将从法律、政策、企业实践和社会监督等多个层面入手，系统地梳理中国在 ESG 原则实施方面的现状，找出存在的问题和不足之处。同时，通过典型案例分析和国际比较研究，本研究将深入探讨中国在这方面与其他主要经济体的差距和改进空间。在研究过程中，我们将重点关注以下几个关键问题：第一，中国在双边投资条约（Bilateral Investment Treaties, BITs）和自由贸易协定（Free Trade Agreements, FTAs）中是如何引入和实施 ESG 原则的？这些条款的具体内容和执行效果如何？第二，中国在 ESG 原则的实施过程中面临哪些法律和政策层面的挑战？企业在实践中遇到的主要困难是什么？第三，为了解决这些挑战，政府、企业和社会各方可以采取哪些具体措施和策略？通过这些问题的探讨，本研究希望能够为中国投资条约中 ESG 原则的有效实施提供理论支持和实务建议，推动中国在国际投资中的可持续发展。

为了全面和系统地探讨中国投资条约中 ESG 原则的实施与挑战，本研究将采用多种研究方法相结合的方式。首先，通过文献综述，我们将梳理和总结已有的研究成果，了解国内外在 ESG 原则与投资条约方面的最新进展和理论基础。其次，采用案例分析法，对中国在不同投资条约中 ESG 原则的具体实施情况进行深入研究，分析成功和失败的案例，找出共性问题和独特挑战。此外，本研究还将运用比较法，比较中国与其他主要经济体在 ESG 原则实施方面的异同，为中国的改进提供参考。

---

[2] 谢红军、吕雪：《负责任的国际投资：ESG 与中国 OFDI》，载《经济研究》2022 年第 3 期。
[3] 张良悦、刘东：《"一带一路"与中国经济发展》，载《经济学家》2015 年第 11 期。

二、ESG 原则与国际投资法概述

(一) ESG 原则的定义与内容

ESG 原则是衡量企业在环境保护、社会责任和公司治理方面表现的重要标准。随着全球可持续发展议程的推进，ESG 原则已经成为投资决策和企业管理的重要考量因素。ESG 的每一个组成部分都涵盖了广泛的内容和具体的衡量标准。[4]

1. 环境（Environmental）方面，ESG 原则关注企业在资源利用、污染排放和生态保护等方面的表现。这包括企业的碳排放量、水资源管理、废物处理、能源效率以及对气候变化的应对措施。环境因素的评估旨在减少企业运营对自然环境的负面影响，推动绿色经济的发展。[5] 例如，根据《联合国气候变化框架公约》（United Nations Framework Convention on Climate Change，UNFCCC）[6]和《巴黎协定》[7]的要求，企业需要减少温室气体排放并提升可再生能源的使用比例。[8]

2. 社会（Social）方面，ESG 原则关注企业在劳工权益、社区关系和社会影响等方面的表现。这包括企业的劳动条件、员工福利、健康与安全、社区参与、消费者权益保护以及人权保障。社会因素的评估旨在推动企业履行社会责任，改善员工和社区的福祉。例如，国际劳工组织（International Labour Organization，ILO）制定的劳动标准和《联合国商业与人权指导原则》（United Nations Guiding Principles on Business and Human Rights，UNGPs）为企业在社会责任方

---

[4] Friede, G., Busch, T., & Bassen, A. (2015). ESG and financial performance: aggregated evidence from more than 2000 empirical studies. Journal of Sustainable Finance & Investment, 5 (4), 210—233.

[5] Busch, T., & Lewandowski, S. (2018). Corporate carbon and financial performance: The role of emission reductions. Business Strategy and the Environment, 27 (8), pp. 1196—1211.

[6] 《联合国气候变化框架公约》，https://unfccc.int/sites/default/files/convchin.pdf，2024 年 7 月 1 日访问。

[7] 《巴黎协定》，https://unfccc.int/sites/default/files/chinese_paris_agreement.pdf，2024 年 7 月 1 日访问。

[8] 张中祥：《世界能否在气候变化议题中积聚信任与共识——兼论中美欧气候合作重要性和前景》，载《人民论坛·学术前沿》2024 年第 8 期。

面提供了具体的指导。[9]

3. 治理（Governance）方面，ESG原则关注企业的管理结构、公司治理和商业伦理等方面的表现。这包括企业的董事会结构、管理层透明度、股东权利保护、反腐败措施和合规管理。治理因素的评估旨在提升企业的管理水平，确保其运营的透明性和合法性。例如，我国《上市公司治理准则》[10]和《反不正当竞争法》[11]为企业在治理方面提供了框架和标准。[12]

（二）ESG原则在国际投资法中的发展历程

ESG原则在国际投资法中的发展历程可以追溯到20世纪后期。随着全球环境问题和社会不平等问题的日益严重，国际社会逐渐认识到在投资决策中纳入ESG考量的重要性。20世纪90年代，《联合国环境与发展会议》（地球峰会）通过的《里约环境与发展宣言》[13]标志着国际社会对可持续发展理念的正式接受，推动了ESG原则在全球范围内的推广。进入21世纪，ESG原则在国际投资法中的地位进一步提升。2006年，联合国提出了《负责任投资原则》（Principles for Responsible Investment，PRI）[14]，旨在鼓励投资者在投资决策中纳入环境、社会和治理因素。该原则的提出推动了全球投资者对ESG因素的重视和实践。截至2021年，已有超过3000家金融机构签署了PRI，管理的资产总额超过100万亿美元。[15]

同时，BITs和FTAs中也开始纳入ESG条款。例如，2012年的中加双边投资条约包括了关于企业社会责任和环境保护的条款，标志着中国在国际投资条约中引入ESG原则的开始。此后，中国与其他国家签署的多个投资条约中都逐

---

[9] Aguinis, H., & Glavas, A. (2012). What we know and don't know about corporate social responsibility: A review and research agenda. *Journal of Management*, 38 (4), pp. 932—968.

[10] https://www.gov.cn/gongbao/content/2019/content_5363087.htm，2024年7月1日访问。

[11] http://www.npc.gov.cn/zgrdw/npc/xinwen/2019-05/07/content_2086834.htm，2024年7月1日访问。

[12] Larcker, D. F., & Tayan, B. (2020). Corporate governance matters: A closer look at organizational choices and their consequences. *FT Press*. https://www.pearson.com/store/p/corporate-governance-matters/P100000357043/9780134031569，2024年7月1日访问。

[13] https://documents.un.org/doc/undoc/gen/n92/836/54/img/n9283654.pdf?token=5k4CcZnIbow7fodBRZ&fe=true，2024年7月1日访问。

[14] https://www.unpri.org/about-us/what-are-the-principles-for-responsible-investment，2024年7月1日访问。

[15] Goh, N. (2022). ESG and investment arbitration: a future with cleaner foreign investment? The Journal of World Energy Law & Business, 15 (6), pp. 485—501.

渐纳入了 ESG 条款。[16] 此外，国际仲裁机构在处理投资争端时也越来越多地考虑 ESG 因素。例如，在 Philip Morris Brands Sarl and Ors v. Oriental Republic of Uruguay 一案中，仲裁庭引用了《世界卫生组织烟草控制框架公约》[17] 作为评估乌拉圭反吸烟措施合理性的依据，表明了 ESG 因素在投资争端解决中的重要性。[18]

（三） ESG 原则的重要性

ESG 原则的重要性体现在多个方面，既影响投资决策，又推动企业可持续发展。首先，从投资决策的角度来看，ESG 原则有助于降低投资风险。研究表明，忽视环境、社会和治理因素的企业更容易面临法律诉讼、监管罚款和声誉损失等风险。例如，在环境方面，企业若未能遵守环保法规，可能会面临巨额罚款和生产限制；在社会方面，企业若未能保障员工权益，可能会导致罢工和生产中断；在治理方面，企业若存在管理不善或腐败问题，可能会引发内部混乱和外部监管。[19]

其次，从企业可持续发展的角度来看，ESG 原则有助于提升企业的长期回报。具备良好 ESG 表现的企业通常在资源利用效率、员工满意度和品牌形象等方面表现更好，从而在市场竞争中占据优势。例如，一家在环保方面表现突出的企业可能会获得更多消费者的认可和支持；一家在社会责任方面表现突出的企业可能会吸引更多优秀人才和投资者；一家在治理方面表现突出的企业可能会提升管理效率和透明度。

最后，从社会整体发展的角度来看，ESG 原则有助于推动全球可持续发展。通过在投资决策中纳入 ESG 考量，投资者和企业可以共同促进环境保护、社会公平和经济繁荣。例如，投资者可以通过支持可再生能源项目和绿色科技创新，推动全球向低碳经济转型；企业可以通过改善劳工条件和社区关系，提升社会福祉和稳定性。[20]

---

[16] Bonnitcha, J., & Brewin, S. (2021). Integrating Environmental, Social, and Governance (ESG) Considerations in International Investment Agreements: A Policy Perspective. Journal of International Economic Law, 24 (2), pp. 333—362.

[17] https://treaties.un.org/doc/source/RecentTexts/FCTC_ch.pdf, 2024 年 7 月 1 日访问。

[18] Anchayil, A. (2024, April 30). ESG-focussed reform for international investment agreements: A potential solution. Oxford Business Law Blog. Retrieved from https://www.law.ox.ac.uk/business-law-blog/blog/2024/04/esg-focussed-reform-international-investment-agreements-potential-solution, 2024 年 7 月 1 日访问。

[19] 张慧：《ESG 责任投资理论基础、研究现状及未来展望》，载《财会月刊》2022 年第 17 期。

[20] Khan, M., Serafeim, G., & Yoon, A. (2016). Corporate Sustainability: First Evidence on Materiality. The Accounting Review, 91 (6), pp. 1697—1724.

三、中国投资条约中的 ESG 原则

(一) 中国 BITs 中的 ESG 条款

中国近年来签署的 BITs 逐渐开始纳入 ESG 条款，以确保投资活动符合可持续发展的要求。这些条款通常涵盖环境保护、社会责任和公司治理等方面，旨在促进投资的可持续性和合法性。

1. 环境保护条款：在许多中国签署的 BITs 中，环境保护条款已经成为标准内容。例如，中国与德国在 2003 年签署的 BIT 中明确规定，双方应采取必要措施保护环境，并承诺不以降低环境标准来吸引投资。类似的条款也出现在中国与其他国家签署的 BITs 中，如 2012 年的中加 BIT。这些条款通常要求投资者在进行投资活动时，必须遵守东道国的环境法律法规，并采取有效措施减少对环境的负面影响。[21]

2. 社会责任条款：在社会责任方面，中国的 BITs 同样作出了相应规定。例如，中加 BIT 中包含了关于劳工权益保护的条款，要求投资者在投资过程中必须遵守东道国的劳动法律，并保障员工的基本权益。此外，中国与一些非洲国家签署的 BITs 还强调了企业在社区关系和社会影响方面的责任，鼓励企业积极参与当地社区的发展和建设。[22]

3. 公司治理条款：公司治理条款主要涉及企业的管理结构、透明度和反腐败措施。中国的 BITs 通常要求投资者在东道国开展业务时，必须遵守当地的公司治理法规，并确保企业运营的透明和合法。例如，中国与荷兰在 2019 年更新的 BIT 中，明确规定了企业应遵守反腐败法律，并采取措施防止贿赂和其他不当行为。[23] 这些 ESG 条款的引入，显示了中国在推动可持续投资方面的努力。然而，这些条款在实际操作中如何得到落实，仍然面临许多挑战。

---

[21] Titi, C. (2017). International Investment Law and the Environment. European Journal of International Law, 28 (2), pp. 729—732.

[22] Ruggie, J. G. (2017). Multinationals as Global Institution: Power, Authority, and Relative Autonomy. Regulation & Governance, 11 (4), pp. 501—514.

[23] 胡兵、邓富华、张明：《东道国腐败与中国对外直接投资——基于跨国面板数据的实证研究》，载《国际贸易问题》2013 年第 10 期。

(二) 中国 FTAs 中的 ESG 条款

中国与各国签署的 FTAs 中，ESG 条款同样扮演着重要角色。这些条款不仅在促进贸易和投资的同时，强调环境保护、社会责任和公司治理，还为可持续发展提供了法律保障。[24]

1. 环境保护条款

在中国签署的 FTAs 中，环境保护条款通常包括减排目标、环保技术合作和生态保护措施。[25] 例如，中国与澳大利亚在 2015 年签署的自贸协定中，双方同意加强在环保技术、可再生能源和气候变化方面的合作，并承诺推动绿色经济发展。此外，区域全面经济伙伴关系协定 (Regional Comprehensive Economic Partnership，RCEP) 也包含了环境保护条款，强调成员国应共同努力应对环境挑战，推动可持续发展。[26]

2. 社会责任条款

在社会责任方面，FTAs 通常要求成员国保障劳工权益、提升社会福利。[27] 例如，中澳自贸协定中，双方同意遵守 ILO 的基本原则，确保劳工权益得到充分保护。此外，RCEP 也包含了社会责任条款，鼓励成员国在促进经济增长的同时，也要关注社会公平和包容性发展。

3. 公司治理条款

公司治理条款主要涉及企业的管理透明度、合规性和反腐败措施。例如，中澳自贸协定中，双方同意加强在反腐败领域的合作，推动企业透明化管理。RCEP 也强调了公司治理的重要性，要求成员国加强对企业的监管，确保其运营合法合规。[28]

通过这些 ESG 条款，中国与各国在促进贸易和投资的同时，积极推动可持

---

[24] Morosini, F., & Sanchez Badin, M. R. (2015). The Greening of Investment Disputes: Environmental Issues in International Investment Agreements. Boston College Law Review, 56 (3), pp. 824—857.

[25] Liu, P., & Lim, W. K. (2019). The Role of Environmental Provisions in China's Free Trade Agreements. Chinese Journal of International Law, 18 (4), pp. 965—989.

[26] Qin, T. (2021). China's Environmental Provisions in Free Trade Agreements: Practice and Prospects. Journal of World Trade, 55 (2), pp. 223—247.

[27] Franz, A. L. (2018). Labor Rights in Free Trade Agreements: An Overview. Journal of International Economic Law, 21 (3), pp. 465—487.

[28] Sakuma, K. (2020). Corporate Governance in Free Trade Agreements: The Evolution and Future of the Governance Provisions in FTAs. Asian Journal of WTO & International Health Law and Policy, 15 (2), pp. 361—390.

续发展。这些条款不仅为环境保护、社会责任和公司治理提供了法律保障，还促进了各国在这些领域的合作。然而，这些条款在实际实施过程中，也面临着一些挑战，如法律执行的有效性和企业合规成本的问题。

(三) ESG 原则在中国投资条约中的演变与趋势

随着全球可持续发展理念的普及和中国国际地位的提升，ESG 原则在中国投资条约中的地位和作用也在不断演变和发展。近年来，中国在新签署的投资条约中，越来越多地纳入了 ESG 条款，显示了其在推动可持续投资方面的坚定决心。

早期的中国投资条约主要关注投资保护和争端解决，对 ESG 问题的关注相对较少。例如，20 世纪 90 年代签署的一些 BITs 中，几乎没有关于环境保护和社会责任的具体条款。而在近年来签署的投资条约中，ESG 条款逐渐成为标准配置。例如，在 2012 年的中加 BIT 和 2019 年的中荷 BIT 中，明确包含了环境保护、劳工权益和公司治理等方面的条款。[29]

未来，随着全球对可持续发展的关注不断增加，ESG 原则在中国投资条约中的地位将进一步提升。首先，环境保护条款将更加具体和严格，如引入更多的减排目标和环保技术合作条款。其次，社会责任条款将进一步强调劳工权益和社区关系，确保投资活动对社会的积极影响。最后，公司治理条款将更加注重透明度和反腐败措施，提升企业管理水平和合规性。此外，随着国际仲裁在处理投资争端中的作用越来越重要，仲裁庭对 ESG 原则的考虑也将进一步影响投资条约的实施。例如，在未来的投资争端解决中，仲裁庭可能会更加重视东道国的环境保护和社会责任措施，从而推动企业在投资活动中更好地遵守 ESG 原则。ESG 原则在中国投资条约中的演变和趋势，反映了全球可持续发展理念的普及和中国在国际投资中的积极作为。通过不断完善和落实 ESG 条款，中国不仅推动了自身的可持续发展，也为全球可持续投资树立了榜样。然而，这一过程中仍然面临诸多挑战，需要政府、企业和社会各界的共同努力，才能实现真正的可持续发展。[30]

---

[29] VanDuzer, J. A. (2021). Balancing Investor Protection and Sustainable Development in International Investment Agreements: The Role of China. Journal of International Trade Law and Policy, 20 (1), pp. 1–20.

[30] Bonnitcha, J., & Brewin, S. (2021). Integrating Environmental, Social, and Governance (ESG) Considerations in International Investment Agreements: A Policy Perspective. Journal of International Economic Law, 24 (2), pp. 333—362.

四、ESG 原则在中国投资条约中的实施现状

中国政府在推动 ESG 原则实施方面采取了多种政策和措施，这些措施主要体现在法律法规的制定和监管机构的设立上。中国政府在国际投资中贯彻 ESG 原则的努力，不仅显示了对全球可持续发展的承诺，也为国内外企业提供了明确的行为指南。

（一）国内法层面

在法律层面，中国制定了一系列与 ESG 相关的法律法规，涵盖环境保护、劳动权益和公司治理等多个方面。例如，《环境保护法》[31] 是中国环境法律体系的基础，规定了企业必须遵守的环境保护义务，包括污染防治和资源利用等方面。[32] 此外，《劳动法》[33] 和《劳动合同法》[34] 明确了企业在雇用和管理员工方面的责任和义务，保护劳动者的基本权益。[35] 在公司治理方面，《公司法》[36] 和《反不正当竞争法》[37] 则规范了企业的内部管理和市场行为，防止不正当竞争和商业贿赂。为了确保 ESG 原则的有效实施，中国设立了多个监管机构。这些机构不仅负责监督和执行相关法律法规，还提供政策支持和指导。例如，生态环境部负责环境保护的监督和执法，确保企业遵守环保法律，并实施环保措施。人力资源和社会保障部则负责劳动权益的保护和劳动关系的管理，确保企业遵守劳动法。此外，中国证券监督管理委员会则负责公司治理的监督和管理，确保上市公司遵守相关的公司治理规定。除了法律法规和监管机构的设立，中国政府还通过多种政策手段鼓励企业遵守 ESG 原则。例如，政府提供税收优惠和财政补贴，鼓励企业投资于环保技术和可再生能源项目。政府还通过绿色金融

---

[31] https://www.gov.cn/zhengce/2014-04/25/content_2666434.htm, 2024 年 7 月 1 日访问。

[32] Ren, Fr., Wu, Tf., Ren, Yj. et al. The impact of environmental regulation on green investment efficiency of thermal power enterprises in China-based on a three-stage exogenous variable model. Sci Rep 14, 8400 (2024).

[33] https://www.gov.cn/banshi/2005-05/25/content_905.htm, 2024 年 7 月 1 日访问。

[34] https://www.gov.cn/flfg/2007-06/29/content_669394.htm, 2024 年 7 月 1 日访问。

[35] Yuan, Z., Yu, J., & Yin, Y. (2024). The impact of corporate social responsibility on labor investment efficiency: Evidence from China. Sustainability, 16 (10), p.4290, 2024 年 7 月 1 日访问。

[36] http://www.npc.gov.cn/npc/c2/c30834/202312/t20231229_433999.html, 2024 年 7 月 1 日访问。

[37] http://www.npc.gov.cn/zgrdw/npc/xinwen/2019-05/07/content_2086834.htm, 2024 年 7 月 1 日访问。

政策，支持企业发行绿色债券和获得绿色贷款，推动绿色经济的发展。尽管中国在推动 ESG 原则实施方面取得了显著进展，但在实际操作中仍面临许多挑战。[38]

(二) 企业层面

企业在实际操作中如何践行 ESG 原则，是 ESG 政策能否有效落实的关键。尽管中国政府制定了明确的法律法规，并通过多种政策手段鼓励企业遵守 ESG 原则，但企业在实践中仍然面临诸多挑战和困难。在中国，尽管越来越多的企业开始意识到 ESG 的重要性，但总体而言，企业对 ESG 的认知和重视程度还不够高。一些企业特别是中小企业，认为 ESG 是一种额外的负担，实施 ESG 原则会增加运营成本。例如，一些企业在环保措施方面投入不足，认为环保设施和技术的投入回报周期长，短期内看不到直接的经济效益。

尽管存在诸多挑战，一些企业在践行 ESG 原则方面仍取得了显著的成功。例如，阿里巴巴集团通过实施绿色供应链计划，成功减少了碳排放量，并获得了政府的绿色补贴。华为公司在公司治理方面采取了透明化管理措施，提升了企业的社会形象和市场竞争力。这些成功案例表明，尽管实施 ESG 原则存在困难，但只要企业重视并积极投入，仍然可以取得显著的成效。[39]

通过具体案例分析，可以更清晰地了解中国企业在实施 ESG 原则过程中所面临的实际问题和解决路径。以下将通过几个典型案例，深入探讨企业在环境保护、社会责任和公司治理方面的实践和挑战。

五、ESG 原则在中国投资条约实施中的挑战

(一) 法律与政策层面的挑战

在中国，尽管已经制定了多项法律法规以推动 ESG 原则的实施，但在具体执行过程中仍面临诸多挑战。法律和政策层面的挑战主要体现在法律框架的不完善、政策执行的难度以及法律与政策的协调性方面。尽管中国已经制定了多部与 ESG 相关的法律，这些法律在具体条款和执行细节上仍然存在不完善之

---

[38] Mutlu, C. C., Van Essen, M., Peng, M. W., Saleh, S. F., & Duran, P. (2018). Corporate governance in China: A meta-analysis. Journal of Management Studies, 55 (6), pp. 943—979.

[39] Cheng, B., Ioannou, I., & Serafeim, G. (2014). Corporate social responsibility and access to finance. Strategic Management Journal, 35 (1), pp. 1—23.

处。例如,《环境保护法》虽然规定了企业必须遵守的环境保护义务,但在如何具体实施和监管方面缺乏细致的指导。此外,一些新兴的环境问题,如气候变化、海洋污染等,现有法律并未充分涵盖,导致企业在实践中缺乏明确的法律依据。政策执行的有效性是确保 ESG 原则得以落实的关键。然而,在中国,政策执行的难度主要体现在以下几个方面。首先,各级政府在执行政策时可能会受到地方利益的影响,导致政策执行不到位。例如,一些地方政府为了追求经济增长,可能会对违反环保法规的企业网开一面,导致环保政策难以有效落实。其次,监管机构在执行政策时,可能会面临人力、物力和财力的限制,导致监管效果不理想。例如,生态环境部在进行环保执法时,可能会因人员不足、设备不齐全等问题,无法对所有企业进行全面、深入的检查。[40]

法律与政策的协调性也是 ESG 原则有效实施的关键。然而,在中国,现有的法律法规和政策在协调性方面还存在一定问题。一些政策在制定和实施过程中,可能未充分考虑到企业的实际情况,导致政策实施效果不佳。例如,某些环保政策可能要求企业在短时间内进行大规模技术改造,但并未提供相应的财政支持,导致企业难以落实。总体而言,法律与政策层面的挑战是中国在实施 ESG 原则过程中面临的重要问题。为了解决这些问题,中国政府需要进一步完善法律框架,提升政策执行力,并加强法律与政策的协调性,确保 ESG 原则得以全面、有效地实施。

(二) 企业层面的挑战

企业在实践 ESG 原则过程中,面临着认知不足、资源限制和文化差异等多方面的挑战。这些挑战不仅影响了企业的合规性和运营效率,也制约了 ESG 原则的有效实施。尽管 ESG 原则在全球范围内逐渐受到重视,但在中国,许多企业特别是中小企业对 ESG 的认知和重视程度仍然不足。一些企业认为 ESG 仅仅是大企业和跨国公司的关注点,与自身关系不大。还有一些企业认为实施 ESG 原则会增加运营成本,对企业盈利能力产生负面影响。例如,一些企业在环保措施上投入不足,认为环保设备和技术的成本过高,难以承担。这种认知不足和重视程度不够,导致许多企业在实际运营中未能积极落实 ESG 原则。实施

---

[40] Du, S.-Y., Shao, X.-C., Jiménez, A., & Lee, J. Y. (2022). Corporate social responsibility of Chinese multinational enterprises: A review and future research agenda. Sustainability, 14 (23), p. 16199.

ESG 原则需要企业在环境保护、社会责任和公司治理等方面进行大量投入。这对于资源有限的中小企业来说，是一个巨大的挑战。首先，企业在环境保护方面需要购置环保设备、进行技术改造，这些都需要大量的资金投入。例如，一些企业为了减少废水排放，需要购置先进的废水处理设备，这对于资金紧张的中小企业来说，是一笔不小的开支。其次，企业还需要培训员工，确保他们了解并遵守与 ESG 相关的政策和法规，这同样需要投入大量的人力和时间。此外，一些企业在公司治理方面需要加强内部控制和风险管理，这也增加了运营成本。[41] 不同企业在文化和管理上存在差异，这也影响了 ESG 原则的实施效果。特别是对于一些跨国企业来说，在中国市场实施 ESG 原则时，可能会遇到与母国文化和管理制度的冲突。例如，一些跨国企业在公司治理方面已经有较为完善的体系，但在进入中国市场时，可能需要调整管理策略以适应当地的法律法规和市场环境。这种文化和管理上的差异，增加了企业实施 ESG 原则的难度。[42] 企业层面的挑战是中国在实施 ESG 原则过程中需要重点关注的问题。通过提升企业对 ESG 的认知与重视程度，提供更多的资源支持和政策引导，企业可以更好地落实 ESG 原则，推动可持续发展。

（三）社会与环境层面的挑战

在社会与环境层面，中国在实施 ESG 原则过程中面临着公众参与不足、环境保护措施效果不佳和利益相关者协调困难等挑战。这些挑战不仅影响了 ESG 原则的实施效果，也对中国的可持续发展构成了制约。

公众参与和监督机制不足：公众参与和监督是确保 ESG 原则得以有效实施的重要环节。然而，在中国，公众参与和监督机制尚不完善。尽管政府和企业在推动 ESG 原则方面作出了许多努力，但公众的参与度和监督力度仍然不足。例如，许多公众对 ESG 原则的认识不够，未能积极参与环境保护和社会责任活动。此外，公众监督机制不健全，缺乏有效的渠道和平台，使得公众难以对企业的 ESG 表现进行监督和反馈。尽管中国在环境保护方面制定了许多政策和法规，但在实际实施过程中，效果并不理想。例如，一些企业在环保措施上投入不足，导致污染问题依然严重。此外，一些地方政府在执行环保政策时，可能

---

[41] 邱牧、远殷红：《生态文明建设背景下企业 ESG 表现与融资成本》，载《数量经济技术经济研究》2019 年第 3 期。

[42] 李磊：《基于 ESG 背景下创新企业文化建设》，载《中外企业文化》2024 年第 2 期。

受到地方利益的影响，导致环保政策执行不到位。例如，一些地方政府为了追求经济增长，可能会对污染企业网开一面，导致环境保护措施难以有效落实。这种情况不仅影响了环境保护的实际效果，也对公众的环境权益构成了威胁。在实施 ESG 原则的过程中，不同利益相关者之间的协调和合作是一个重要的环节。然而，在中国，利益相关者之间的协调和合作仍然存在困难。例如，政府、企业和公众在环境保护和社会责任方面的目标和利益可能存在冲突，导致合作难以顺利进行。此外，不同企业在实施 ESG 原则时，可能面临不同的挑战和压力，导致合作困难。例如，大企业在资源和能力上可能更具优势，而中小企业则可能面临更多的资源限制和合规成本。

六、解决中国投资条约中实施 ESG 原则挑战的路径与建议

（一）投资条约层面

为了更好地解决中国投资条约中 ESG 原则实施的挑战，有必要对现有的投资条约进行修订，使其更加明确和具有可操作性。这将确保条约中的 ESG 条款能够得到有效实施，并为企业和投资者提供清晰的法律框架。现有的许多投资条约中关于 ESG 的条款可能过于笼统，缺乏具体的操作细则。修订投资条约时，可以引入更详细和具体的 ESG 条款，明确企业在环境保护、社会责任和公司治理方面的具体义务。例如，可以规定企业必须进行环境影响评估，设定明确的减排目标，并采取具体的环保措施。仅有明确的条款还不够，还需要强有力的执行机制来确保这些条款得到落实。在修订投资条约时，可以引入独立的监督机构或第三方评估机制，对企业的 ESG 表现进行定期审查和评估。此外，可以规定明确的处罚措施，对未能遵守 ESG 条款的企业进行处罚，确保企业履行其 ESG 义务。在修订投资条约时，可以借鉴国际上成功的 ESG 实践和标准，将国际先进的 ESG 标准和指南融入中国的投资条约中。例如，可以参考 PRI 和《全球报告倡议》（Global Reporting Initiative，GRI）的标准[43]，制定符合国际标

---

[43] https://www.globalreporting.org/how-to-use-the-gri-standards/gri-standards-simplified-chinese-translations/，2024 年 7 月 1 日访问。

准的 ESG 条款。这不仅有助于提升中国投资条约的国际认可度，还可以推动国内企业更好地融入全球可持续发展潮流。[44] 为了应对不断变化的环境和社会问题，投资条约需要具备一定的灵活性和适应性。在修订投资条约时，可以引入定期评估和修订机制，允许根据实际情况和新兴问题对条约进行动态调整和更新。例如，可以规定每隔一定时间对条约进行全面审查，及时更新和完善 ESG 条款，确保条约能够适应新的挑战和需求。通过对中国投资条约的修订，可以更好地解决 ESG 原则实施中的法律和政策挑战，推动企业积极履行环境、社会和治理责任，促进可持续发展。

（二）国内法层面

为了有效解决中国在实施 ESG 原则过程中面临的法律与政策层面的挑战，需要从完善法律法规和政策支持入手，确保投资条约中的 ESG 条款能够得到有效实施。目前，中国在环境保护、社会责任和公司治理方面的法律法规还存在一些不完善之处。为此，需要对现有的法律法规进行修订和完善。例如，可以在《环境保护法》中增加针对气候变化和生物多样性保护的具体条款，明确企业在这些方面的责任和义务。此外，还可以进一步细化《劳动法》和《公司法》中的相关条款，确保劳动者权益和公司治理的具体措施得到落实。随着环境和社会问题的不断发展，需要制定新的法律法规以应对新兴问题。例如，可以制定专门的气候变化法，明确企业在减排和适应气候变化方面的责任和措施。通过制定新的法律法规，可以为企业应对新兴环境和社会问题提供法律依据和支持。除了完善法律法规以外，还需要通过政策手段鼓励企业遵守 ESG 原则。例如，可以通过税收优惠、财政补贴和绿色金融政策等手段，鼓励企业投资环保技术和可再生能源项目。[45] 此外，可以建立绿色信贷体系，为实施 ESG 原则的企业提供低息贷款和其他金融支持，降低企业的合规成本。通过加强政策支持和激励，可以推动更多企业积极落实 ESG 原则，促进可持续发展。为了确保法律法规和政策得到有效实施，需要加强政策执行力和监管力度。例如，可以通过增加环保执法人员、提高执法装备和技术水平等手段，提升环境保护执法

---

[44] 杨倩雯：《已有 84 家中国机构加入联合国负责任投资原则组织》，载《第一财经日报》2022 年 1 月 20 日，第 A07 版。

[45] 陈国进、丁赛杰、赵向琴、蒋晓宇：《中国绿色金融政策、融资成本与企业绿色转型——基于央行担保品政策视角》，载《金融研究》2021 年第 12 期。

的效果。此外，可以加强劳动监察和公司治理监管，确保企业在劳动保护和公司治理方面的合规性。通过提高政策执行力和监管力度，可以确保 ESG 原则得到全面、有效的实施。

仲裁观察

投资争端解决与ISDS机制

第九章 CPTPP 投资争端解决机制：
特点、应对及展望[*]

内容摘要：国际投资争端解决机制改革进程中，CPTPP 以其广泛代表性和高标准保护成为投资争端解决机制改革的重要发展方向之一。针对 CPTPP 在投资争端解决机制的适用范围、用尽当地救济原则的取舍及透明度规则方面存在与我国国情不符、与现存投资条款内容不兼容等问题，我国可以考虑以负面列举的方式对仲裁范围进行限缩、以换文的形式针对各个国家的国情及两国间的关系采取不同的前置措施、完善国内有关投资仲裁透明度规则的配套法律法规并尽快落地执行、升级我国投资协定中透明度规则等路径，逐步缩小与 CPTPP 的差距，为我国加入 CPTPP 做好法治准备。同时关注 CPTPP 成员方对 UNCITRAL 推动下的 ISDS 机制改革的立场，把握国际投资治理发展趋势，参与国际投资秩序建设。

关键词：CPTPP 投资争端解决机制 中国应对 展望

2018 年生效的《全面与进步跨太平洋伙伴关系协定》（Comprehensive and Progressive Agreement for Trans-Pacific Partnership，CPTPP）总体保留了《跨太平洋伙伴关系协定》（Trans-Pacific Partnership Agreement，TPP）的框架和主要内容，通过冻结方式暂停适用协定部分条款化解谈判矛盾，达到最大限度的各方共识。CPTPP 投资章节包括投资自由化和投资保护的实体条款，投资者与东道国争端解决（Investor-State Dispute Settlement，ISDS）的程序规则，和以附件方式纳入的概念释义及各成员的补充和负面清单承诺。作为国际经贸规则最高

---

[*] 陶立峰，上海对外经贸大学法学院教授；臧益群，山东省贸促会商事法律服务中心涉外法律服务专员；周舟，上海对外经贸大学法学院国际法学硕士研究生。

标准的 CPTPP，其在投资争端解决（ISDS）机制规范中体现的限缩 ISDS 机制适用范围、摒弃用尽当地救济原则和提高仲裁程序透明度的特点，一定程度上反映了国际社会对 ISDS 机制改革的方向，值得我国在加入 CPTPP 谈判时重点关注。

一、CPTPP 投资争端解决机制的主要特点

（一）限缩 ISDS 机制适用范围

为减少国际投资仲裁庭权力扩张对东道国规制权的威胁，不少国家纷纷采取应对措施。比如，印度与巴西于 2020 年签订的《投资合作与便利化条约》第 2.4.1 条列明 8 项不属于"投资"的资产。而发达国家的频繁被诉改变了 ISDS 的话语体系，刺激更多投资协定的改变和转型。[①] 又如，《美国—墨西哥—加拿大协定》（The United States-Mexico-Canada Agreement, USMCA）规定，除正在进行的《北美自由贸易协定》（North American Free Trade Agreement, NAFTA）争端和 NAFTA 失效后 3 年内提起的余留投资争端外，美国与墨西哥间的投资争端，仅可将有关国民待遇、最惠国待遇以及与直接征收相关的争议、与涵盖政府的涉及自然资源、基础设施相关产业的投资合同有关的争端提请仲裁；加拿大明确，加拿大与美国以及加拿大与墨西哥的投资争端，均不得依据 USMCA 提请投资仲裁解决，只能通过国内法院、国家间仲裁或其他救济方式解决。面对成员方的重要关切，CPTPP 采取以下限缩 ISDS 机制适用范围的举措：

首先，冻结"投资授权"和"投资协议"相关条款。CPTPP 的争端解决条款基本承接自 TPP，后者的 ISDS 机制条款具有鲜明的美式特色，与美国 2012 年双边投资条约范本相应内容几乎一模一样。[②] 美国投资协定的传统是将投资授权、投资协议、投资条约三者并列纳入投资仲裁受案范围，但美国在退出

[①] 基金项目：2021 年上海市哲学社会科学一般课题"'一带一路'背景下国际投资规则的可持续发展新趋势及中国应对研究"（项目编号：2021BFX008）。See J. Anthony Van Duzer, Sustainable Development Provisions in International Trade Treaties: What Lessons for International Investment Agreement? in Shifting Paradigms in International Investment Law: More Balanced, Less Isolated, Increasingly Diversified, Oxford University Press, 2016, p. 114.

[②] 宋锡祥、周圣：《TPP 关于投资者—国家争端解决的最新规制及其对中国的影响》，载《国际商务研究》2016 年第 4 期。

TPP 后影响力下降，顾及各成员国发展水平不一，对 ISDS 机制的接受程度不尽相同，CPTPP 对 TPP 的 ISDS 机制适用范围进行减缩调整，暂时将投资授权和投资协议所引发的纠纷排除在外，以尽可能满足各成员国的利益需求。

其次，将最惠国待遇排除适用于 ISDS 机制。多层次的规制体系影响 ISDS 机制的适用范围，集中体现在最惠国待遇条款。[3] 投资者利用最惠国待遇条款"移植"其他条约保护其投资利益的情形屡见不鲜，扩大了仲裁庭的管辖范围，为争端解决带来不确定性。由于仲裁庭对最惠国待遇条款解释与适用没有达成一致，晚近越来越多的投资条约为了防止该条款带来不可预料的多边化风险而对其作出明确限制。[4] 比如，2016 年欧盟与加拿大签订的《全面经济与贸易协定》（Comprehensive Economic and Trade Agreement，CETA）第 8 条第 7 款明确规定，最惠国待遇不包括其他国际投资条约和贸易协定中规定的投资者—国家间争端解决程序。2022 年生效的《区域全面经济伙伴关系协定》（Regional Comprehensive Economic Partnership，RCEP）第 10 条第 4 款也规定，最惠国待遇不包含其他现存或未来国际协定项下的任何国际争端解决程序或机制。CPTPP 同样在投资章明确，最惠国待遇不包括国际争端解决程序或机制，如投资者—国家间争端解决所包括的程序或机制。

最后，在特定成员方之间限制 ISDS 适用。从启动 TPP 谈判到美国退出之后进入 CPTPP 阶段，谈判历程时间长且分歧较大。为促成各成员方尽快达成协议，CPTPP 允许各成员方有权依照自身情况，通过换文或者互惠协定的方式限制 ISDS 机制适用范围。比如，新西兰一方面与文莱、马来西亚、越南以换文的形式明确，投资仲裁的提交需以东道国同意为前提，另一方面与澳大利亚、秘鲁以互惠协定或换文的方式排除在彼此之间适用 ISDS 机制。也有的成员方声明，排除其他成员方投资者针对该国特定外资监管措施提起投资仲裁。[5] 比如，加拿大表示其可以针对加拿大内容发展作出一些歧视性安排或者限制公众对在线外国影视文化内容的访问，如秘鲁政府明确外国投资者不能针对其通过的烟

---

[3] See Dolzer Rudolfand and Christoph Schreuer, Principles of international investment law, Oxford University Press 2012, p. 186.

[4] 蒋海波：《论投资条约中最惠国条款的多边化作用及限度——基于同类规则适用的实证分析》，载《武大国际法评论》2020 年第 2 期。

[5] 参见张生：《CPTPP 投资争端解决机制的演进与中国的对策》，载《国际经贸探索》2018 年第 12 期。

草控制措施提起投资仲裁。

(二) 摒弃用尽当地救济原则

用尽当地救济原则要求，投资者在将与东道国之间的投资争端提交国际仲裁庭之前，应先用尽国内救济措施，对投资仲裁申请人施加此项义务是为了保护东道国对其管辖范围内案件的司法主权。[6] 然而，用尽当地救济并不符合以美国为代表的资本输出国保护其海外投资者利益的需求。为限制东道国管辖权，扩张海外权益，美国主导 TPP 投资章节谈判时完全摒弃了用尽当地救济原则。

CPTPP 在承接 TPP 规则过程中，意识到不同成员方的经济发展状况悬殊，部分国家可能存在地方保护主义、司法效率低下、政治干涉较多、办案能力欠缺等诸多问题，鉴于要求发达国家的跨国公司必须先用尽东道国国内法律手段维护权益不甚现实，为此同样放弃了用尽当地救济原则，外国投资者在发生投资争端时有权选择国内救济或提请国际仲裁。

(三) 提高仲裁程序的透明度

为缓解东道国与投资者之间的公私矛盾，增加东道国国内利益相关主体对本国所涉投资争端的了解，联合国已推动制定 2014 年《投资者与国家间基于条约仲裁透明度公约》。CPTPP 进一步细化了有关投资仲裁文件的公开、听证会的召开、非争端缔约方参与仲裁的程序、法庭之友的身份确认等内容，有效回应了国际社会提升仲裁程序透明度的要求。

CPTPP 要求争端一方在参与仲裁过程中，应公开仲裁意向书、通知书、仲裁庭笔录、裁决等仲裁文件，但受保护信息可免予公开。仲裁庭应当举行向公众开放的听证会，以保证公众的知情权。由于仲裁双方当事人力量存在不对称的可能，非争端缔约方即投资者母国可就 CPTPP 的解释向仲裁庭提交口头和书面陈述，为投资者母国参与仲裁提供了法律依据。除非争端缔约方外，CPTPP 还关注法庭之友的重要性，规定仲裁庭在与争端双方磋商后，对不属争端方但与仲裁程序具有实质利益关系的人或实体，就争端范围内的事实或法律事项提交的可协助仲裁庭评估争端双方陈述和观点的法庭之友书面陈述，予以接受和考虑。同时，进一步规范法庭之友的书面陈述应当指明提供方信息，披露其与

---

[6] See M. Sornarajah, International Law On Foreign Investment, Cambridge University Press 2004, p. 254.

争端方之间的直接或间接从属关系，确认在其准备书面陈述过程中提供或拟提供财政或其他援助的主体。

二、CPTPP 投资争端解决机制对我国的影响

（一）适用范围缩限有助于防范投资者滥用仲裁

我国在 1992 年批准加入《华盛顿公约》之前，处于吸引外资为主的改革开放历史时期，更加注重国家主权的维护，对国际仲裁的接受程度不高，我国对外签署的投资协定将国际投资仲裁庭的管辖范围限制在有关征收补偿额的争议。自 20 世纪末以来，随着"走出去"战略的提出和推进，我国企业海外投资规模不断扩大，相应地在投资协定中同意接受国际投资争端解决中心（The International Center for Settlement of Investment Disputes，ICSID）等国际投资仲裁庭的全面管辖。近年来，考虑到最惠国待遇的扩张效果，我国与乌兹别克斯坦、刚果、加拿大、坦桑尼亚、土耳其签订的双边投资协定中，明确限制最惠国待遇条款适用争端解决等程序性事项。

我国《外商投资法》建立起准入前国民待遇和负面清单的外资监管新模式。我国在自然资源领域禁止外商投资的行业仅限于稀土、放射性矿产、钨的勘查、开采及选矿，[7] 这意味着外国投资者有权与国内投资者同等地进入国内能源市场。除前述行业外，外国投资者均可以依法进行自然资源的勘探、开采、冶炼、运输、分销或销售。自然资源领域负面清单的缩减，在促进外商投资自由化的同时也将加大潜在纠纷的隐患。从国际投资仲裁实践看，能源投资争端往往与国家公共利益息息相关，此类投资争端的解决需要平衡多方关系，不宜由对东道国国情和国内政策不熟悉的仲裁庭裁决。CPTPP 通过冻结相关条款的方式，将涵盖国家主管机关控制的自然资源的投资协议或授权排除在 ISDS 机制适用范围外，可以规避外国投资者肆意提起国际投资仲裁的风险，有利于维护我国作为东道国对能源投资的规制权。

我国是双边投资协定大国，与大多 CPTPP 成员方均签有双边投资协定，但

---

[7] 参见国家发展和改革委员会官网：《外商投资准入特别管理措施（负面清单）（2021 年版）》，https://www.gov.cn/zhengce/2022-11/28/content_5713317.htm，2024 年 9 月 1 日访问。

仅有与加拿大的投资协定规定限制最惠国待遇条款扩张至争议解决领域。当CPTPP其他成员方投资者与我国产生投资争端时，如将最惠国待遇适用于ISDS机制，将大大提高投资者任意挑选对其有利的条约的可能，存在损害我国合法利益的风险。我国如加入CPTPP，则可按CPTPP规定消除最惠国待遇扩张适用对东道国的不利影响。

（二）排除用尽当地救济与我国投资协定兼容问题

首先，我国投资协定的ISDS条款多包括当地救济方式。在涉外投资兴起初期，我国仅有部分投资协定以岔路口条款方式规定了投资仲裁和当地法院诉讼。[8]早期投资协定限制投资仲裁仅可解决与征收金额有关的投资争端，这虽然对作为东道国的我国有利，但在我国企业纷纷出海开展对外投资时，对我国投资者保护力度不足的问题逐渐凸显。为此，我国逐步将投资条约的国际仲裁条款调整为在"用尽国内行政复议程序"的前提下，允许投资者将与东道国有关的投资纠纷提交国际仲裁。[9] 比如，《中华人民共和国政府与新西兰政府自由贸易协定》规定，争端国家一方要求投资者在仲裁请求前履行国内行政复议义务，该程序不应超过3个月。《中华人民共和国政府和加拿大政府关于促进和相互保护投资的协定》则规定，在投资者提出行政复议满4个月以后，若争端仍未解决，投资者可将其提交国际仲裁。因此，我国不宜支持摒弃用尽当地救济，否则新西兰、加拿大等国来华投资者可直接援引CPTPP径直提起国际仲裁，规避其投资母国与我国双边投资协定中的行政复议程序。

其次，排除用尽当地救济可能损害我国的司法主权和经济利益。若摒弃用尽当地救济原则，外国投资者得以将投资争端肆意诉诸国际仲裁机构，以最大限度地获取可能的诉讼利益，[10]这可能造成政府为避免受到外国投资者的质疑、挑战而对新的政策措施、法律的改动持消极态度，从而引发监管寒蝉，[11]甚至作出违背国内行政程序或司法程序的行为。依照CPTPP规定，向法院提起诉讼

---

[8] 参见宋俊荣：《论投资者—国家间仲裁中的东道国当地救济规则——从〈美墨加协定〉切入》，载《环球法律评论》2021年第4期。

[9] 参见王祥修、赵永鹏：《中国与中亚五国双边投资协定ISDS条款中的用尽当地救济原则》，载《广西社会科学》2021年第11期。

[10] 参见倪小璐：《投资者—东道国争端解决机制中用尽当地救济规则的"衰亡"与"复活"——兼评印度2015年BIT范本》，载《国际经贸探索》2018年第1期。

[11] 梁雪：《国际投资争端解决中东道国法院主体地位的缺失与回归》，载《中南民族大学学报（人文社会科学版）》2020年第6期。

并不是外国投资者的终局选择，当其不满意法院判决时仍可申请国际投资仲裁，这将降低司法系统的公信力，造成司法资源浪费。

综上所述，CPTPP 摒弃用尽当地救济原则，朝着扩充投资仲裁的方向推进。国际投资仲裁可能不仅成为投资者被动维护合法利益的"工具"，甚至可能成为投资者主动挑战东道国监管措施的"武器"。

（三）提高透明度要求对我国保密法律的挑战

1. 中国透明度规则实践

在国际投资条约缔约实践方面，我国于 2013 年之前缔结的双边投资协定中未出现投资争端解决透明度的规定。2012 年《中华人民共和国政府和加拿大政府关于促进和相互保护投资的协定》第 27 条至第 29 条仅规定了非争端条约缔约国及其他非争端方参与投资仲裁的方式，要求公开仲裁文件和仲裁听证，排除当事人自由协商变更透明度规则的可能性。鉴于我国近期加入的 RCEP 并未纳入 ISDS 机制，最新完成谈判的《中欧全面投资协定》也选择将来通过后续补充协议的方式解决 ISDS 机制问题，因此我国对国际投资仲裁争端解决透明度问题的最新立场尚未可知。[12]

相比之下，国内投资仲裁规则，如《中国国际经济贸易仲裁委员会国际投资争端仲裁规则》和《北京仲裁委员会/北京国际仲裁中心国际投资仲裁规则》都规定了较详细的仲裁透明度内容，对我国投资仲裁实践具有指导意义。我国两部投资仲裁规则均明确，庭审公开以争端双方约定为前提，保密案件的实体和程序情况均不对外公开。与 CPTPP 采用正面列举与反面排除的方式明确文件公开不同，我国两部投资仲裁规则都采取封闭列举的方式限制公开资料的范围。此外，我国投资仲裁规则区分为非争议缔约方和非争议方两类不同主体，对各自参与投资仲裁提交书面意见的发起程序、提交书面意见可针对的具体事项，作出区别规定。如当非争端缔约方就与争端直接相关的条约解释问题提交书面陈述时，仲裁庭应当允许。而当非争端方就争端范围内的某一事项提交书面陈述时，仲裁庭将考虑若干因素后作出是否允许的决定，可见仲裁庭对此有裁量权。

---

[12] 靳也：《国际投资争端解决中透明度机制的新发展——强制性与任意性的规则模式选择》，载《国际法学刊》2021 年第 2 期。

2. 采用高标准透明度的双重影响

CPTPP 的高标准透明度规则可以帮助我国海外投资者在遇到投资争端并提交国际仲裁时，及时了解东道国投资法律法规和政策，了解仲裁程序相关文件，有利于当事人充分综合考虑各方因素以妥善处理纠纷，维护自身利益。透明度标准提高对涉及环境保护、税收、公共健康等事项的国际投资仲裁案件意义更重要，因为这些案件结果可能牵涉广泛的公共利益，赋予与争端具有利益相关性的公众知情权，甚至是非政府组织或个人的参与权是现实的需要。[13]

但是，高标准的透明度要求可能给我国保密工作带来挑战。CPTPP 要求公开仲裁程序文件，但倘若文件属于第 29.2 条安全例外或第 29.7 条信息披露项下的特殊信息，包括违背缔约方基本安全利益的信息，或违背缔约方法律或妨碍法律实施的信息，或违背公共利益或损害特定公司企业合法商业利益的信息，则当事人可拒绝提供。我国目前有关文件保密的法律成熟度不高，缺乏科学规范的评估体系甄别国际投资仲裁程序中是否属于国家秘密或商业机密的文件。贸然采用 CPTPP 较高的透明度标准，可能会影响社会、经济、法治的稳定发展。

此外，发达国家背景的第三方参与也可能影响我国在投资仲裁中的权益争取。CPTPP 明确指出，第三方有权就争端范围内的事实或法律事项提交可协助仲裁庭评估争端双方陈述和观点的法庭之友书面陈述。实践中，以非争端方名义参与程序的第三方，往往是美国、加拿大等发达国家的非政府组织，其经验丰富、资金充足，在国际社会有较高的话语权。[14] 许多发展中国家的非政府组织，也与这些发达国家的第三方存在资金依赖，[15] 这很难不让人怀疑国际上绝大多数非政府组织与发达国家之间的利益关系及其政治立场。加上新的第三方参与主体持续涌现，[16] 我国未来的投资仲裁很有可能与第三方交锋。在国际投资仲裁员大多来自发达国家，以第三方身份参与仲裁的非政府组织与发达国家有千丝万缕的联系的情况下，我国政府或海外投资者须做好应对仲裁庭优先考

---

[13] 参见曹兴国：《国际投资仲裁效率的追求、反思与平衡》，载《江西社会科学》2021 年第 4 期。
[14] See Kate O'Neill, The Environment and International Relations, Cambridge University Press, 2009, pp. 57-61.
[15] 李建福：《国际环境政治中非政府组织功能剖析》，载《太平洋学报》2022 年第 5 期。
[16] 参见张庆麟：《国际投资仲裁的第三方参与问题探究》，载《暨南学报（哲学社会科学版）》2014 年第 11 期。

虑发达国家利益的准备，争取摆脱国际投资仲裁程序被动地位。[17]

三、CPTPP 投资争端解决机制的中国应对

加入 CPTPP，是我国更好融入世界贸易与投资体系的选择，同时也伴随着多重挑战。我国应重视 CPTPP 中 ISDS 机制的潜在威胁，立足于本国国情，缓冲投资争端解决条款可能造成的不利影响，灵活变通以发挥其积极作用。

（一）加入 CPTPP 的谈判对策

1. 以负面列举的方式缩限仲裁范围

受益于稳定的营商环境和超大规模的国内市场，我国持续成为全球跨国投资的热土，实际使用外资规模连续创下历史新高。2022 年我国实际使用外资 1891.3 亿美元，全年新设外商投资企业 38497 家，[18] 引资规模位居世界前列。我国外资规模大，涉及行业多，但外资管理规范较为笼统，外商投资准入特别管理措施要求较低，对金融、电力、卫生等敏感但与公共利益密切相关的行业保护不到位。有必要细分行业种类，严格评估风险等级，实施科学的管理办法。

一旦加入 CPTPP，我国既面临提高投资者保护的压力，又面临加强外资监管引发国际投资仲裁的风险，可利用 CPTPP 附件以负面列举的方式将重要领域可能制定的政策或采取的措施排除在 ISDS 机制管辖范围之外，从而实现投资自由化与国家管控权的平衡，促进投资的可持续发展。[19] 如参考智利和澳大利亚的经验，智利在附件 9—F 明确，协定第 9 章部分内容不适用智利第 600 号法令《外国投资法》及《外国资本投资基金法》所涉情形；澳大利亚则在附件 9—H 声明，根据国内投资政策作出的关于是否批准一外国投资建议的决定不受投资者—国家间争端解决的约束。

2. 以换文方式设定投资仲裁前置条件

CPTPP 允许成员国以换文的形式自主协商是否在两方成员之间适用当地救

---

[17] 参见刘晓红、袁小珺：《国际投资仲裁第三方参与问题研究》，载《上海对外经贸大学学报》2017 年第 3 期。

[18] 参见商务部官网：《中国外资统计公报 2023》第 1 页，http://wzs.mofcom.gov.cn/cms_files/oldfile/wzs/202310/20231010105622259.pdf，2024 年 7 月 21 日访问。

[19] 参见杨希：《国际投资法中的国家"回归"趋势——兼评我国〈外商投资法〉中的规制权》，载《海南大学学报（人文社会科学版）》2021 年第 1 期。

济规则，我国可根据资本双向流动情况，选择合适的伙伴国商定不同的投资仲裁前置条件。

在CPTPP成员国中，相比中国来自越南和马来西亚的投资，更多的是中国企业资金流向越南和马来西亚等发展中国家。比如，2022年，中国企业对越南和马来西亚的直接投资流量分别为17亿美元和16亿美元。[20] 考虑这两个发展中国家政治法律体系不甚完善，行政及司法救济程序效率较低，地方保护主义泛滥等问题，我国应重在加强保护海外投资者利益，不设置投资仲裁之前应用尽当地救济规则。

2022年日本对我国投资46.1亿美元，截至2022年年末我国累计吸收新加坡投资1314.4亿美元，[21] 我国作为东道国应在保护来自日本和新加坡投资者权益的同时，防止被日本和新加坡投资者随意启动投资仲裁。为此，可与日本通过换文的形式，将行政复议设定为启动投资仲裁的前置程序，从而与2012年《中日韩投资协定》的相应程序规定保持一致。事实上，我国行政复议并不向行政争议双方收取费用，来华投资者通过行政复议解决争议的经济负担小，行政复议结果如符合期待将不再提起投资仲裁，将大大节省金钱成本，提高纠纷解决效率，维护我国司法主权。虽然我国已于2009年与东盟修订《全面经济合作框架协议投资协议》，赋予投资者选择当地救济或投资仲裁的权利，但是并未在与新加坡之间的投资争端解决中规定用尽当地救济，因此，我国可在加入CPTPP时与新加坡商议两国间ISDS条款时增加当地救济条款及时间限制。

（二）国内法律制度改进对策

首先，我国《外商投资法》的"投资"定义采取的是列举加兜底性条款的形式，列举的范围小于CPTPP，后者不仅涵盖设立企业、取得股权、投资新建项目，还包括金融资产、特许权、租赁等。CPTPP成员国投资者在我国遭遇投资纠纷时，可能因为兜底条款不明确，无法得到充分保护。兼顾《外商投资法》"投资"定义的稳定性与灵活性，可在法律层级略低的《外商投资法实施

---

[20] 参见商务部官网：《对外投资合作国别（地区）指南 越南2023》第26页，https://www.mofcom.gov.cn/dl/gbdqzn/upload/yuenan.pdf，商务部：《对外投资合作国别（地区）指南 马来西亚2023》第32页，http://www.mofcom.gov.cn/dl/gbdqzn/upload/malaixiya.pdf，2024年7月21日访问。

[21] 参见商务部官网：《对外投资合作国别（地区）指南 日本2023》第35页，http://www.mofcom.gov.cn/dl/gbdqzn/upload/riben.pdf，商务部：《对外投资合作国别（地区）指南 新加坡2023》第25页，http://www.mofcom.gov.cn/dl/gbdqzn/upload/xinjiapo.pdf，2024年7月21日访问。

条例》修改时或最高人民法院有关《外商投资法》的司法解释制定中，对标 CPTPP 的投资范围作适当扩大。

其次，我国《仲裁法》修订应为国内仲裁机构受理投资仲裁案件提供法律依据。我国现行的 2017 年《仲裁法》规定，只有平等主体的公民、法人和其他组织之间发生的合同纠纷和其他财产权益纠纷可以仲裁。因此，国内仲裁机构处理投资者与国家非平等主体的纠纷，存在合法性质疑。值得一提的是，司法部于 2021 年公布的《仲裁法（修订）（征求意见稿）》已删除可仲裁纠纷规定中"平等主体"的限制性表述，为我国仲裁机构提供投资仲裁服务留出政策空间。[22] 不过，由于投资仲裁与商事仲裁的差距较大，宜在推进《仲裁法》修订的同时加快配套规范制定，为我国仲裁机构投资仲裁规则提供法律指引。

最后，我国保密法律制度应做好与 CPTPP 透明度规则的衔接。CPTPP 高标准透明度规则下有关国家安全信息例外的规定，为我国平衡透明度和保密性保有适度弹性。但我国涉及维护国家秘密及信息安全的法律较多，如《宪法》《刑法》《国家安全法》《保守国家秘密法》。我国的法律规定了较广泛的秘密认定主体，增加了定密的随意性。此外，秘密范围的规定较为笼统，多限定在宏观层面，未列举具体情形。争端参与者在投资仲裁实践中，较难识别并判定相关文件是否属于国家秘密。为防止接受 CPTPP 高标准的透明度规则导致重要信息泄露，我国应加快有关国家秘密及信息安全的立法和改进，明确概念，规范表达，厘清细化范围等级。

（三）我国投资协定签订对策

我国在对外签订和更新投资协定过程中，可借鉴 CPTPP 制度设计，平衡"引进来"与"走出去"的关系，构建符合我国发展需要的 ISDS 机制。

对于投资仲裁的范围，既不能限缩在征收与补偿相关问题，也不能盲目扩大至涉及投资的所有争端。我国应在条文谈判中多使用"涵盖""排除"之类的表达，谨慎使用"涉及""等"之类具有模糊性的词语。综合分析与不同国家之间的投资往来情况、国家间关系、东道国投资环境及法治水平等因素，规定合理的 ISDS 机制的适用范围。

---

[22] 参见司法部官网：《关于〈中华人民共和国仲裁法（修订）（征求意见稿）〉的说明》，http://www.fxcxw.org.cn/dyna/content.php? id=23363，2024 年 7 月 21 日访问。

对于最惠国待遇条款，正视最惠国待遇条款解释进路对国际投资法提出的系统性问题和挑战，[23] 吸取我国被诉的投资仲裁案的经验教训，如韩国安城案有关最惠国待遇的扩张适用。虽然韩国安城案仲裁庭并未支持韩国公司利用最惠国待遇条款享有更优时效，但其警示我国大部分含有最惠国待遇的投资协定宜及时明确限制最惠国待遇条款的适用范围，防止投资者肆意挑选条约。建议将最惠国待遇适用范围限定为东道国国内法律或事实上的待遇。[24]

至于投资仲裁透明度的提高，不仅 CPTPP 采用高标准的透明度规则，而且 ICSID 出台的 2022 年版规则也大幅提升了仲裁透明度。我国宜在投资条约中设置合理的信息公开范围，规范第三方参与，促进仲裁的有序开展，保证公众拥有知情权，使其有机会在裁决作出前与投资者、东道国政府进行充分对话、沟通意见，促使仲裁庭在协商民主的基础上作出理性而合宜的裁决，消除外界对投资仲裁合法性的质疑。[25]

四、后 CPTPP 时代 ISDS 机制改革的展望

CPTPP 试图通过限缩 ISDS 机制适用范围、摒弃用尽当地救济原则、提高仲裁程序透明度的方式，建立一个符合成员国发展需要的投资争端解决机制。但面临 ISDS 机制弱化投资仲裁的国际趋势，[26] 以及联合国国际贸易法委员会（United Nations Commission on International Trade Law，UNCITRAL）展开对 ISDS 机制的改革讨论，CPTPP 成员国如智利、日本、墨西哥、秘鲁、泰国、新加坡、韩国、越南已在 CPTPP 达成后向 UNCITRAL 提交立场意见，将对 CPTPP 下一步修订产生影响。

（一）加强缔约国介入投资条约的解释

针对 ISDS 程序的改进，大多数国家希望实现缔约方对投资争端解决全过程

---

[23] See Batifort, Simon and Heath, J. Benton, The New Debate on the Interpretation of MFN Clauses in Investment Treaties: Putting the Brakes on Multilateralization (December 31, 2017). 111 American Journal of International Law, 2018, p. 873.

[24] 参见王彦志：《从程序到实体：国际投资协定最惠国待遇适用范围的新争议》，载《清华法学》2020 年第 5 期。

[25] 齐湘泉、姜东：《国际投资争端解决中的透明度原则》，载《学习与探索》2020 年第 2 期。

[26] 参见余劲松：《投资条约仲裁制度改革的中国选择》，载《法商研究》2022 年第 1 期。

的控制，即重新分配权力，在 ISDS 的程序设置中通过保留和控制条约解释权来强调自身作为缔约方的解释权，实现对仲裁庭的影响。[27] 但在实践中，投资仲裁庭与主权国家对条约解释的一致性问题认知并不统一。[28]

智利、日本、墨西哥、秘鲁联合向 UNCITRAL 提交材料，表明应当允许条约缔约方对条约规定作出具有约束力的联合解释，要求仲裁庭或法庭在涉及已经作出联合解释条款的所有案件中适用或考虑联合解释。此外，还应公布与条约联合解释有关的诉状、裁决和其他卷宗，便于日后理解和知晓关于同一条款的争端，以及早前当事方辩论意见和裁定结果及论证，从而提高一致性和正确性。[29] 泰国也主张投资母国更多参与，缔约方有机会通过共同解释，阐明仲裁庭将适用的法律或原则的范围，以解决对同一投资条约条款不合理、不一致解释的问题，确保对条约的解释符合起草人的意图。[30]

墨西哥参与缔结的《美国—墨西哥—加拿大协定》已就联合解释设置了一个由各方部长级别官员组成的委员会。当缔约方被控违反特定措施时，仲裁庭应当请求委员会就此问题作出解释。委员会向仲裁庭提交的书面解释决定对仲裁庭具有约束力。可以预见，在投资协定中纳入有关条约解释权的控制条款，通过明确划定解释权分配范围、具体化抽象条款、明确规定东道国管辖权政策空间等方式限制仲裁庭解释权，[31] 将是 ISDS 机制的改革方向之一。

（二）投资母国意志渗入仲裁员的选择

在国际投资领域，国家争端管辖权的让渡和自身主权豁免的放弃对东道国外资规制权的和当地治理造成的负面影响引起了国家的警惕，有关裁判者独立

---

[27] 参见林惠玲：《再平衡视角下条约控制机制对国际投资争端解决的矫正——〈投资者国家间争端解决重回母国主义：外交保护回来了吗？〉述论》，载《政法论坛》2021 年第 1 期。

[28] 靳也：《国际投资争端解决中条约解释的一致性：实践冲突、价值反思与改革目标》，载《环球法律评论》2020 第 5 期。

[29] 参见智利、日本、墨西哥和秘鲁向 UNCITRAL 提交的意见书，A/CN.9/WG.III/WP.182, https://documents.un.org/doc/undoc/ltd/v19/099/38/pdf/v1909938.pdf?token=IlXnXOG4iP1mwjoFrx&fe=true，2024 年 7 月 21 日访问。

[30] 参见泰国向 UNCITRAL 提交的意见书，A/CN.9/WG.III/WP.162, https://documents.un.org/doc/undoc/gen/v19/013/90/pdf/v1901390.pdf?token=VqJYKkZKqqWUtNR5pS&fe=true，2024 年 7 月 21 日访问。

[31] 参见刘笋：《仲裁庭的条约解释权及〈维也纳条约法公约〉的引导与制约》，载《华南师范大学学报（社会科学版）》2021 年第 1 期。

性、专业性、代表性的质疑就是此种警惕的外化。㉜非投资仲裁当事方的投资母国希望对裁判者的专业背景、行为守则、任命权以及解释权和自由裁量权设定产生影响。

CPTPP 的要求是，在协定生效前，缔约方应为选定担任 ISDS 仲裁庭的仲裁员以及国际仲裁利益冲突等问题提供指导，且仲裁员必须遵守上述指导。泰国进一步建议，将挑选仲裁员与名册联系起来，将具有投资争端解决专门知识的公认仲裁员纳入名册，各国可以参与名册仲裁员甄选进程。不过值得思考的是，如果由缔约方主导制定仲裁员名册，即缔约国协商确定候选仲裁员，纠纷当事人只能从中选定仲裁庭成员，㉝有可能引发投资者对于该名册纳入的仲裁员的信任危机，甚至对裁决的公正性产生质疑。

（三）扩大第三方资助的监管规制共识

第三方资助不仅能够为投资者提起国际投资仲裁提供有力的物质支持，分担企业的运营风险，还可以给予法律技术方面的帮助。㉞但是，由于资助者通常对参与投资仲裁程序不予公开，可能导致其和仲裁员的利益冲突，损害仲裁程序的公正性。㉟因此，越南建议，仲裁庭可在争议方请求下或自行决定要求争议方披露资助第三方相关信息。㊱智利、日本、墨西哥、秘鲁也认为，第三方资助披露有助于防止出现未查明的潜在利益冲突，并查明与提供费用担保有关的可能问题。㊲泰国强调，提高第三方出资的透明度，加强仲裁员与第三方

㉜ 参见曹兴国：《裁判者信任困境与国际投资争端解决机制的信任塑造》，载《政法论丛》2021 年第 3 期。

㉝ 参见单文华、王鹏：《均衡自由主义与国际投资仲裁改革的中国立场分析》，载《西安交通大学学报（社会科学版）》2019 年第 5 期。

㉞ 参见刘敬东、李青原：《论第三方资助国际投资仲裁及其规制》，载《学术交流》2020 年第 12 期。

㉟ 参见汤霞：《国际投资仲裁中第三方资助披露规则缺失的困境与破解》，载《河南大学学报（社会科学版）》2022 年第 5 期。

㊱ 参见越南向 UNCITRAL 提交的意见书，Viet Nam's Written Comments On Draft Provisions On Procedural And Cross-Cutting Issues, https：//uncitral. un. org/sites/uncitral. un. org/files/media-documents/uncitral/en/writte1. pdf，2024 年 7 月 21 日访问。

㊲ 参见智利、日本、墨西哥和秘鲁向 UNCITRAL 提交的意见书，A/CN. 9/WG. III/WP. 182, https：//documents. un. org/doc/undoc/ltd/v19/099/38/pdf/v1909938. pdf? token = IlXnXOG4iP1mwjoFrx&fe = true，2024 年 7 月 21 日访问。

出资人存在利益冲突的监管。[38] 韩国更关心对第三方出资的监管应涵盖律师和代理人费用,主张引入明确条款,规定当事人对第三方出资的存在、出资人身份以及所涉第三方出资协议的一般性质和条款负有披露义务。[39]

新加坡对第三方资助提出的不同意见是,不应理所当然地要求披露资助协议的具体条款,这可能导致对第三方资助的监管寒蝉效应,建议所有信息均应以仲裁庭认为必要的信息为准。[40] 总体而言,国际社会已对第三方资助需要监管规制达成共识,未来可从合理制定披露规则,明确披露主体、时机及对象,完善未披露后果责任等方面进一步减少第三方资助对 ISDS 机制造成的负面冲击。[41]

(四)提升投资争端预防和调解的价值

相对于投资争端发生后再采取行动处理,通过有效的事先控制而将投资者与东道国之间的矛盾和对立消灭在萌芽状态是双赢选择。[42] CPTPP 成员方的韩国和越南为投资争端预防提供了较多意见,表现积极。

韩国坚持认为,注重争端"预防"比"争端后"管控更具成本效益。事实上,韩国长期致力于制定和执行投资争端预防措施,如监察员制度和出版手册。韩国的经验表明,外国投资监察员制度为外国投资人提供全面的"善后照顾",有效处理投诉并协调相关机构之间的差异,能防止投诉升级为投资争端,是留住投资和防止争端的宝贵资产。韩国政府出版和分发投资争端手册,为民众提

---

[38] 参见泰国向 UNCITRAL 提交的意见书,A/CN.9/WG.Ⅲ/WP.162,https://documents.un.org/doc/undoc/gen/v19/013/90/pdf/v1901390.pdf?token=VqJYKkZKqqWUtNR5pS&fe=true,2024 年 7 月 21 日访问。

[39] 参见韩国向 UNCITRAL 提交的意见书,A/CN.9/WG.Ⅲ/WP.179,https://documents.un.org/doc/undoc/ltd/v19/082/55/pdf/v1908255.pdf?token=yv06WZM3zdy6LXNzq8&fe=true,2024 年 7 月 21 日访问。

[40] 参见新加坡向 UNCITRAL 提交的意见书,Singapore's Written Comments On Draft Provisions Contained In A/CN.9/WG.Ⅲ/WP.231,https://uncitral.un.org/sites/uncitral.un.org/files/media-documents/uncitral/en/comments_from_singapore.pdf,2024 年 7 月 21 日访问。

[41] 参见徐树、陈雪雯:《国际投资仲裁中第三方资助的披露规则研究》,载《国际法学刊》2020 年第 3 期。

[42] 陶立峰:《投资争端预防机制的国际经验及启示——兼评〈外商投资法〉投诉机制的完善》,载《武大国际法评论》2019 年第 6 期。

供预防争端和投资协定关键条款含义的信息，举办投资争端预防讲座和研讨会。[43] 韩国建议各国保持与投资者的沟通，但强调应确保实用性，防止给政府造成过重负担，以确保有效运作和治理。[44]

越南提议，争端预防应有基本制度如长期战略政策指导开展，不仅仅是在外国投资者提出申诉时处理。战略政策指导方针应改进法律制度，使其符合国家在国际投资协定中的承诺；提高外资监管官员的能力；建立外国投资者筛选机制。[45] 以投资监察员制度为代表的新设机制试图为东道国与投资者投资关系的维持与纠纷化解提供全新的路径，对于 ISDS 机制的替代适用具有积极的启示作用。[46]

除投资争端预防外，CPTPP 成员国还表现出对投资调解的关切。在解决糅合法律、政治、经济等综合争议问题时，调解方式更能发挥作用。[47] 泰国赞成通过替代性争端解决办法解决投资争端，采取裁决程序和非裁决程序相结合，即争端解决混合方式。[48] 智利、日本、墨西哥、秘鲁同样鼓励争端各方使用调解、调停和其他预防投资仲裁的机制，通过寻求互利的争端解决办法，防止产生类似投资仲裁的时间长和费用高的问题。[49] UNCITRAL 于 2023 年通过的《国际投资争端调解准则》虽没有强制约束力，但该文件列出说明进行国际投资争

---

[43] 参见韩国向 UNCITRAL 提交的意见书，A/CN. 9/WG. III/WP. 179，https：//documents. un. org/doc/undoc/ltd/v19/082/55/pdf/v1908255. pdf? token = yv06WZM3zdy6LXNzq8&fe = true，2024 年 7 月 21 日访问。

[44] 参见韩国向 UNCITRAL 提交的意见书，Comments From The Government Of The Republic Of Korea On The Draft Guidelines On Prevention And Mitigation Of International Investment Disputes，https：//uncitral. un. org/sites/uncitral. un. org/files/media-documents/uncitral/en/republic_ of_ korea. pdf，2024 年 7 月 21 日访问。

[45] 参见越南向 UNCITRAL 提交的意见书，Viet Nam's Comments On Draft Guidelines On Prevention And Mitigation Of International Investment Disputes，https：//uncitral. un. org/sites/uncitral. un. org/files/media-documents/uncitral/en/writte1_ 0. pdf，2024 年 7 月 21 日访问。

[46] 参见张正怡：《是否作为争端解决机制的替代：投资者-国家争端预防机制及其实现路径》，载《国际经贸探索》2023 年第 10 期。

[47] 陶立峰：《投资者与国家争端解决机制的变革发展及中国的选择》，载《当代法学》2019 年第 6 期。

[48] 参见泰国向 UNCITRAL 提交的意见书，A/CN. 9/WG. III/WP. 162，https：//documents. un. org/doc/undoc/gen/v19/013/90/pdf/v1901390. pdf? token = VqJYKkZKqqWUtNR5pS&fe = true，2024 年 7 月 21 日访问。

[49] 参见智利、日本、墨西哥和秘鲁向 UNCITRAL 提交的意见书，A/CN. 9/WG. III/WP. 182，https：//documents. un. org/doc/undoc/ltd/v19/099/38/pdf/v1909938. pdf? token = IlXnXOG4iP1mwjoFrx&fe = true，2024 年 7 月 21 日访问。

议调解时应当考虑的问题，有助于提升投资调解的合理性和可用性。投资争端当事人和调解员可以在其认为适当的限度内，裁量适用或参照《国际投资争端调解准则》，因此，《国际投资争端调解准则》有望发挥投资争端调解示范法的作用，成为各国制定投资调解规范或业界实施投资调解的参考手册。[50]

（五）设立国际投资争端解决咨询中心

在 UNCITRAL 第三工作组组织开展的 ISDS 机制改革进程中，"国际投资争端解决咨询中心"建设已经成为一个重要议题。UNCITRAL 于 2024 年 4 月公布《国际投资争端解决咨询中心章程草案》，明确设立国际投资争端解决咨询中心，在国际投资争端解决方面提供培训、支持和援助，以加强各国和区域经济一体化组织预防和处理国际投资争端的能力。咨询中心将向其成员提供技术援助，并开展国际投资争端解决方面的能力建设活动。虽然国际投资争端解决咨询中心在名称上与讨论过程中的名称不同，但从达成的草案来看，目标和功能基本与各国的设想建议大致相同。比如，泰国主张，新设的机构可在出现投资争端之前向各国提供投资法方面的法律咨询，在发生争端时担任法律顾问，帮助各国进行能力建设和分享最佳做法。[51] 又如，韩国主张，新设的机构可以成为收集和传播最佳做法和机构信息的枢纽，通过出版政策准则、提供预防争端教育、创建仲裁裁决和裁定数据库以及管理潜在争端提供法律咨询来帮助发展中国家。[52] 可以预见，国际投资争端解决咨询中心将借助"一站式"优势，承担法律咨询、争端预防、争端解决支持、替代争端解决、能力建设、资源共享等重要功能，帮助发展中国家在参与国际投资治理时维护自身权益，对于推动国际投资秩序朝着更加公平合理的方向发展具有重要意义。[53]

---

[50] 陶立峰、周舟：《国际投资争端调解机制的困境与改进——兼评 UNCITRAL〈国际投资争端调解准则〉》，载《海峡法学》2024 年第 3 期。

[51] 参见泰国向 UNCITRAL 提交的意见书，A/CN.9/WG.III/WP.162，https：//documents.un.org/doc/undoc/gen/v19/013/90/pdf/v1901390.pdf？token=VqJYKkZKqqWUtNR5pS&fe=true，2024 年 7 月 21 日访问。

[52] 参见韩国向 UNCITRAL 提交的意见书，A/CN.9/WG.III/WP.179，https：//documents.un.org/doc/undoc/ltd/v19/082/55/pdf/v1908255.pdf？token=yv06WZM3zdy6LXNzq8&fe=true，2024 年 7 月 21 日访问。

[53] 参见单文华、夏伯琛：《论"国际投资法律咨询中心"的构建：基础、功能与路径》，载《法学论坛》2021 年第 3 期。

五、结语

　　CPTPP 被视为晚近高水平国际经贸协定的集大成者,[54] 加入 CPTPP 是中国第二次"入世"。[55] 我国应抓准历史契机,对标 CPTPP 投资争端解决条款要求,针对 CPTPP 在投资争端解决机制的适用范围、用尽当地救济原则的取舍及透明度规则方面存在与我国国情不符、与现存投资条款内容不兼容等问题,可以考虑借鉴 CPTPP 成员方个性处理经验,以负面列举的方式对仲裁范围进行限缩,以换文的形式针对各个国家的国情及两国间的关系采取不同的前置措施。推动我国相关领域涉外法治建设,完善国内有关投资仲裁透明度规则的配套法律法规并尽快落地执行、升级我国投资协定中透明度规则等路径,在维护我国投资利益和投资安全的前提下,逐步缩小与 CPTPP 的差距,做好加入 CPTPP 谈判的国内法治和国际法治衔接准备。面对 UNCITRAL 发起的 ISDS 机制改革多边讨论,我国应密切关注缔约国对投资条约解释的控制权加强,投资母国意志对仲裁员选择的渗入,注重从国内国际层面推进投资争端预防和投资调解机制建设,在国际投资争端解决咨询中心的设立过程主动作为,积极参与国际投资治理,促进国际投资新秩序的构建。

---

[54] See David A. Gantz and Jorge A. Huerta-Goldman, "Introduction: The Trans-Pacific Partnership Becomes the Comprehensive and Progressive Agreement for TPP," in Jorge A. Huerta-Goldman and David A. Gantz (eds.), The Comprehensive and Progressive Trans-Pacific Partnership—Analysis and Commentary, Cambridge University Press 2021, pp. 1-4.

[55] 参见中国法学会 WTO 法研究会 CPTPP 课题组:《加入 CPTPP,中国需要做什么》,载《武大国际法评论》2021 年第 5 期。

第十章　论投资争端处理的多元化与一体化[*]

内容摘要：如何才能更加公平、高效和专业地管控和化解投资争端，是改革和完善投资争端处理机制的核心问题。当前，以争端预防、替代性争端解决、投资仲裁为三驾马车的投资争端处理机制正在发生深刻变化，呈现出多元化与一体化并存的趋势。不同机制本身的内在缺陷、机制的供给不均衡、各机制间缺乏协调，使得看似多元的投资争端处理方法实际对于投资的保护效果并不理想。近来，以三种方式的相互融合为代表，投资争端处理展现出从"多元化"走向"一体化"的趋势，但也存在许多争议和难点。理想的投资争端处理模型，需要将争端预防、友好解决和法律解决有机地结合起来，并充分发挥各自的作用。

关键词：投资者与东道国争端解决　争端预防　多元化　一体化

国际投资是一项高风险的经济活动，时常在不同的环节发生争端。以仲裁为主流的投资者与东道国争端解决（Investor-State Dispute Settlement, ISDS）机制虽然很重要，但是法律解决显然并非投资者的初衷和最终目的，这也是争端预防和多元化争端解决机制受到越来越多关注的根本原因。处理投资争端的现有机制包括哪些？如何才能更加公平、高效和专业地管控和化解投资争端？是否存在一种相对理想的投资争端处理模型？考察晚近以来投资争端处理的历史发展，可以发现这一领域呈现多元化与一体化并存的两大趋势。本文拟结合投资争端处理的现状与发展趋势，尝试回答以上问题。

---

[*] 漆彤，武汉大学国际法研究所教授、博士生导师，武汉大学海外投资法律研究中心主任。本文系作者在 2023 中国国际投资仲裁常设论坛年会上的发言文字稿，有增删。

一、投资争端处理的多元化表现及其利弊

过去的半个多世纪以来，围绕如何处理投资争端的讨论，一直在政治化和法律化、当地救济和国际仲裁、东道国主导和投资者主导的矛盾和争论中前行。以国际投资仲裁为核心的 ISDS 机制，一度成为处理投资争端的主要方式，反映了西方法律文化中"access to justice"的价值观念，强调投资争端的法律解决。① 然而，伴随着案件数量的逐年增长，这一机制也暴露出侵蚀东道国规制权、仲裁裁决不一致且缺乏纠错机制、成本昂贵等诸多制度缺陷，引发国际社会对投资仲裁机制正当性的质疑与反思。除了对这一机制在各个层面上已经完成或正在进行的改革以外，国际社会将更多的目光转移至非对抗式的争端预防（Dispute Prevent Policies，DPPs）和替代性争端解决方法（Alternative Dispute Resolution，ADR）。所谓争端预防，系指通过各种手段避免不满演变为争端的措施，② 包括所有为降低争端的实际发生并趋于恶化的预防和阻却机制。所谓替代性争端解决方法，系指通过诉讼和仲裁之外的方法解决争端的各种程序的总称，主要包括协商、调解、调停等形式。

"多元化"是当前国际投资争端处理机制的重要特征之一。这种"多元化"存在于多个不同的层面。一方面，多种不同的投资争端处理机制和路径并存，可供投资者寻求救济或帮助投资者化解纠纷，如国内行政或司法救济、国际投资仲裁、投资调解、国家间预防与合作乃至国与国争端解决机制。另一方面，这些机制和路径又呈现非常分散乃至碎片化的特征。比如，各国对如何处理投资争端的态度立场偏好存在差异，有的倾向于国内救济，有的倾向于国际仲裁，有的倾向于争端预防，有的倾向于诉诸司法。在国家之间，是否存在投资条约，以及不同条约的争端解决条款设置，均有很大差异，甚至在同一个条约之下（如《美国—墨西哥—加拿大协定》），其不同成员之间亦可能规定有不同的投资争端处理方式。

---

① 参见漆彤：《投资争议处理体系的三大构成》，载《社会科学辑刊》2018年第4期。
② 联合国国际贸易法委员会：投资人与国家间争端解决制度的可能改革——投资争端预防和缓解立法指南草案，参见 https://uncitral.un.org/sites/uncitral.un.org/files/media-documents/uncitral/en/2322784e_-_advance_copy.pdf。

以我国为例，外国投资者可以利用的投资争端处理路径较为多元，既可以根据《外商投资法》中明确规定的外商投资企业投诉工作机制向行政机关申请协调解决，又可以根据我国《行政复议法》《行政诉讼法》等法律规定，依法申请行政复议或向法院提起行政诉讼，还可以根据其母国与中国签订的投资条约，提交在我国境内的仲裁机构（如中国国际经济贸易仲裁委员会、北京仲裁委员会等）或境外的仲裁机构（如国际商会仲裁院、斯德哥尔摩仲裁院等）通过仲裁程序解决争端。由于我国是《解决国家与他国国民之间投资争端公约》（Convention on the Settlement of Investment Disputes between States and Nationals of Other States，ICSID 公约）成员国，投资者也可以根据其母国与中国签订的投资条约，在满足法定条件的情况下，向国际投资争端解决中心（The International Center for Settlement of Investment Disputes，ICSID）提起仲裁。

这种多元化，固然丰富了投资争端处理的方法和路径，但由于各机制本身存在各自内在的固有缺陷，加之各机制的制度供给不均衡、机制之间缺乏协调和统一，因此现实中对于投资的实际保护效果并不理想。就各机制本身的不足而言，现行的投资仲裁机制存在许多弊端需要改良，而争端预防的功效很大程度上取决于东道国的行政法治水平，替代性争端解决则受到意愿、能力、效力等多方面的掣肘。就各机制的供给不均而言，虽然全球有近 3000 个投资条约，但仍不足以涵盖所有投资，存在很大缺口，甚至一些主要资本流动国之间仍缺乏有效的投资协定保护（如中美、中欧），从而难以诉诸争端的法律解决。在争端预防方面，目前仅有少量国家之间签订有包含此类条款的投资协定，如 2020 年《巴西—印度投资合作和便利化协定》，也仅有部分国家重视并业已建立起国内法上的争端预防机制，如中国的"投资协调处理机制"，韩国的"外国投资监察员制度"，埃塞俄比亚的"投诉申诉机制"。就调解为代表的 ADR 而言，以意在鼓励通过调解方式解决商事争端、解决和解协议跨境执行难这一困扰而达成的《联合国关于调解所产生的国际和解协议公约》（《新加坡调解公约》）为例，目前批准该公约的国家数量仍相当有限。[3] 就各机制之间缺乏协

---

[3] 截至 2024 年 6 月 30 日，批准公约的国家数量为 14 个，其中 4 个国家提出保留，即国家作为一方当事人的和解协议不适用公约。参见联合国国际委员法委员会网站《联合国关于调解所产生的国际和解协议公约》概况页，https://uncitral.un.org/zh/texts/mediation/conventions/international_settlement_agreements/status。

调而言，一方面，有的国家只侧重预防，不提供 ISDS，另一些国家则相反，往往仅重视 ISDS 而不重视 DDPs 和 ADR；另一方面，即使部分投资条约同时包含 ISDS 和 ADR，但从以往的经验来看似乎后者并未受到重视，所发挥的实际作用极其有限。以上种种，导致目前虽然看似投资争端处理方式十分多元，但实践中很多时候，投资者仍然面临着救济的不足、程序的冲突、结果不一致、缺乏可预期性等方方面面的困扰。

二、投资争端处理的一体化设想及其路径

在充分认识投资争端处理"多元化"的同时，晚近以来的另一个趋势——国际投资处理的"一体化"，亦不容忽视。

在讨论这一问题之前，首先有必要就何谓"一体化"进行适当的界定。一体化通常被理解为"将两个或两个以上的互不相同、互不协调的事项，采取适当的方式、方法或措施，将其有机地融合为一个整体，形成协同效力，以实现组织策划目标的一项措施"。根据这一定义，有关投资争端处理的一体化似可从不同类型争端处理方式的协同来加以理解，如 DDPs、ADR、ISDS 的相互融合。除此之外，有关争端解决主体、程序及实体规则的统一，从广义上来说，也属于一体化的范畴。比如，设立一个统一的投资争端处理机构，如联合国国际贸易法委员会（United Nations Commission on International Trade Law，UNCITRAL）第三工作组正在讨论的"解决国际投资争端常设机制"，接管或替代目前"分散管辖"的绝大部分投资争端；又如，达成一项统一实体法意义上的多边投资法典，替代目前碎片化的近 3000 个投资条约。

必须承认，将投资争端处理的不同方面"有机地融合为一个整体"，即投资争端处理的"一体化"并非易事，但客观证据表明，这一趋势不仅存在，而且表现得越来越明显。

近期 UNCITRAL 第三工作组《投资人与国家间争端解决制度的可能改革——关于程序性和跨领域问题的条文草案》，以及成立国际投资法咨询中心（Advisory center）的讨论，在很大程度上为这种一体化构想奠定了广泛的国际基础。例如，草案将"协商和谈判"（第 1 条）及"调解"（第 2 条）放在争端解决程序（第 3 条）之前的显著位置，旨在促进友好解决投资争端，同时通过"友好

解决的期限"（第 5 条）、"诉诸国内救济"（第 6 条）、放弃启动争端解决程序的权利（第 7 条）、时效期限（第 8 条）等条款试图实现各方式之间的协调。④《投资人与国家间争端解决制度的可能改革：国际投资争端解决咨询中心章程草案》第 2 条规定，其设立目的是"加强各国和区域经济一体化组织处理国际投资争端的能力"。⑤ 基于这一目的，咨询中心被赋予了广泛的任务授权，使其能够就争端预防以及解决争端的可能手段开展广泛的技术援助和能力建设活动。工作组还起草并讨论了专门的《投资人与国家间争端解决制度的可能改革——投资争端预防和缓解立法指南草案》，意在为希望建立和实施连贯、有效的争端预防和缓解制度的国家提供指导。⑥ 且不论第三工作组的改革能否成功，这些讨论本身就反映了国际社会在投资争端处理方面逐渐趋向形成一致性的共识。

在现代商事争端多元化的背景下，通过诉讼、仲裁与调解的多维结合化解争端，不同争端处理方式的融合发展已然成为趋势。所谓的多层次争端解决条款（multi-tiered dispute resolution clause，或称"升级争端解决条款"）在商业合同乃至投资条约中都并不鲜见。半个多世纪以前签署的 ICSID 公约，即已同时包含投资仲裁和调解两类规则和机制。除已知的 14 起调解案件外，ICSID 管辖的仲裁案件亦有相当比例是通过和解结案。在 2022 年结束的规则改革中，为了进一步发挥替代性争端解决方式的独特作用，ICSID 又新增了独立的事实调查和调解规则，二者既可独立适用，又可与仲裁程序一起适用，从而在争端解决方式上为当事方提供了更大的选择空间。⑦ 2014 年，新加坡国际仲裁中心（Singapore International Arbitration Centre，SIAC）和新加坡国际调解中心（Singapore International Mediation Centre，SIMC）就曾联合发起一项名为"仲裁—调解—仲裁"的计划（Arb-Med-Arb Protocol，AMA）。2021 年，英国皇家特许仲

---

④ 联合国国际贸易法委员会：投资人与国家间争端解决制度的可能改革—关于程序性和跨领域问题的条文草案，参见 https：//documents. un. org/doc/undoc/ltd/v23/059/70/pdf/v2305970. pdf？token＝mJxzE8Yga5SullNw4e&fe＝true。

⑤ 联合国国际贸易法委员会：投资人与国家间争端解决制度的可能改革：国际投资争端解决咨询中心章程草案，参见 https：//documents. un. org/doc/undoc/gen/v24/008/06/pdf/v2400806. pdf？token＝XmQGiFG0ZakQ6mICAl&fe＝true。

⑥ 联合国国际贸易法委员会：投资人与国家间争端解决制度的可能改革-投资争端预防和缓解立法指南草案，参见 https：//uncitral. un. org/sites/uncitral. un. org/files/media－documents/uncitral/en/2322784e_-_advance_copy. pdf。

⑦ 参见漆彤：《投资争端解决机制现代化改革的重要里程碑——评 2022 年 ICSID 新规则》，载《国际经济评论》2023 年第 3 期。

裁员协会（Chartered Institute of Arbitrators，CIArb）亦曾制定发布《仲裁中使用调解实践指南》。近年来，我国在诉讼、仲裁与调解的融合式发展方面投入了前所未有的热情，调仲被誉为中国仲裁制度的特色。在上海自贸试验区，法院、仲裁、行政调处、商业调解等争端解决方式的协调和衔接方面进行了许多大胆的尝试。2020 年由中国贸促会牵头成立的国际商事争端预防与调解组织，也在努力尝试将 DDPs 和 ADR 糅合在一起，"致力于推广预防和调解、仲裁等融合发展"。

实践层面的发展，表明 DDPs、ADR 和 ISDS 三者之间在一定程度上具有融合的可能性。但也必须清楚地看到，投资争端处理机制的一体化构想仍存在许多障碍和难点。历史上，投资条约中曾大量存在的冷静期条款大多沦为摆设。近来，个别投资条约创新性地引入强制性调解条款，亦引发颇多学术争议。在多层次争端解决条款的设计中，不同程序之间的关系和衔接问题最为棘手。例如，ADR 对于仲裁而言究竟应作为强制性的前提条件，还是选择性的前置程序？又如，在仲裁中进行调解，究竟是另行组庭还是在原有仲裁庭基础上进行？如何在效率和公正独立性之间取得平衡？对这些问题，目前都没有标准答案。

三、简要结论

在 2018 年的《投资争议处理体系的三大构成》一文中我曾提出，投资争端处理的理想模型应包含三大构成：一是有效的投资争端预防政策（DPPs），用于提升东道国的整体法治环境，防止投资纠纷升级为投资协定下的投资争端，避免解决投资争端的困难和巨额成本；二是必要的替代性争端解决方法（ADR），如协商、调解、调停等，争取投资者与国家间投资争端的友好解决；三是改良后的投资者与国家间争端法律解决机制（ISDS），如仲裁或设立常设投资法院。

从国内外有关投资争端处理的既有文献来看，对于 ISDS、ADR 和 DPPs 的关注是逐级递减的状态，但近年来后二者所受到的关注有明显上升。从目前的发展来看，上述模型的合理性已在国际层面（UNCITRAL 第三工作组的改革）和国内层面（争端预防及诉调、仲调结合的实践）得到一定程度的验证。如何才能更加公平、高效和专业地管控和化解投资争端，不仅需要发挥三种争端处理方式各自不可替代的独特作用，而且需要化解各机制所存在的内在缺陷，同时改善各机制的制度供给不均衡，更为重要的是，在未来的机制设计中实现各机制之间的协调和统一。

第十一章　国际投资仲裁中的与有过失规则研究[*]

内容摘要：国际投资仲裁中的与有过失规则，是指当投资者的过错行为对其遭受的损失有促进作用时，其所获赔偿受相应减损的规则。该规则关涉"投资者—东道国"法律关系中的利益平衡。在当下实践中，投资仲裁庭对与有过失问题的处理面临尺度不一、说理不足等困境，折损了该规则对于公平分配损失应有的效益。对此，本文澄清了投资仲裁中与有过失的性质、适用方式、体系定位，分析了与有过失责任的构成要件与法律后果，并从司法和制度两个层面对与有过失规则适用提出了完善路径，建议通过对仲裁庭裁量权的限制和对投资条约的创新，提升与有过失规则的使用率和规范度。

关键词：投资仲裁　与有过失　投资者义务　责任分摊

引　言

国际投资法的制度设计旨在调和外国投资者和投资东道国之间天然的不平等。在传统投资法体系中，相比于受到制度保护的投资者，东道国的需求被忽视，故改革中的投资法需要丰富的工具以平衡双方利益。在此背景下，投资者与有过失规则因其天然理性和普遍可适用性，可以作为承担这一使命的重要角色。

"与有过失"（contributory fault；contributory negligence）是指在投资仲裁中，当投资者自身行为对其损失存在促成作用时东道国赔偿责任随之减轻的规

---

[*] 王语安，复旦大学法学院2022级国际法学硕士研究生。

则，又被称为"过失相抵"或"比较过失"。① 该规则的普遍适用，将有助于规范跨国公司行为，使其为自身不当行为买单，实现国际投资法制度天平的再平衡。

然而，在仲裁实践中，投资者与有过失规则的理论内涵与适用标准尚不清晰。对此，本文将对当前涉与有过失的仲裁裁决进行统计分析，总结实践困境及其成因，并在此基础上澄清理论基础、提出完善建议，以期明确投资仲裁中与有过失规则的适用，激发规则活力。

一、与有过失仲裁裁决的问题及成因

（一）实践中与有过失裁决的问题

据统计，截至 2024 年 1 月，公开的"投资者—东道国"仲裁案件中，共有 25 份裁决中仲裁庭对被申请人提出的与有过失请求进行了审查，其中认定构成与有过失的裁决数量共 11 份，见表 11-1。②

表 11-1　当前公开的涉与有过失仲裁案件情况概览

裁决名称	裁决年份	仲裁机构	减损份额
情况一：投资者行为构成与有过失（按减损份额从多至少排列）			
MTD 公司诉智利	2004 年	ICSID	50%
孤星公司诉韩国	2022 年	ICSID	50%
卡吉尔诉波兰	2008 年	UNCITRAL	40%

---

① 有学者译作"促成过错"，参见黄丽萍：《国际投资仲裁中的投资者责任：促成过错与理性投资者标准》，载《环球法律评论》2022 年第 3 期。但这种译法创造了陌生的中文词组，难以直接从字面上指向所述现象。有学者译作"过失相抵"，参见游雪妍：《国际投资仲裁中的过失相抵规则研究》，山东大学 2022 年硕士学位论文。但"过失相抵"描述的只是"与有过失"的法律后果，无法形容这一规则的全貌。本文主张采用"与有过失"这一在民法中常用以描述类似现象且未对法律后果进行预设的专业词汇。关于该规则翻译的辨析，参见尹志强：《论与有过失的属性及适用范围》，载《政法论坛》2015 年第 5 期，第 27—30 页。

② 该统计基于在 International Arbitration Reporter、ISLG（Investor-State Law Guide）、UNCTAD 网站投资仲裁案例库三大数据库中以 "contributory fault" "contributory negligence" "comparative fault" 等为关键词的检索结果。25 份裁决中包括尤科斯诉俄罗斯系列案件的 3 份裁决：Yukos Universal Limited v. Russia, Veteran Petroleum Limited v. Russia, Hulley Enterprises Limited v. Russia，下文均以 Yukos Universal Limited v. Russia 案为代表纳入分析。

续表

裁决名称	裁决年份	仲裁机构	减损份额
戈茨诉布隆迪	2012 年	ICSID	1/3
库珀马萨诉厄瓜多尔	2016 年	PCA	30%
尤科斯诉俄罗斯	2014 年	PCA	25%
西方石油公司诉厄瓜多尔	2012 年	ICSID	25%
斯代格诉西班牙	2021 年	ICSID	25%
罗斯投资诉俄罗斯	2010 年	SCC	0%（未处理）
情况二：投资者行为不构成与有过失（按时间顺序从先到后排列）			
刚普拉斯诉墨西哥	2010 年	ICSID	
斯塔提诉哈萨克斯坦	2013 年	SCC	
阿本哥阿诉墨西哥	2013 年	ICSID	
斯坦斯能源诉吉尔吉斯斯坦	2014 年	PCA	
如所罗诉委内瑞拉	2016 年	ICSID	
卡拉涂布诉哈萨克斯坦	2017 年	ICSID	
布灵顿诉厄瓜多尔	2017 年	ICSID	
卡瓦兹诉罗马尼亚	2017 年	ICSID	
比尔克里克诉秘鲁	2017 年	ICSID	
南美银矿诉玻利维亚	2018 年	PCA	
佩朗科诉厄瓜多尔	2019 年	ICSID	
DS 公司诉马达加斯加	2020 年	ICSID	
卡西诺斯诉阿根廷	2021 年	ICSID	
加拿大航空诉委内瑞拉	2021 年	ICSID	

由表 11-1 可知，在认定构成与有过失且减损了赔偿的案件里，减损比例范围为 25%—50%，一共出现了"25%—75%""30%—70%""40%—60%""50%—50%"及"1/3—2/3"五种比例。另有 14 份裁决中，仲裁庭否认了与有过失的构成。对上述 25 份裁决的内容进行分析可知，与有过失裁决面临的问题体现在裁判尺度和说理过程两个方面，下文将分别阐明。

1. 裁判尺度差异大

（1）类案不同判

在涉与有过失的案例中，有诸多案例呈现出类似的过失事由与因果形式，但对于是否构成与有过失及赔偿如何分摊的问题，仲裁庭的判断不尽相同。

首先，类案中投资者行为是否构成与有过失差异较大。以数个涉及社区冲突的案件为例：在比尔克里克诉秘鲁、南美银矿诉玻利维亚、阿本哥阿诉墨西哥、库珀马萨诉厄瓜多尔四案中，案情均呈现出"投资—居民抗议—投资者与居民暴力冲突—东道国撤销特许经营"的走向，但在前三案中，仲裁庭均没有认定投资者行为构成与有过失，而在库珀马萨案中，投资者同样与当地社区出现冲突，采矿特许证书被东道国撤销，仲裁庭却认定投资者采取的反暴力行动构成与有过失，并应为其行为承担30%的责任。上述案件中，对于投资者的反暴力行动所涉规范有何、性质如何等问题，仲裁庭的认定缺乏统一路径。

其次，案情类似但分摊比例大不相同的情况也不少见。例如，在孤星公司诉韩国案中，仲裁庭指出，孤星公司案与尤科斯诉俄罗斯案之间有相似之处，两案中申请人的行为均使得投资者更"容易遭到东道国的破坏"，从而"促成了损失"。但在重复强调东道国行为和投资者行为都造成了损失之后，仲裁庭多数依然认为，"将更多的过失归咎于一方而不是另一方是不合理的"。③ 相比于案情类似的尤科斯案中25%的赔偿减损，在孤星公司案中，仲裁庭多数则给出了鲜有出现的"50%—50%"的平分比例。再如，将卡吉尔诉波兰案和斯代格诉西班牙案进行类比，前案中，卡吉尔公司明知东道国实施的配额制度将导致其产能过剩，依然进行了大额投资。仲裁庭认定该公司"在知情的情况下承担了商业或监管风险"④，赋予其40%的责任；而在情况类似的斯代格案中，仲裁庭认为斯代格公司"有减少或消除其现在质疑的措施的潜在危害的选择，但还是冒了风险"⑤，应承担25%的责任。上述两案中投资者均在政策变化后依然进行大额投资，但被要求分摊的比例却存在较大差别。

---

③ LSF-KEB Holdings SCA and others v. Republic of Korea, ICSID Case No. ARB/12/37, Award, 30 August 2022 ["Lone Star v. Korea"], para. 895.

④ Cargill Incorporated v. Republic of Poland II, UNCITRAL, Award, 5 March 2008, para. 669.

⑤ STEAG GmbH v. Kingdom of Spain, ICSID Case No. ARB/15/4, Award, 17 August 2021 [Spanish], para. 759, 787.

(2) 同案仲裁员分歧大

除类案不同判外，同案中仲裁庭也在与有过失问题上出现分歧。上述 23 个案件中共有 6 个案件的仲裁庭在与有过失问题上出现分歧，见表 11-2。

表 11-2 仲裁庭对与有过失问题出现分歧的仲裁案件概览

案例	仲裁庭多数	异议意见
西方石油公司诉厄瓜多尔	75%—25%	50%—50%
比尔克里克诉秘鲁	不构成	50%—50%
卡拉涂布诉哈萨克斯坦	不构成	投资者自担
布灵顿诉厄瓜多尔	不构成	"起重要作用"⑥
卡西诺斯诉阿根廷	不构成	"应当考虑"
孤星公司诉韩国	50%—50%	投资者自担

例如，在西方石油公司诉厄瓜多尔案中，仲裁庭多数赋予了投资者 25% 的责任，而仲裁员斯特恩认为，投资者违反法律的过失被过分低估⑦，投资者承担 50% 的责任更加合理。⑧ 在孤星公司案中，仲裁庭多数得出责任平分的结论，而斯特恩认为孤星公司的行为造成了全部损失，东道国行为与损失之间无因果关系。⑨ 再如，比尔克里克案中，仲裁庭多数认定投资者行为不构成与有过失，而仲裁员桑兹认为，投资者对社会动乱负有责任，应当承担 50% 的责任。⑩ 卡拉涂布诉哈萨克斯坦案中，仲裁庭多数认定投资者行为不构成与有过失，而仲裁员赛尔斯则认为投资者应当对其损失负全责。⑪ 可见，关于投资者行为是否

---

⑥ 该案没有附带单独的反对意见，只是在裁决中以脚注的方式说明了斯得恩对该特定问题的异议。See Burlington Resources Inc. v. Republic of Ecuador, ICSID Case No. ARB/08/5, Decision on Reconsideration and Award, 7 February 2017 ["Burlington v. Ecuador, Award"].

⑦ Occidental Petroleum Corporation and Occidental Exploration and Production Company v. Republic of Ecuador, ICSID Case No. ARB/06/11, Dissenting Opinion of Professor Brigitte Stern, 5 October 2012 ["Occidental v. Ecuador, Dissenting Opinion of Stern"], para. 4.

⑧ Occidental v. Ecuador, Dissenting Opinion of Stern, para. 7.

⑨ Lone Star v. Korea, Dissenting Opinion of Brigitte Stern, para. 121.

⑩ Bear Creek Mining Corporation v. Republic of Peru, ICSID Case No. ARB/14/21, Partial Dissenting Opinion of Professor Philippe Sands QC, 30 November 2017 ["Bear Creek v. Peru, Dissenting Opinion of Sands"], para. 40.

⑪ Caratube International Oil Company LLP and Devincci Salah Hourani v. Republic of Kazakhstan, ICSID Case No. ARB/13/13, Award, Dissenting Opinion by Salès, 27 September 2017, para. 42.

构成与有过失、赔偿如何分摊，甚至是否可以完全排除东道国责任，同案中不同仲裁员的分歧亦不在少数。

2. 仲裁庭说理欠充分

裁决结果的不一致性背后是仲裁庭说理情况的分异。表 11-3 统计了 25 份裁决中仲裁庭的法源引用情况：

表 11-3　当前涉与有过失仲裁裁决中的法源引用情况概览

法律依据（广义）	引用该类依据的裁决数量/总数量
《国家对国际不法行为的责任条款草案》（ARSIWA）第 39 条[12]	16/25
ARSIWA 第 31 条[13]	5/25
国内法	1/25
前案裁决	9/25
学者研究	4/25

一方面，仲裁庭所引法源不成体系。大部分案件中，仲裁庭引用 ARSIWA 第 39 条及其评论，但只有少量案件将责任分配的法理依据追溯到第 31 条的完全赔偿原则，忽视了对该条中因果关系等认定标准的适用；在前案裁决的参考方面，被引较多的为早期的 MTD 公司案与西方石油公司案，但也有不少裁决并未提及任何前案裁决；学者研究常为双方当事人所引用，这种辅助性的法律渊源在裁决中也偶有出现。[14] 可见，与有过失规则适用的法源出现了"樱桃采摘（cherry-picking）"[15] 现象，规范体系没有建立起来。

---

[12]　联合国国际法委员会（ILC）《国家对国际不法行为的责任条款草案》（ARSIWA）第 39 条"对损害的贡献"："在认定赔偿时，应考虑到提出索赔的受害国或任何人或实体由于故意或过失以作为或不作为形式促成损害的情况。" Draft Articles on Responsibility of States for Internationally Wrongful Acts ["ARSIWA"], with commentaries, Yearbook of the International Law Commission, 2001, vol. II, Part Two.

[13]　ARSIWA 第 31 条第 1 款 "补偿"："责任国有义务对国际不法行为造成的损害作出充分赔偿。"例如，在 ILC 对该条的评论中，关于因果关系（causality）的评论（10）及关于并发原因（concurrent causes）的评论（13）均能对与有过失的认定提供启示。

[14]　如 Occidental v. Ecuador 案中对仲裁员斯得恩的著作的引用，参见 Occidental Petroleum Corporation and Occidental Exploration and Production Company v. Republic of Ecuador, ICSID Case No. ARB/06/11, Award, 5 October 2012 ["Occidental v. Ecuador, Award"], para. 674。

[15]　[尼泊尔] 苏里亚·苏贝迪：《国际投资法：政策与原则的协调》（第二版），张磊译，法律出版社 2015 年版，第 232 页。

另一方面，仲裁庭说理程度参差不齐，但普遍不足。少数正面例子，如西方石油公司案中，仲裁庭在赔偿数额的部分引出与有过失的概念与规范，以规范为大前提，前述案情梳理为小前提，以得出是否应根据与有过失规则进行赔偿分摊。最后，仲裁庭还探讨了非法行为"在多大程度上（to what extent）以及在多大比例上（in what proportion）"减轻了东道国责任，依次按"违法性—可责性—程度"展开了分析，形成了比较完整的说理线条。而反面例子如戈茨诉布隆迪，如所罗诉委内瑞拉等案中，仲裁庭几乎没有引用任何法律渊源，仅对事实进行简单排列，就匆促得出结论。在对双方利益影响最大的责任配比阶段，仲裁庭也往往未对比例作出任何数字上的解释，只是"不得不作出决定（must reach a decision）"。⑯

（二）裁决困境的成因

由上述对比分析可知，当前仲裁庭对与有过失的处理呈现出多维度的困境。这些困境一方面源于仲裁庭对该规则适用的认知尚不清晰，另一方面也部分地与仲裁庭裁量权的过分泛化有关。

1. 与有过失规则的适用不明

当前实践中最首要的一项问题是与有过失规则的适用方式不明。一者，在东道国没有提出请求时，无一仲裁庭主动适用该规则去限制赔偿范围。而根据ARSIWA第39条，在确定赔偿时，受损害一方的过错"应当被纳入考量（account shall be taken）"。这是否意味着，仲裁庭适用该规则非以东道国明确提出为必要？二者，个别案例如罗斯投资案中，仲裁庭已经在实体责任阶段认定存在与有过失，并明确指出需要在赔偿中纳入考量，但最后却没有因此限制赔偿范围。既然与有过失已经成立，那么是否必须减少赔偿？这些模糊之处也反映出在整体制度偏向保护投资者的背景下，与有过失的性质、适用等基础问题尚未受到充分关注。

与有过失规则的构成要件与法律后果也尚不明确。仲裁庭在说理过程中，并未严格分析责任构成的要素。例如，投资者"过错"这一主观要件就鲜被提及，或被默示纳入对因果关系等内容的分析。这种现象源于仲裁庭对构成要件框架的认知不成熟。在法律后果上，与有过失是否或何时能导致不予减轻或完全消除赔偿的后果并不确定，减轻的程度也体现为"一刀切"的比例划分，这

---

⑯ Occidental v. Ecuador, Award, para. 687.

些问题加深了裁决的不可预测性。

2. 仲裁庭裁量权过于宽泛

在与有过失首案 MTD 公司案中，上诉委员会作出了一句在后续仲裁中多次被提及的论断：" 正如在比较过失的情况下经常出现的情况，双方对损失所起的作用非常不同，但只是难以衡量，因此法庭有相应的裁量余地。"⑰ 值得注意的是，从 MTD 公司案到西方石油公司案的表述来看，仲裁庭的裁量权出现了从"相应的估量权（corresponding margin of estimation）"⑱ 到"宽泛的裁量权（wide discretion）"的扩大，后续案件的仲裁庭也反复引用该论断，以此作为不对比例划分予以说明的理由。可见，在宽泛裁量权的荫蔽下，本不成熟的与有过失规则的适用更难在司法实践中得到澄清。

这一点也体现在仲裁员任命的重复对裁决结果的巨大影响。例如，尤科斯案裁决中大量引用西方石油公司案中的观点，裁决相应部分的结构、引用的规范甚至语词选择都有很大重复，仲裁庭最终也都认定了责任分摊比例为"75%—25%"，而这很难说不与尤科斯案和西方石油公司案的首席仲裁员为同一人有关。

二、与有过失的性质、适用方式与体系定位

规范裁量权行使、纾解实践困境的基础在于澄清基本理论。下文将对投资者与有过失规则的性质及适用方式进行分析，并通过将该规则与其他涉及投资者过失的规则进行比较，得出与有过失规则在体系中的功能与定位。

（一）与有过失的性质：针对因果和不法性的抗辩

在司法程序中，针对原告请求，被告主要通过两条途径予以反驳：否认原告的事实陈述，或者否认原告请求的正当性，后者被称为抗辩。⑲ 与有过失是一种抗辩，其法律效果为"赔偿请求权全部或一部之消灭"。⑳ 具体而言，若要

---

⑰ MTD Equity Sdn. Bhd. and MTD Chile S. A. v. Republic of Chile, ICSID Case No. ARB/01/7, Decision on Annulment, 21 March 2007 ["MTD v. Chile, Decision on Annulment"], para. 101.

⑱ MTD v. Chile, Decision on Annulment, para. 101.

⑲ 朱庆育：《民法总论》（第 2 版），北京大学出版社 2016 年版，第 516 页。

⑳ 曾世雄：《损害赔偿法原理》，中国政法大学出版社 2001 年版，第 269 页；王泽鉴：《损害赔偿》，北京大学出版社 2017 年版，第 306 页。Martin Jarrett, *Contributory Fault and Investor Misconduct in Investment Arbitration*, Cambridge University Press, 2019, p. 16.

实现阻止责任成立的目的，与有过失抗辩必须针对东道国责任构成要件中的至少一项展开。为明确该抗辩发生作用的方式，必须明确在东道国的不法行为、因果关系与过错等责任成立要件中，识别与有过失抗辩针对的是哪一项。

多数意见认为，与有过失抗辩旨在折断东道国行为与损害之间的因果联系。[21] 但较为特殊的是，在某些情况下，投资者与有过失也会消解东道国行为的"不法性"——在投资仲裁中，当东道国规制是由投资者行为"触发"时，东道国行为则具备了一定合法性。在投资法语境中，与有过失之所以能对"不法性"形成抗辩，是因为"东道国—投资者"关系结构较为特殊：东道国与投资者之间存在纵向的行政管理关系，东道国对投资者的不当行为作出反应，是其主权管辖权行使之必然。至于最终是否会被裁定违法，则取决于规制行为是否过当。故，在投资者行为作为"导火索"的情况下，投资者过失则不仅在客观上影响了因果关系，也减轻了对东道国行为的违法性评价。至于过错要件，既然在国际责任体系中，国家责任的构成不要求主观过错，东道国的责任成立不以过错为要件，那么与有过失也自然无法以过错为对象发挥抗辩作用。

总结而言，投资者与有过失规则从性质上而言是一项抗辩，而该抗辩起作用的形式是破坏东道国责任构成中的因果关系，或削弱东道国行为的不法性。

（二）与有过失的适用方式：仲裁庭主动适用

从性质上引申出的另一个关键问题是，仲裁庭对与有过失规则的适用是否以当事人主动申请为前提？在对与有过失的民法研究中，大多数意见认为，裁判者可以不待当事人主张，依职权对与有过失加以审究，但前提为"一方当事人提出相对应的事实"。[22] 也有意见认为，与有过失应由被申请人主动提出并承担举证责任方可适用。[23] 两种意见的共识在于，东道国都需要至少"提出事实"；而区别在于，仲裁庭是否可以在东道国未提出"减损赔偿"的请求时主动适用。

要确定与有过失的适用方式，必须分析与有过失提出的场域和形式。在投

---

[21] 参见尹志强：《论与有过失的属性及适用范围》，载《政法论坛》2015 年第 5 期，第 11 页；游雪妍：《国际投资仲裁中的过失相抵规则研究》，山东大学 2022 年硕士学位论文，第 18 页。

[22] 王泽鉴：《损害赔偿》，北京大学出版社 2017 年版，第 340 页；崔建远：《论与有过失规则》，载《荆楚法学》2022 年第 5 期，第 3 页；杨立新：《混合过错与过失相抵》，载《法学研究》1991 年第 6 期，第 4 页。

[23] 游雪妍：《国际投资仲裁中的过失相抵规则研究》，山东大学 2022 年硕士学位论文，第 21 页。

资仲裁的实体审理阶段中，投资者过失将首先出现在东道国对责任构成的免责抗辩中，而后再作为让步，出现在对责任程度的减责抗辩中。但如果东道国的免责抗辩不成立，这一免责抗辩是否可以直接转化为减责抗辩？考虑到与有过失制度的公理性，这一转化应当被认可。因为在仲裁庭对责任构成的判断中，必然会形成对责任程度的认识，而责任程度应"当然地"反映于赔偿程度，否则将出现责任与赔偿间的割裂，回到与有过失规则修正之前的"全有全无"的状况，这显然有悖于与有过失制度性质与功能的要求。

总结而言，与有过失的适用，以东道国提出投资者过失事实作为免责抗辩为前提，仲裁庭应在赔偿认定阶段就抗辩事由考虑与有过失减责，限制赔偿范围。

（三）与有过失的体系定位

在明确投资者与有过失的性质与适用方式后，下文将以"投资者不当行为"为线索，将与有过失规则与管辖权阶段的"非法投资（illegality）"、赔偿阶段的"减轻损失义务（mitigation）"以及东道国反请求（counterclaim）三种规则进行比较，以明确与有过失的体系定位。

1. 与阻却管辖的"非法投资"

关涉投资者不当行为的第一阶段为管辖权阶段。投资的不法则意味着不存在 BIT 意义上的投资，仲裁庭对该问题也就不能行使管辖权。相比于与有过失，阻却管辖的"不法性"受到时间和程度上的限制。从时间上，后者的不当性是针对投资的作出，即"初始违法"，前者则是针对投资存续中的事件，即"事后违法"。在程度上，导致管辖权丧失的违法行为需要具备严重性，但"与有过失"中过失的严重性不影响责任构成。

因此，当投资作出时和后续的不当行为可以区分时，该管辖权规则和与有过失规则处理的是不同事实；但当不当行为从作出时延续到作出后，且其"不当性"没有严重到可以阻却管辖权的时候，这种"不当性"背后的事实将在实体阶段再次相关。[24] 需注意的是，不当行为未能阻却管辖，不意味着该行为不会影响赔偿，不当行为在每一阶段的法律后果需单独考量。否则就会出现比尔克里克案中的情况：比尔克里克的特许起初是以一名秘鲁职员的名义获得，再

---

[24] Dolzer R, Kriebaum U & Schreuer C, *Principles of International Investment Law*, 3rd edition, Oxford University Press, 2022, p. 110.

移转给自己的。这一行为剥夺了秘鲁社会对外国公司参与边境采矿的知情权，引发社会抗议。对该行为的不当性，仲裁庭审查后认为不能排除管辖权，但到赔偿责任阶段，仲裁庭并未再次考量该行为，导致了对投资者行为不当性的低估。

2. 与减轻损失义务

在赔偿认定阶段，与有过失与减轻损失义务（duty to mitigate）的违反可能同时出现。[25]减轻损失规则和与有过失规则一样，是对完全赔偿原则的限制。根据减轻损失规则，受害国如未能采取必要措施限制所受的损害，则无权就本可避免的损害要求赔偿。[26]

在性质上，和与有过失类似，违反减轻损失义务并不能直接产生法律责任，只影响赔偿范围。在适用阶段上，减轻损失义务出现在损失发生之后，只是计算赔偿的基础，而与有过失的"与有性"需要双方行为的比较衡量。在判断标准上，两者也有异同：贯通之处在于，由于这两类规则背后的义务均来源于"自我保护"，故两规则在对不当性的认定中必有类似的标准，如对投资者勤勉尽责的要求；而区别在于，履行减轻损失义务时，投资者已经面临东道国行为造成损失的情况，此时对投资者自我保护设定的要求必须考虑投资者的危难处境。这一情况不一定会出现在与有过失中。

3. 与东道国反请求

在投资者提出的仲裁中，东道国主张投资者责任的方式有两种：一是抗辩；二是反请求。后者仅在部分投资条约中被允许。这两种规则之间的共性在于，均是由东道国基于投资者的不当行为提出，均能起到减少己方不利益的效果。其差别在于，首先，性质不同：与有过失是在投资者提出请求后东道国的一项抗辩，而反请求则构成了一个独立的请求基础；其次，适用情形不同：在东道国反请求中，投资者不当行为导致东道国受损，而在与有过失中，投资者的不当行为可能没有对东道国违法或违约，"只是因其自身过错导致其救济资格和范

---

[25] 参见 Casinos Austria v. Argentina 案。Casinos Austria International GmbH and Casinos Austria Aktiengesellschaft v. Argentine Republic, ICSID Case No. ARB/14/32, Dissenting Opinion, 05 November 2021, paras. 439-446.

[26] Gabčíkovo-Nagymaros Project (Hungary v. Slovakia) (Judgment), ICJ Reports, 1997, para. 80.

围受影响"。[27] 最后，考虑到当前条约实践呈现出的限制东道国反请求的趋势[28]、反请求的管辖门槛高等情况，与有过失抗辩能够直接在投资者提起的程序中为东道国所用，适用场域较之更为广阔。

总结而言，将与有过失规则置于整个投资仲裁的制度设计中可以发现，在投资仲裁的全过程中，投资者过错有一系列切入点（entry point）[29]，在管辖权、实体责任、赔偿数额上均可产生限制投资者利益的效果，也可作为东道国反请求的诉由。相比于其他切入点而言，在与有过失制度中，投资者过错作为抗辩可以出现于任何仲裁对抗，具有普遍适用性，使得该规则在平衡双方权利义务上发挥着独特而不可替代的作用。

三、与有过失的构成要件与法律后果

根据《国际不法行为责任草案》第 39 条及仲裁实践，与有过失责任成立的基本要件为：存在不当行为、行为与损失之间存在因果关系、投资者过错。下文将对上述三个要件及其构成后的法律后果进行分析。

（一）事实要件：因果关系

因果关系（causation）是一项一般法律原则，这一概念要求证明行为与所造成的损害之间存在因果关系，从而排除了对并非由行为造成的损害的赔偿。[30] 投资者行为与损害之间具备客观上、法律上的因果关系是确定投资者责任的前提。

1. 两种因果类型："并行式"与"传递式"

从当前的投资仲裁实践来看，与有过失在因果作用形式上可以分为"并行式"和"传递式"两类，如图 11-1 所示。

---

[27] 黄丽萍：《国际投资条约中投资者义务法定化研究》，武汉大学 2020 年博士学位论文，第 42—43 页。
[28] 刘瑛、张威加：《国际投资争端解决中的东道国反请求规则研究》，载《烟台大学学报（哲学社会科学版）》2018 年第 1 期，第 19—20 页。
[29] Barnali Choudhury, *Investor Obligations for Human Rights*, 35 ICSID Review 82, 11 (2021).
[30] Dolzer R, Kriebaum U & Schreuer C, *Principles of International Investment Law*, 3rd edition, Oxford University Press, 2022, p.170; See ARSIWA Art. 31.

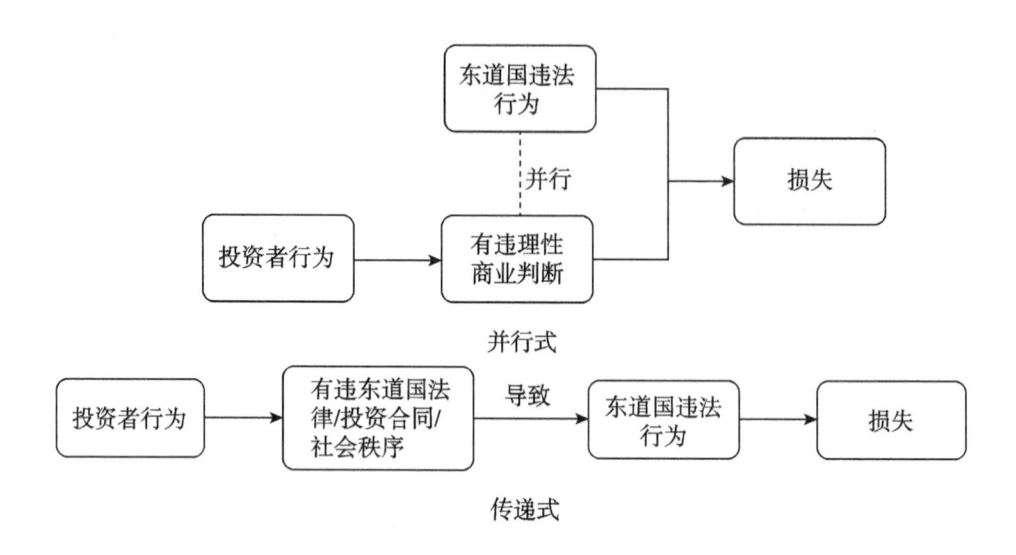

图 11-1　与有过失的两种因果作用形式

"并行式"因果的典例为 MTD 公司诉智利案。在该案中，投资者在土地所有者的鼓励下，投资地块以开发高档社区。在该地块为农业用途土地的情况下，智利政府仍批准了该投资。后，投资者向政府申请更改土地用途，政府以不符合城市发展规划为由拒绝。仲裁庭认定智利政府批准违反城市规划的投资项目塑造了合理期待，未给予投资者公平公正待遇的同时，也认定投资者未尽注意义务和谨慎商业判断，自己承担 50% 的责任。"传递式"因果的典例为西方石油公司诉厄瓜多尔案。在该案中，西方石油公司将其投资的一部分转让给了第三国公司，但根据投资合同，转让需政府授权，而投资者未获授权，引发了东道国的规制行为。仲裁庭认定厄瓜多尔对西方石油公司资产的剥夺构成征用和对提供公正公平待遇的违反，但同时认定投资者未获授权的行为对其损失有促进作用，需承担 25% 的责任。

2."实质且重要"标准

在上述两类因果情形中，并非受害方对其所受损害的任何贡献都会引发与有过失的认定，这种贡献必须是"实质性的和重大的"。[31]西方石油案指出，法庭必须确定投资者的不当行为是否对其损害起到了"实质性的重大作用（material and significant）"，抑或只是一个"次要的促成因素"，根据"后来发生的

---

[31]　MTD v. Chile, Decision on Annulment, para. 101; Occidental v. Ecuador, Award, para. 670.

事件"，从法律上讲不能将其视为因果链中的一个环节。前述"实质且重要"标准，可以作为因果关系具备较高相当性的认定；而后述"后来发生的事件"，则对应着因果关系判断中的介入因素（intervening factor）。

在上述"递进式"的因果形式中，投资者和东道国行为有时出现交叉往复，相互介入的情况。典型的案例是孤星公司案。仲裁员斯特恩的反对意见中梳理了案件的两次"介入因素"：一是投资者的金融犯罪，引起了韩国金融服务委员会的"施压"行为；二是面对"施压"政府提供的降价收购邀请，投资者表示接受，形成"定罪—涉嫌施压—接受降价"三个环节。[32] 正如西方石油公司案中仲裁庭引用的斯特恩的学术文献所述："在某些情况下，受害人的行为只能部分地证明国家行为的正当性（partially justifies），前者和后者都以互补的方式（in a complementary fashion）造成了损害。"[33]此时，要得出结论，则需要对每一环节因果的程度进行判断，最终判断介入因素是否影响了"实质且重要"的联系。

3. 仲裁庭的处理方式及反思

在实践中，仲裁庭对因果的分析没有充分适用"实质且重要"标准，而是出现了以下两类问题。

（1）对条件测试过度依赖

首先，仲裁庭在因果断上过度依赖"如果—则不"的条件测试（but-for test）。西方石油公司案中，仲裁庭分析，"如果西方石油公司……征得部长的同意，十分可能会得到同意，而被申请人则很可能就不会……宣布到期"[34]，抽象成公式为："如果投资者不……则东道国不……"但仅使用条件测试显然无法实现区分远因和近因的效果。在实践中，仲裁庭对 but-for test 的过度依赖造成了混乱。例如，在比尔克里克案[35]和阿本哥阿案[36]中，仲裁庭把因果关系判断标准直接完全等同于条件测试。再如，在布灵顿案中，仲裁庭在条件测试后得出

---

[32] Lone Star v. Korea, Dissenting Opinion of Brigitte Stern, para. 97.

[33] Occidental v. Ecuador, Award, para. 675.

[34] Occidental v. Ecuador, Award, para. 683.

[35] Bear Creek Mining Corporation v. Republic of Peru, ICSID Case No. ARB/14/21, Award, 30 November 2017, para. 410.

[36] Abengoa, S. A. y COFIDES, S. A. v. United Mexican States, ICSID Case No. ARB (AF)/09/2, Award, 18 April 2013 [Spanish], para. 671.

的结果出现逻辑错误。仲裁庭提出假设，"如果布灵顿缴纳了税款但没有同意服务合同，是否可以合理肯定地得出结论，征用不会发生"，并认为"不能给出肯定回答"，因此认定投资者行为与损失间不存在因果关系。[37]但"若投资者行为适当—则损害仍会发生"这一结论只能说明除投资者不当行为外的其他因素也促成了损失，不能证明投资者行为没有促成损失。

(2) 因果端点识别错误

对因果关系的适用对象，仲裁庭的理解也出现了一些偏差。作为与有过失构成要件的因果关系，是"自己行为—自身损失"的关联。在南美银矿案中，仲裁庭对因果的端点识别有误，导致了因果分析的片段化。仲裁庭分析称："在本案中，违反《条约》的原因是玻利维亚没有提供赔偿……这一违反行为不能归咎于投资者，也并非基于可归咎于投资者的行为，因而不得减少对投资者的赔偿金额。"[38]在这里，仲裁庭判断是否可以减少赔偿额的标准是"东道国行为—投资者行为"的关联，但至此因果分析并没有结束，而还需考量投资者行为和其最终所受损害的因果。因为如果东道国被引起的行为作为介入因素影响较弱，或者如在孤星公司案中一样投资者行为再一次介入，那么即使东道国行为可以归咎于投资者最初的不当行为，投资者行为也不一定能构成与有过失。

综上，仲裁实践中形成的"实质且重要"标准可以有效排除过于遥远或被切断的因果。对因果关系的判断不能仅停留于"如果—则不"测试，而应对事件的因果进行时序梳理，最终得出投资者自身行为与自身损失的因果关系。

（二）不法性要件：不当行为

1. "不当性"的本质

在具备客观因果关系后，投资者行为本身必须具备"不法性"。这里的"不法性"泛指法律上的消极评价，而非违反了某项具体的法律规范。民法理论上对"过失"性质的区分对认识投资者行为的"不当性"有一定启示：民法上，"过失"背后的义务来源有两种类型，第一种为"固有（真正）意义"的过失，以违反法定义务为前提，违反者就所造成的损害须负赔偿责任。这类义务，既有不得侵害他人的一般义务，也有基于特别法律关系（如合同等）发生

---

[37] Burlington v. Ecuador, Award, para. 580.

[38] South American Silver Limited v. Plurinational State of Bolivia, PCA Case No. 2013-15, Award, 22 November 2018 ["SA Silver v. Bolivia, Award"], para. 875.

的特别义务,又被称为"对他人的过错"。第二种为"非固有(非真正)意义"的过失。这种过失不以违反法律义务为前提,该义务的相对人不得向受害人请求履行该义务,只是行为人对自己利益的维护照顾有所懈怠,又被称为"对自己的过错"。[39]

与有过失中的"过失",就是来源于对"非固有(非真正)意义义务"的违背,因为法律并不会对受害者加之不损害自己的义务。[40] 即受害者违反此种义务的行为本质上并不具有违法性。[41] 相比而言,东道国的违法则来源于对"固有(真正)意义义务"的违反。故,投资者行为的"不当性"与东道国行为的"不法性"的义务来源并不相同,前者是基于自我保护,后者是基于法律要求。投资者的这类义务,也被描述为"善良管理人义务"或"一般理性人义务"。

2. 义务来源的类型化

为明确与有过失中投资者义务的内容,有必要就现有仲裁案件的情况进行类型化尝试。就当前案例来看,投资者的不当行为主要表现为以下三类:勤勉谨慎不足、违反法律或投资合同、引发社会冲突(见表11-4)。

表11-4 三种投资者不当行为类型所涉案例统计

行为类型	案件名称	年份	赔偿减损比例
勤勉谨慎不足	MTD 公司诉智利	2004	50%
	卡吉尔诉波兰	2008	40%
	斯代格诉西班牙	2021	25%
违反法律或投资合同	孤星公司诉韩国	2022	50%
	戈茨诉布隆迪	2012	1/3
	西方石油公司诉厄瓜多尔	2012	25%
引发社会冲突	库珀马萨诉厄瓜多尔	2016	30%

上述三种情形对应着投资者与东道国在投资关系中扮演的三种角色。如图11-2所示,跨国投资活动中,东道国扮演的角色可以分为"市场""政府"和

---

[39] 王泽鉴:《损害赔偿》,北京大学出版社2017年版,第309页;陈聪富:《过失相抵之法理基础及其适用范围》,载《中德私法研究》(2008年·总第4卷),北京大学出版社2008年版,第4页;程啸:《侵权责任法》(第3版),法律出版社2021年版,第800—801页。

[40] 王泽鉴:《损害赔偿》,北京大学出版社2017年版,第309页。

[41] 程啸:《侵权责任法》(第3版),法律出版社2021年版,第800—801页。

"社会"三类，而这三类角色所享有的权利分别赋予投资者三类义务，即表 11-4 实践中反映出的勤勉谨慎义务、守法义务和人权义务（见下图）。

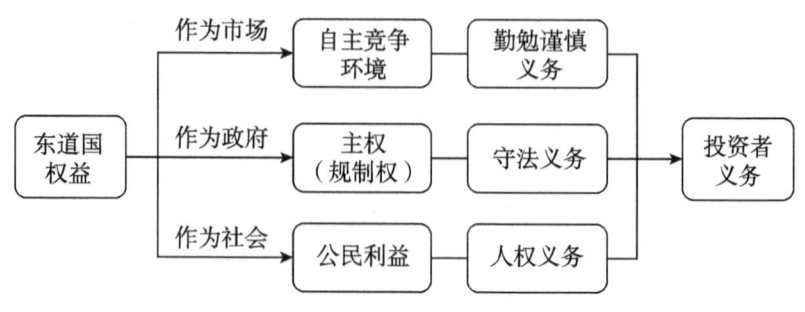

图 11-2　投资者东道国三种角色关系

（1）勤勉谨慎义务

投资者作为参与东道国市场的商主体，在充分竞争的市场环境中，应具备商事理性人的认知程度。在案例中，由此发生的与有过失的情景公式通常为"存在对投资者不利的政策或者市场现象+投资者未充分了解情况/充分了解情况但忽视+继续/增加投资"。理性人假设要求投资者对风险进行谨慎的商业判断，正如MTD 公司案仲裁庭强调："双边投资条约并不是对抗商业风险的保险。"[42]

勤勉尽责义务具体体现为投资者在投资中应进行适当的尽职调查。实践中，尽职调查的对象可以分为两种类型：第一，东道国法律与政策。例如，在卡吉尔案中，欧盟政策文件明确表示即将对该公司产品实施出口配额，但投资者却无视了这一监管走向，仍进行高额投资导致产能过剩。[43]作为欧盟市场的投资者，对投资政策的了解是负责任投资的基本保证。第二，第三方文件或意见的真实可靠性。在 MTD 公司案中，仲裁庭批评投资者"缺乏勤勉尽责精神（diligence）以及谨慎商业判断（prudent business judgment）"[44]，在交易完成之前没有咨询任何专家，只是"着急开展项目，轻视了土地用途更改一事的重要性，轻易接受了土地所有者的判断，因此同意了合同中的虚高估价"，并指出"一个明智的投资者不会预付全款购买以实现该项目为前提的土地；他至少会根据项

---

[42] MTD Equity Sdn. Bhd. and MTD Chile S. A. v. Republic of Chile, ICSID Case No. ARB/01/7, Award, 25 May 2004 ["MTD v. Chile, Award"], para. 178.

[43] MTD v. Chile, Award, para. 680.

[44] MTD v. Chile, Award, para. 167.

目的进展情况,包括所需的开发许可证的发放情况,分阶段支付未来的款项"。[45]

(2) 守法义务

这一义务在与有过失案件中体现为投资者在投资过程中违反东道国法律、政府命令或投资合同条款。这种情形也被称为"投资后违法"(post-investment illegality)。具体而言,未遵循守法义务的行为可以表现为以下三种:①不遵守法律或政策要求。例如在戈茨案中,投资者银行突破了其经营许可附带的经营范围限制。再如在孤星案中,投资者违反金融规制法并被刑事定罪,使其丧失了合资公司的控制权。②滥用政策法律获取不当利益。例如,在尤科斯案中,虽然税务调查是最终摧毁尤科斯公司的借口,但该公司自身滥用国内避税港、滥用双边协定的行为为东道国制造了机会。③违反投资合同。例如在西方石油公司案中,投资者在未经东道国政府授权的情况下向第三人转移了资产,这一行为本质上也是对东道国外资政策要求的违反。

投资者作为东道国管辖下的外国法人,守法义务是最无争议的一项义务。守法义务也贯穿于投资仲裁的全过程,故在与有过失阶段对守法义务的内容与程度进行衡量时,可以借鉴对非法投资在管辖权、可受理性或实体责任问题上的相关审理实践,并与同案中前阶段对投资行为合法性的判断保持呼应。

(3) 人权义务

投资者作为全球经济活动的参与者,不仅拥有基于投资合同的权利,也承担着对东道国公民及社会的普遍人权义务。在这一面向上,投资者和东道国政府并非呈对立关系,而是对同一权利主体负责。

但争议在于,投资者进行跨国投资时,是否需要遵守高于东道国法律规定的人权标准?这一问题在比尔克里克案中得到充分体现。在该案中,投资是在一个众多土著社区的地区进行的,仲裁庭对投资者是否有义务履行国际劳工组织《土著和部落人民公约》中所规定的义务产生争议。该公约第 15 条规定:"政府应建立或保持程序,政府应经由这些程序在执行或允许执行任何勘探或开采此种附属于他们的土地的资源的计划之前,同这些民族进行磋商,以使确定他们的利益是否和在多大程度上受到了损害。"多数仲裁员认为这一"磋商"条款无法直接约束投资者,但桑兹仲裁员提出反对,认为公约虽不直接对投

---

[45] MTD v. Chile, Award, para. 176—177.

者产生义务，但"并不意味着没有任何法律效力"。㊻

为了将国际公约义务直接赋予私人投资者，仲裁实践中出现了三种路径：一是援引一般法律适用规则，如《ICSID公约》第42条"仲裁庭应依照双方可能同意的法律规则对争端作出裁决。如无此种协议，仲裁庭应适用作为争端一方的缔约国的法律（包括冲突法规则）一级可能适用的国际法规则"。但该规则只是法律适用的一般规则，无法承担赋予私人以公约义务的法律续造功能。二是援引《维也纳条约法公约》第31条的体系解释方法。但南美银矿仲裁庭指出的，体系解释只是条约解释中的一个解释工具，"并非无限，必须谨慎应用，以防止法庭超越其管辖范围并对争端适用缔约方未同意的规则"。㊼ 三是将其纳入强行法或习惯国际法，但其构成标准非常高，仲裁庭应当也必然会保持谨慎。例如，在南美银矿案中，仲裁庭就认为无法证明相关公约条款具有习惯国际法地位。㊽

虽然在实践中，直接要求投资者承担公约中的人权义务仍有困难，但高标准投资者义务的塑造必然要求将国际人权规范纳入讨论。通过将人权规范纳入投资条约或转化为国内立法，或可实现对投资者的约束。对此，下文第四部分会提出具体建议。

（三）可责性要件：过错

在作为事实要件的因果关系、作为不法性要件的不当性之外，投资者不当行为背后的过错是判断其行为可责性的标准。下文将分析与有过失中过错的类型以及判断方式。

1. 过错的类型结构

虽然投资者与东道国过错的内容和性质不同，但受害人的过错仍然符合过错的一般属性，未脱离过错的传统架构。㊾ 图11-3展现了投资者不当行为中投资者过错的类型结构。

㊻ Bear Creek v. Peru, Dissenting Opinion of Sands, para. 10.
㊼ SA Silver v. Bolivia, Award, para. 210-212.
㊽ SA Silver v. Bolivia, Award, para. 217.
㊾ 郑晓剑：《侵权责任能力与过失相抵规则之适用》，载《法学》2014年第10期，第56页。

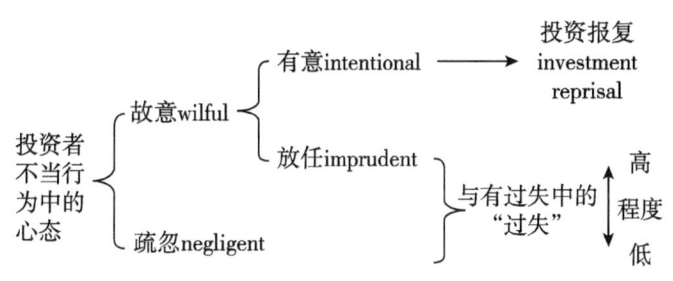

图 11-3　投资者过错类型结构

ARSIWA 第 39 条指出，与有过失的主观心态有故意（wilful）和疏忽（negligent）两类。但需注意的是，"故意"并非指投资者有意造成自身损失，而是指其投资行为的主动性。广义上的"故意"包括"有意（intentional）"和"放任（imprudent）"两种心态，前者只有在投资者以损害东道国利益为目的进行"投资报复"时才有意义，而在"投资报复"的语境中，与有过失没有适用空间。故，投资者不当行为中的投资者过错主要体现为"放任"和"疏忽"两种主观心态，放任与疏忽只是过错的程度差异。过错程度不影响责任构成，但可能影响责任程度。

2. 过失的构成条件

过失构成的必要条件为损失的可预见性和可避免性。[50] 可预见性要求具备预见义务和预见可能性，前者预见义务落入"不法性"判断的部分，后者预见可能性落入过失判断的范畴。

(1) 损失的可预见性

损失的客观可预见性上的障碍将直接阻却投资者过错。该问题在刚普拉斯诉墨西哥案中得到充分展现。在该案中，东道国墨西哥因投资者安排的某车辆登记处主任过去的经历终止了其经营特许合同。但仲裁庭认定，投资者"无法知道或无法合理地知道（could reasonably have known of）该主任的过去"。[51] 投资者虽有对员工进行背景调查的义务，但是在客观上没有预见某位员工为战犯的可能性，那么过失则不成立。

除客观条件外，东道国的行为会干扰投资者对损失的预见。例如，东道国

---

[50] 王泽鉴：《侵权行为》（第 3 版），北京大学出版社 2016 年版，第 298 页。

[51] Gemplus, S. A., SLP, S. A. and Gemplus Industrial, S. A. de C. V. v. United Mexican States, ICSID Case No. ARB (AF) /04/3 & ARB (AF) /04/4, Award, 16 June 2010, para. 11. 14.

的"默许"或"摇摆不定"会使损失的可预见性降低。比如，在卡拉涂布案中，东道国数次接受了投资者低于合同标准的履约行为，但最后却以此为借口抗辩其对投资者财产的损害。此时，投资者保持原履约行为的心态中带有对东道国的合理信任，行为的过失程度随之降低。

（2）损失的可避免性

过失的成立还要求所预见的损失能够被避免。跨国企业作为具备较高理性的商事主体，对其风险规避能力的要求不宜过低。例如，在卡吉尔案中，限制性措施已经以立法形式公布，投资者仍进行大额注资，所受损失可以通过简单的尽职调查避免。相比而言，在斯代格案中，仲裁庭赋予了投资者比基本的"知晓政策"更高的义务。在斯代格案中，投资者在不利政策出台之前已经谈妥了一套融资安排，而仲裁庭认为在面对东道国的政策阻碍时，投资者有义务"发起谈判，更改该安排"。

除避免损失的便利度外，投资者的行为动机也会影响仲裁庭的判断。例如，在佩朗科案中，投资者为了自我保护，拒绝支付应付款给东道国，而是将其存入一个海外账户。仲裁庭指出，虽然投资者的行为承担了风险也加剧了局势[52]，但"这并不是对与有过失分析的结束……将一方对其'合法权益的热心保护'等同于 ARSIWA 第 39 条意义上的故意行为或过失是错误的"[53]。仲裁庭将投资者行为认定为"自救行为"，将自救动机纳入了对过失的判断中，虽然可预见将被制裁，但自我保护的必要性阻却了避免损失的可行性。

（四）法律后果：赔偿减损

当投资者不当行为构成与有过失时，仲裁庭需要面临对东道国赔偿数额进行减损的工作。但如 MTD 公司案上诉委员会指出，"达到这一点的国际法庭往往没有对所涉及的计算作出任何'确切的解释'，仲裁庭对双方的失误进行了较长时间的分析之后，也没有什么可再说的了"[54]。可见，赔偿额分配的标准和计算方法还有待讨论。

---

[52] Perenco Ecuador Limited v. Republic of Ecuador, ICSID Case No. ARB/08/6, Award, 27 September 2019 ["Perenco v. Ecuador, Award"], para. 356.

[53] Perenco v. Ecuador, Award, para. 359.

[54] MTD v. Chile, Decision on Annulment, para. 101.

1. 减损的标准

在与有过失情形中，对于究竟以哪一要素作为赔偿分配的衡量标准，大体有三种主张，分别为"比较原因力说""比较过失说""原因力与过失综合比较说"。

比较原因力说是指减损程度应与原因力强弱相对应。"损害原因力非指因果关系，盖因果关系无强弱大小之分，系指造成损害的可能性。"[55] 比较过失说是指减损程度应基于双方过失程度的比较，重点在于"所需注意之程度"。[56] 原因力与过失综合比较说认为原因力和过失均需要考虑，但对于两者的先后顺序意见不同。有意见认为应以过失比较优先，过错相当时，再考察原因力的强弱。[57] 也有意见认为应"以因果关系为基础辅之以可谴责性分配"。[58]

以上学说中，以原因力标准为主的主张最为合理。受害人和加害人的因果关系判断标准应一致，使用原因力分摊损失更合乎平等原则。[59] 相比之下，以过失进行比较并不可行。如上文论述，东道国和投资者在与有过失中承担的义务性质存在本质差异，难以对比；东道国的违法性和过失也因主权国家地位而更复杂，无法简单对抗和抵消。

然而，单纯依据原因力进行损失分摊，疏于对投资者主观过失的考虑，将影响评价的完整性。如将斯代格案和卡吉尔案进行比较，两案中投资者均在限制性政策面前大举投资，但不同的是，为避免损失，卡吉尔公司只需要在事前放弃展开新投资，而斯代格公司则需要更改既有的融资安排，且牵涉多方利益。就避免损失的成本而言，卡吉尔公司面临的阻力比斯代格公司低，过错程度更高。但在两案中，投资者均被判定了25%的责任。虽然就原因力来看，两案中投资者行为和损害的联结度差别不大，但考虑到投资者过错程度的差异，两者承担相同的责任比例有违公平。

---

[55] 例如，《德国民法典》第254条规定"赔偿义务及赔偿范围取决于诸如损害在多大程度上主要系由一方或另一方引起等情况"。再如，我国台湾地区也有判例表明过失相抵应斟酌的因素包括原因力的强弱。参见王泽鉴：《损害赔偿》，北京大学出版社2017年版，第332页。

[56] 崔建远：《论与有过失规则》，载《荆楚法学》2022年第5期，第19页。采比较过失说的，如英美法中的"比较过失"概念与《苏俄民法典》第458条。参见杨立新：《混合过错与过失相抵》，载《法学研究》1991年第6期，第1页。

[57] 崔建远：《论与有过失规则》，载《荆楚法学》2022年第5期，第19页；杨立新：《混合过错与过失相抵》，载《法学研究》1991年第6期，第4页。

[58] 董春华：《论比较过错制度在故意侵权中的适用》，载《现代法学》2017年第6期，第67页。

[59] 程啸：《侵权责任法》（第3版），法律出版社2021年版，第806页。

总结而言，东道国赔偿减损程度的判断，应以双方原因力大小的差别为基准，可以根据投资者单方的过失程度适当调整。这一结论也与《国际不法行为责任草案》评论的内容一致："疏忽与赔偿的关联程度将取决于疏忽造成损害的程度及案件的其他情况。"(60)

2. 确定减损额的方法

在当前的仲裁案例中，责任分摊全部以比例划分的形式进行。这种方式的唯一优势在于其便捷性。当原因力的比较和过错的程度难以计算时，划分比例至少能在结果上实现分摊的目的。但这种方式也有明显的缺陷：首先，比例划分可预期性太低，是一种过于粗放的处理方式。其次，比例划分是从总损失上划分责任，这样做有放大投资者负担的嫌疑。例如，在西方石油公司案中，东道国指出投资者的部分行为引发了其拒绝退税的决定，但东道国的这一决定只是造成投资者财产损失的一个事件。此时，东道国的"A 行为+B 行为+C 行为"均促成了最终损失，投资者只对 A 行为有所贡献，如果在最终的损失额上统一进行比例减损，则投资者承担的责任为"25%×（A+B+C）"。

对于何种方式可以替代比例划分，有学者指出可以通过计算，分离出投资者损失中由其自身不当行为导致的部分，将该数额作为赔偿的减损额。(61) 相比于比例划分法，这种"损失分离法"能实现更高的赔偿分配精度。例如，在"并行式"因果类型中，投资者违反的勤勉尽责义务体现为不当注资时，可以对投资者的审慎程度进行积极假设，推演出在投资者足够审慎时会开展的行为、会接受的估价，再与现实情况作差，则能得出投资者应负的责任范围。再如，在"递进式"的因果类型中，常出现投资者因不遵守税收制度而被东道国处罚的情况。此时，如果按正常的税收规则计算应收税款，计算出投资者所逃避的税款，也可以此作为赔偿额减损的数量。至于具体的计算方法，投资仲裁实践已经有诸多对东道国赔偿额计算方法的讨论，其中常用的方式均可以直接参照使用，不会出现太大的方法赤字。

事实上，每一处投资者的不当行为都应有明确事由，或是基于谨慎商业判

(60) ARSIWA, Comment for Art. 39, para. 5.

(61) Irmgard Marboe, *Yukos Universal Limited* (*Isle of Man*) *v The Russian Federation*: *Calculation of Damages in the Yukos Award*: *Highlighting the Valuation Date*, *Contributory Fault and Interest*, 30 ICSID Review 326, 333 (2015).

断的缺乏，进行了虚高的估价或多余的投资，或是基于违反东道国法律或指令的行事招致处罚。这些事由多数都有商业合同、行政罚款等债权、物权表现，有较好的量化基础。仲裁庭对于赔偿比例难以准确划分的问题，至少应当从摆脱裁判惯性着手，尝试对损失进行分离，实现减损数额的量化。

四、与有过失规则的完善建议

投资者与有过失现象出现的高频率，与其在投资仲裁中的不成熟形成反差，严重影响了该规则的实践效益。通过对与有过失的裁决困境和基本理论的分析，本文将对投资者与有过失规则提出司法和制度两个层面的完善建议，以期提升该规则适用的规范程度。

（一）司法维度：引导仲裁庭裁量权规范行使

1. 与有过失的分析思路

根据上述分析，仲裁庭对投资者过失问题进行分析判断可按以下三个步骤进行：

（1）前提：东道国提出投资者在投资进行中具备不当行为，行为的客观存在有适当证据佐证。

（2）实体责任构成阶段：在作为责任构成的因果判断阶段纳入对投资者不当行为的考虑。此处的判断结果为东道国责任成立或不成立。

（3）赔偿数额确定阶段：主动适用与有过失规则，以因果关系、不当性与过失三要素判断上述投资者行为是否构成与有过失。若构成，则以原因力大小的比较为主，以投资者过错的程度为辅，进行损失分摊。损失分摊要求计算假设不存在投资者不当行为时的损害与现实损害的差额，进行损失分离。

另外，在上述三阶段的分析中，仲裁庭对投资者不当行为的识别、判断应保持一致。

2. 类案参考保持谨慎

虽然厘清裁判标准的目的是提升裁决的可预期性，但并不意味着仲裁庭必须一味遵循前案裁决的处理方式。尤其是对于个别对规则理解有所偏差的裁决，若将其奉为参考标准，将导致不理想的后果。在当前案件中，仲裁庭对类案参考的误区已经带来了以下两类问题：

第一，仲裁庭乐于引用类案中"仲裁庭具备宽泛裁量权"的说法，并有在其庇护下弱化说理程度的倾向。如此将助长后续案件中仲裁庭说理的惰性，延迟规则清晰化的司法进程，将规则推向更边缘、更模糊的地步。第二，仲裁庭说理受限于前案仲裁庭的认知与判断，影响裁决结果的公正。例如，在库珀马萨案中，仲裁庭回顾称，"以前的双边投资条约仲裁（包括 MTD 公司案和西方石油公司案）曾将损害赔偿分别减少 50% 和 25%。在本案的情况下，仲裁庭认为应将因征用而欠下的赔偿金减少 30%"。[62] 库珀马萨仲裁庭这番分析根本未对所提及的案例进行任何案情对比，也未说明为何在 50% 和 25% 之间选择了 30%，这种对前案裁决结果的参照并非"遵循先例"，也并非对特定问题裁判标准的承袭，而是对责任分摊问题从简处理的盲从，应予纠正。

从应然上论，类案的可借鉴性只能在构成要件的判断上，而不能在"宽泛的裁量权"或减损数额上。对于说理程度较完善的裁决，如西方石油公司案、孤星公司案等，后案在构成要件的判断上或可参考，如对不当性的法源寻找、因果形式的分类、过失判断的要素等，如案情可类比，则可参考。但总的来说，要弥合在仲裁类案参考上的矛盾，仲裁庭需要"发挥一定的洞察力和创造性"。[63]

（二）制度维度：在投资条约中设置相应条款

1. 增设与有过失或因果关系条款

如第一部分所得结论，与有过失适用情况不理想的首要原因在于，当东道国未明确提出时，仲裁庭容易遗漏对该规则的适用。对此，有研究指出，可以在投资条约中单设"过失相抵条款"，在该条款下列出构成要件与不当行为的类型，并明确要求仲裁庭在符合条件时适用。[64] 这类条款在当前的缔约实践中虽然尚未出现，但其精神有所显现，如荷兰 2019 年 BIT 范本第 23 条规定"法庭在决定赔偿数额时，可以考虑投资者未遵守其在《联合国工商业与人权指导原则》和《经合组织跨国企业负责任商业行为准则》下的承诺（的情况）"。单独设置与有过失条款有助于将规则更多地暴露于司法实践，激发规则活力。

---

[62] Copper Mesa Mining Corporation v. Republic of Ecuador, PCA Case No. 2012-2, Award, 15 March 2016, para. 6.95.

[63] Andrés Rigo Sureda, *Precedent in Investment Treaty Arbitration*, in Christina Binder, Ursula Kriebaum, August Reinisch & Stephan Wittich eds., International Investment Law for the 21st Century: Essays in Honour of Christoph Schreuer, Oxford University Press, 2009, p. 842.

[64] 游雪妍：《国际投资仲裁中的过失相抵规则研究》，山东大学 2022 年硕士学位论文，第 43 页。

除与有过失条款外，还可以考虑在投资条约的争端解决章单设因果关系条款（causation），提示仲裁庭以原因力限制责任范围。具体措辞可以为："东道国责任的成立以其行为与损害之间存在法律上的因果关系为必要，东道国责任的范围受到其行为促成损害的原因力大小的限制。"设置因果关系条款也可以从侧面提升仲裁庭对投资者过错的关注，促使仲裁庭在责任成立阶段就对双方的因果情况展开分析。

2. 投资者义务明确化

除引导仲裁庭积极适用与有过失规则外，该规则在适用中的规范程度更有待提升。这要求投资者义务内容的充分明确。当前，对跨国公司义务的规定在国际法上以软法规范为主。为提升其规范程度，以投资条约条款对义务进行锚定，是更有实效的方式。在上文对不当行为类型化的基础上，建议以投资条约社会责任条款、守法条款与尽职调查条款为载体，明确投资者义务内容，以提升在仲裁中对投资者不当行为识别的准确度。

（1）社会责任条款硬法化

在当前的投资条约中，有 40 余份规定了公司的社会责任条款[65]，但这些规定大多以缔约国"鼓励（encourage）"、"提示（remind）"、投资者"自愿（voluntarily）"的表达方式出现。[66] 这些劝告性的用语给投资仲裁庭造成了法源认定上的困难。对社会责任条款的硬法化，可以两种方式进行：从用语上提升强制性和从内容上提升指代的精确性。第一，在用语上，将规则的主体从"缔约国"改为"投资者"，从缔约国"鼓励或提醒"投资者"自愿"以"内部政策"的方式遵守义务，到投资者自身"应当"遵守义务。对用语从宣誓性到约束性的改变，在实践中已初具雏形。比如，摩洛哥—尼日利亚 BIT 第 24 条规定，"投资者及其投资应该努力（should thrive to）通过对社会高度负责的做法，为东道国

---

[65] 根据 UNCTAD 网站 Investment Policy Hub-International Investment Agreements Navigator 导航检索所得数据，https：//investmentpolicy.unctad.org/international-investment-agreements/iia-mapping, last visited on January 29, 2024。

[66] 这类规范多次出现在加拿大签订的国际投资条约中，如 2009 年《加拿大—秘鲁自由贸易协定》第 810 条"企业社会责任"规定如下："各缔约方应鼓励（encourage）在其境内经营或受其管辖的企业自愿在其内部政策（internal policies）中纳入国际公认的企业社会责任标准，如缔约方认可或支持的原则声明。这些原则涉及劳工、环境、人权、社区关系和反腐败等问题。因此，缔约方提醒（remind）这些企业将社会责任标准纳入其内部政策的重要性。"参见 Canada-Peru FTA（2008），https：//investmentpolicy.unctad.org/international-investment-agreements/treaty-files/2568/download, last visited on 18 March 2024。

和当地社区的可持续发展做出最大的贡献"[67],强调了投资者的义务主体角色。第二,在内容上,条约中的社会责任条款可以考虑直接引用认可度高、专业性强的国际文件,指明具体领域的国际规范。如2021年《中欧全面投资协定》(CAI)等诸多投资协定中,都专门指出了双方应遵守《国际劳工组织关于工作中基本原则和权利宣言》,以对抗义务的模糊性。

(2) 守法条款延展化、细节化

投资条约中,"投资者应遵守东道国法律"的条款也可以作为投资者义务规范化的载体。以"守法条款"引入东道国法律中的投资者义务规范,有天然的优势:该条款背后的基础是投资者对东道国主权管辖权的尊重。投资仲裁实践表明,即便条约中没有该条款,仲裁庭也倾向于将其划定为投资者必须遵守的一般义务。故,守法条款本身的法律拘束力不容置疑。

要实现上述效果,当前缔约实践中的守法条款还需进行两个方面的改造。第一,将适用于"投资前"的守法义务延展到投资过程中。即不止在对投资的定义中植入合法性要素,也将其设置为单独的义务条款适用于投资的整个过程,实现持续性保护。第二,如守法条款能细化指引到东道国的具体法律,则能提升该条款适用的便利度。

(3) 增设尽职调查义务

除社会责任和守法义务外,勤勉谨慎的缺乏也是投资者过失的重要表现形式。虽然对投资者勤勉谨慎、合理注意等相关要求频繁出现在实践中,但在当前的投资条约中,对该义务的提及非常罕见,对该要求的规范化程度甚至远低于前述两种义务。因此,在涉与有过失案例的启示下,投资者此类义务的法定化应提上日程。

对此,在投资条约中设置尽职调查条款是一种较为直接、有效的方式。实践中,2019年荷兰BIT范本创新性地规定了投资者的尽职调查义务,"投资者应开展尽职调查程序,以识别、预防、减轻及有责于投资对环境及社会的风险及影响的重要性"[68],在不改变当前投资条约固有章节的基础上,将尽职调查义

---

[67] Morocco-Nigeria BIT (2016), https://investmentpolicy.unctad.org/international-investment-agreements/treaty-files/5409/download, last visited on 18 March 2024.

[68] The Netherlands Model BIT 2019, Article 7 (3), https://investmentpolicy.unctad.org/international-investment-agreements/treaty-files/5832/download, last visited on 18 March 2024.

务作为企业社会责任（CSR）条款的一项子义务纳入考察。此外，实践中部分仲裁庭也已经将投资者的尽职调查情况用于对投资者"合理期待"的认定上。[69] 故，在投资条约中增添该义务，具备一定实践认可度和可行性。

因此，建议在投资条约的"守法条款"或"社会责任条款"项下写明"投资者有义务对东道国的法律政策和社会文化情况展开尽职调查"，以对投资者提出在操作层面能具体落实的尽调要求。

结　论

与有过失规则是国际投资仲裁损害赔偿制度的重要组成部分，该规则是平衡东道国投资者双方利益的支点，在国际投资法结构的再平衡中表现出重大潜力。

与有过失规则的本质是东道国对于其责任构成要素中"因果关系"和"不法性"的抗辩，其适用以东道国提出"免责抗辩"为前提，仲裁庭应主动将"免责抗辩"转化为"减责抗辩"进行审理，以与有过失限制赔偿范围。与有过失的成立需满足"因果关系""不当行为"和"过错"三个要件。其中，"因果关系"需满足"实质且重要"标准；"不当性"来源于违反自我保护的"非真正义务"，可体现为勤勉谨慎义务、守法义务及人权义务；"过错"则要求投资者对损失持放任或疏忽心态，损失可预见且可避免。与有过失的法律后果为双方责任分摊。分摊标准以双方行为对损害产生的原因力大小为主，以投资者过错程度为辅；分摊方式应优先采用分离损失的方法，而非"一刀切"划分比例。

对与有过失规则的完善起步于司法适用，落脚于制度改革。在司法实践中，仲裁庭应依照构成要件进行充分说理，对前案裁决思路去芜存菁。在制度层面，可以投资条约为锚点展开改革，如可新设"与有过失条款""因果关系条款""投资者尽职调查义务"等内容，并强化发展现有规定投资者义务的"社会责任条款""守法条款"，明确投资者责任的内容与边界，提升与有过失规则适用的活力与规范性。

---

[69] Shaun Matos, *Investor Due Diligence and Legitimate Expectations*, 23 Journal of World Investment & Trade 313, 320-321 (2022).

第十二章　引入国际投资强制调解机制：可行性和必要性研究[*]

内容摘要：自《解决投资争端国际中心公约》（以下简称《华盛顿公约》）生效以来，私人投资者发起的仲裁成为解决投资争端最普遍的方式。随着案件数量逐年上升，高昂的费用、冗长的程序以及投资保护主义使得投资仲裁机制饱受诟病。在此背景下，替代性争端解决机制——调解重新回归了改革视野，然而，实践揭示了现有投资争端解决中的调解困境，传统投资协定中调解条款的缺失和模糊、东道国对参与调解中的顾虑等因素均成为调解机制改革的障碍。随着《联合国关于调解所产生的国际和解协议公约》（以下简称《新加坡公约》）的生效和批准广泛化，调解作用被赋予了更高的预期，此时，构建有效的调解模式，尤其是促进调解与投资仲裁的结合，将调解作为强制性仲裁前置程序，对提高调解利用率、化解调解困境、符合投资便利化趋势而言具有可行性和必要性。

关键词：国际投资　争议解决　仲裁　强制调解

一、引言

替代性争议解决机制（Alternative Dispute Resolution，ADR）正在加速脱去其所谓的"替代性"的特征外衣而提高了与一般性争议解决机制的依存度。在国际投资仲裁协议和国际投资仲裁案件中，调解条款及其实践常常依附于仲裁程序。仲裁案件数量的激增、仲裁程序弊端的暴露，提高了对ADR尤其是调解的期待和需求，然而，即便多元化争端解决机制比制度国家和司法诉讼拥有更为悠久的历史，以自愿调解为代表的调解制度在投资者—国家争端解决机制

---

[*] 杨语林，复旦大学法学院2023级国际法学硕士研究生。

(Investor-State Dispute Settlement，ISDS）的长期实践中并未产生预期成功的制度效果。这主要体现在调解条款在第一代与第二代投资协定中未得到充分、清晰的规定和使用，且截至2023年，可查阅的根据现有调解规则进行的国际投资争端调解案例与投资仲裁案件的数量存在天壤之别。[①] 基于此种现状，国家之间在联合国贸易法委员会（United Nations Commission on International Trade Law，UNCITRAL）第三工作组的ISDS机制改革的讨论中展现了一个显著的共识，即促进争端预防和调解机制的使用，以作为多极化和非自由化趋势下的增强当前争端解决体系合法性和纠正性的改革出路。[②]

由于适用条件严格且有悖于自愿调解的传统观念，推动引入在ISDS强制调解的研究十分有限。国外学者中，有学者借鉴强制调解在美国诉讼系统中的适用，提出在ISDS中采纳强制调解机制[③]，也有学者围绕强制调解机制在仲裁中的运用展开了较为综合的论述[④]，还有部分国内学者围绕ISDS调解机制改革的研究触及了有关强制调解的讨论。[⑤] 然而，已有对强制调解的讨论基本停留在是否要将调解强制化、强制化有何好处的层面，鲜有文章完整地阐述强制调解的突破自愿调解的合理性根基和制度基础。调解的含义，随着近年来不少国家诉前强制调解的实践，被赋予了新的理解，即本质仍然基于自愿，但可以具有强制性、受激励或制裁的影响。[⑥] 此种影响的最终目的在于，在ISDS语境下，有效实现调解这一ADR的争端解决价值，弥补自愿调解机制在实践中的不足。因此，以仲裁前置程序的方式将强制调解纳入现有ISDS机制中，不失为一种有价值的尝试。

[①] 参见下文第二章第（一）节第3部分关于调解解决投资争端的实践。

[②] Ignacio de la Rasilla, "The Greatest Victory"? Challenges and Opportunities for Mediation in Investor-State Dispute Settlement, ICSID Review - Foreign Investment Law Journal, 2023, p. 172.

[③] See Nancy A. Welsh, Mandatory Mediation and Its Variations, Proceedings of the Washington and Lee University and UNCTAD Joint Symposium on International Investment and Alliterative Dispute Resolution (Dec. 31, 2023), https://scholarship.law.tamu.edu/facscholar/974. 文章摘自德国农工大学法学院会议论文集官网。

[④] See Ana Ubilava, Mediation as a Mandatory Pre-condition to Arbitration, Martinus Nijhoff, 2022.

[⑤] 朱文龙认为强制调解有悖于调解的本质和理念，无论是在国内法还是在国际法中都是较为罕见的，即使存在也有非常苛刻的适用条件，因此不大可能会成为未来调解机制的发展方向。连俊雅则认为投资调解面临的内部挑战之一就包括自愿性和强制性的冲突，解决此种冲突是确认调解如何启动的原则性问题，并明确提出应尝试突破调解的自愿性而采用强制调解模式来提高调解的使用率。王寰、明瑶华则明确提出将调解作为投资仲裁前置性程序并进行了制度上的构想。

[⑥] 王寰：《投资者—国家争端解决中的调解：现状、价值及制度构建》，载《江西社会科学》2019年第11期，第177页。

二、国际投资争端中调解机制的运行现状与困境

目前国际投资争端的调解模式中，自愿调解占绝对主流，依据主要为国家间的双边投资条约、多边投资条约和国家投资者之间的投资合同，自愿调解常见依托第三方机构，如解决投资争端国际中心（International Center for Settlement of Investment Disputes，ICSID）的调解规则进行。除此之外，为促进调解在投资争端中的普遍和统一适用，联合国贸易法委员会等国际组织发布了相关的示范法等文件，但均将自愿作为调解的前提。

（一）投资调解的法律依据、规则以及案例实践

1. 法律依据

根据联合国贸易和发展委员会的数据，截至2023年12月，其记载有文本的2853份投资协定［包括双边投资协定（Bilateral Investment Treaty，BIT）和多边条约，此处统称为国际投资协定（International Investment Agreement，IIA）］中，627份包括调解条款（conciliation；mediation），强制调解条款选项下检索结果为0份。[7] 根据世界贸易研究所（World Trade Institute，WTI））的数据，3845份协定中有1300份协定提及"conciliation"调解条款，265份协定提及"mediation"调解条款，50份协议明确将调解作为提起仲裁前的可选项目或必须项目。[8] 新加坡国立大学国际法研究中心一份2021年的数据研究显示，在检测到的3815份投资协定中，有约2674份协议的争议解决条款未涉及调解，也即有约1141份协定包括了此类条款，占总协定约30%。[9] 以上数据显示，调解在国际投资协定ISDS条款中并不具备高度普遍性，且均以自愿调解为主要模式。

2. 调解规则

目前针对调解已有多个主流仲裁机构颁布的规则，此类规则一般应商事调解需要而生，但不排除对投资争端的适用。

---

[7] Mapping of IIA Content（Dec. 31, 2023），https：//investmentpolicy.unctad.org/international-investment-agreements/iia-mapping. 数据来自联合国贸易发展委员会国际投资政策官网。

[8] EDIT（Dec. 31, 2023），https：//edit.wti.org/document/investment-treaty/search（Last visited on December 31, 2023）. 数据来自投资协定电子数据库。

[9] Romesh Weeramantry, Brian Chang&Joel Sherard-Chow, *Conciliation and Mediation in Investor-State Dispute Settlement Provisions*：*A Quantitative and Qualitative Analysis*, ICSID Review, 2023, p.201.

表 12-1　主流仲裁机构颁布的调解规则

规则制定主体	发布时间	规则名称
国际商会（International Chamber of Commerce, ICC）	2014 年	《国际商会调解规则》（ICC Mediation Rules）
常设仲裁法院（Permanent Court of Arbitration, PCA）	1962 年（该规则后续完善为 1993 年和 2012 年的仲裁规则）	《专门针对一方为国家的国际争端仲裁和调解规则》（Rules of Arbitration and Conciliation for Settlement of International Disputes between Two Parties of Which Only One is a State）
斯德哥尔摩商会仲裁院（Stockholm Chamber of Commerce, SCC）	2023 年	《斯德哥尔摩商会仲裁院调解规则》（Mediation Rules of the SCC Arbitration institute）
UNCITRAL	2021 年	《联合国贸易法委员会调解规则》（UNCITRAL Mediation Rules）

表 12-2　专门针对东道国—投资者争端的调解规则

规则制定主体	发布时间	规则名称
国际律师协会（International Bartenders Association, IBA）	2012 年	《国际律师协会投资人与国家间调解规则》（IBA Rules for Investor-State Mediation）
ICSID	2006 年、2022 年	《调解规则》（ICSID Convention Conciliation Rules）《附加便利调解规则》（ICSID Additional Facility Conciliation Rules）《调解规则》（ICSID Mediation Rules 2022）以及《调解的行政和财务条例》（Mediation Administrative and Financial Regulations）

为进一步鼓励和规范投资调解机制的适用和相应的国家国内立法，UNCITRAL 于 2023 年发布了《国际贸易法委员会国际投资争端调解准则》和《国际贸易法委员会国际投资争议调解示范条文》。此前，2016 年能源宪章条约大会在修订《能源宪章条约》（Energy Charter Treaty, ECT）的调解条款后通过《投资调解指南》，鼓励缔约方在争端解决的任意阶段适用调解。

3. 调解解决投资争端的实践

投资协议中的调解条款以及规则的制定展现了国家及国际社会对投资调解一定程度上的关注和重视。然而，相较于各类立法和规则的频频更新，调解在实践中运用的案例却尚有缺如。

表 12-3 受理机构的调解实践

受理机构	案件数量	依据	适用规则	成功率
ICC	1	条约（具体未知）	/	0%
PCA	1	《联合国气候变化框架公约》	/	/
SCC	/	/	/	/
ICSID	14+1	以投资合同为主，兼具 BIT、国家投资法	调解规则或附加便利调解规则（ICSID Conciliation Rules 或 Additional Facility – Conciliation Rules）	22%
ECT	11	ECT 或 ECT+BIT	ICSID Arbitration Rules 或 UNCITRAL Arbitration Rules 规则	100%

ICC 曾受理了 1 起以条约为依据的投资调解案例。但由于一方的不完全参与而失败。[10] PCA 受理了 1 起涉及《联合国气候变化框架公约》清洁发展机制有关争议的调解案例[11]，目前两个案例暂未有进一步的信息公开。SCC 暂未有任何可查询的投资调解案例。

ICSID 数据库截至 2023 年 12 月，ICSID 共受理 998 起投资者—国家纠纷，其中 14 起案例依据 ICSID 的调解规则或附加便利调解规则，此外，ICSID 称在

---

[10] See Catherine Titi&Katia Fach Gomez, *Mediation in International Commercial and Investment Disputes*, Oxford University Press, 2019, pp. 97 – 99; See also Note by UNCITRAL Secretariat for UNCITRAL Working Group III on Possible Reform of ISDS-Dispute prevention and mitigation-Means of alternative dispute resolution, A/CN. 9/WG. III/WP. 190 (Jan. 15, 2020), https: //documents – dds – ny. un. org/doc/UNDOC/LTD/V20/002/56/PDF/V2000256. pdf? OpenElement.

[11] See Intervention by H. E. Hugo H, Siblesz Secretary-General of the Permanent Court of Arbitration Presented at the United Nations Framework Convention on Climate Change 21st Conference of the Parties High Level Segment (Dec. 31, 2023), https: //unfccc. int/files/meetings/paris_ nov_ 2015/application/pdf/cop21cmp11_ hls_ speech_ pca. pdf.

2022 年收到了第一份依据 ICSID Mediation Rules 提起的调解请求。[12] 在目前已有信息的 14 起案例中，3 起未决。ICSID 数据库 2022 年案例统计数据显示，截至 2022 年 12 月 31 日，有 13 起依据 ICSID 的调解规则或附加便利调解规则进行的案例，其中 82%（约 10 个案例）的案例由委员会作出了最终报告，剩余案例程序终止。报告登记为调解失败的案例达 78%（约 7—8 个案例），这意味着调解成功的案例仅达 22%（约 2—3 个案例）。总体上有约 36% 的争议以和解或其他方式结案。其中，有 12% 的案例依据当事人请求将和解协议纳入仲裁裁决中。[13]此外，这 14 起案例中，仅有 2 起案例依据 BIT 或国家投资法提起调解，其他均依据投资合同提起。

数据库 ECT 显示，截至 2023 年 12 月，共有 150 起根据（部分同时依据双边投资协定）提起的投资者—国家仲裁，其中有 11 起案例以双方和解结案，10 起案例均依据 ICSID 仲裁规则进行，1 起案例依据 UNCITRAL Arbitration Rules 临时仲裁，4 起案例将此结果纳入仲裁裁决中。[14]

从上述数据来看，目前由第三方主持的投资调解的实践次数远不及仲裁，且进行的调解基本上都依托于仲裁程序。在 ICSID 进行的调解中的大多数法律依据来自投资合同而非投资条约，这一点在 ECT 受理的案例中有所改善，但仍显示了现有投资条约对调解实践的贡献度存在局限性。另外，成功调解的案例在 ICSID 案例中占极少数，在 ECT 案例中仅占约 7%，也凸显了调解成功的艰巨性。

（二）自愿调解机制面临的障碍和挑战

观察到调解在 ISDS 实践中运行的现状，已有不少针对调解机制运行障碍的调研和研究。具有代表性的是新加坡国立大学国际法研究中心（NUS Centre for International Law，CIL）于 2018 年发布的《投资争端和解障碍的调研报告》

---

[12] See ICSID Annual Report 2023（Dec. 31, 2023），https：//icsid.worldbank.org/sites/default/files/publications/ICSID_ AR2023_ ENGLISH_ web_ spread.pdf. 数据来自国际投资争端解决中心 2023 年年度报告。

[13] See ICISD CASELOAD-STATISTIC（Dec. 31, 2023），https：//icsid.worldbank.org/sites/default/files/Caseload%20Statistics%20Charts/The_ ICSID_ Caseload_ Statistics.1_ Edition_ ENG.pdf. 数据来自国际投资争端解决中心案件数据库。

[14] See ECT List of cases（Dec. 31, 2023），https：//www.energychartertreaty.org/cases/list-of-cases/. 数据来自能源宪章条约数据库。

[Survey on Obstacles to Settlement of Investor-State Disputes (2018)]。[15] 调研报告指出，70%的受访者认为东道国是投资调解面临的主要障碍，报告中列出的此类障碍高达29项，其前5项为：

1. 东道国倾向于将投资争端解决的最终责任交由仲裁庭而非通过协商或妥协解决；2. 国际和国内媒体对调解的曝光会给东道国造成国内政治压力；3. 东道国害怕公众批评；4. 促成和解的东道国官员可能难以获得国家财政上的批准以支付裁决赔偿金，这可能涉及和解相关的财政预算、行政程序乃至潜在的腐败；5. 投资争端涉及较高的政治敏感性，如跨境资源、矿产、民用航空等。

上述调研报告结论总体上将调解困难的矛头指向了东道国，认为东道国的政治顾虑是导致双方调解的主要障碍，从而导致东道国更倾向于获得由第三方作出的具有约束力的决定以避开自主选择（调解）可能带来的对自身形象的负面影响。这也从侧面突出了投资调解区别于商事调解的主体特殊性。

相比之下，部分学术研究中总结了更为宏观的原因，如调解可能减损本能由仲裁裁决带来的投资争端解决的"司法"经验；难以选取专业、资深且足够中立的仲裁员参与一方为国家的调解；调解可能会减少国家采取纠正措施或政策的动力，此种动力一般来自仲裁庭作出的具有约束力的裁决；调解可能会招致更多的索赔，尤其是微小或无理的索赔；缺乏足够的调解动机以避免裁决，在一方占据优势以及决定责任可以推脱给裁决方这两种情形下尤其明显；滥用程序而无效的风险；调解中当事人如不具备诚恳或友好的态度或仍期待着仲裁，调解可能仅变成了一个无效程序而流产；仲裁在ISDS中根深蒂固的地位也不利于法律从业者"抛弃"仲裁而投身调解或鼓励当事人选择调解；调解协议的执行困难等。[16]

总结而言，现有投资调解的运行困境主要体现为两个维度：一是调解程序进行存在困难；二是调解可能产生负面外溢效应。

---

[15] *See* Seraphina Chew, Lucy Reed & J Christopher Thomas QC, *Report*: *Survey on Obstacles to Settlement of Investor-State Disputes*, NUS Centre for International Law Working Paper 18/01 (Sept. 11, 2018), https://cil.nus.edu.sg/publication/survey-on-obstacles-to-settlement-of-investor-state-disputes/. 文章摘自新加坡国立大学国际法研究中心官方网站。调研的受访者包括仲裁员、私人法律顾问、机构代表和学者。尽管该报告使用了"和解（settlement）"一词，但其以调解的总项目研究为背景，同时将调解视为能促进争端和解的手段之一，因此该调研不排除调解达成的和解。

[16] *See* Jack J. Coe, Jr, *Towards a Complementary Use of Conciliation in Investor-State Disputes-a Preliminary Sketch*, UC Davis Journal of International Law and Policy, 2005, pp. 25-31；*See also* Ignacio de la Rasilla, *supra* note 2, pp. 176-188.

1. 调解程序进行存在困难。调解的程序基本可以分为三个板块：调解的启动、调解的进行及和解协议的执行。调解的启动强烈依赖当事人对调解机制的选择，这包括适用国际投资协定或投资合同中的调解条款、现行有效的调解规则，同等重要的还有争端主体对条约的遵守。尽管目前调解条款在投资协定中的数量逐年有所上升，但是有限且以自愿为前提的仲裁条款仍不足以推动调解机制的普遍适用。进入正式调解后，如何促成当事人达成和解是重点问题，而现有的自愿调解不必然能为当事人达成和解结果提供充足的推动力。另外，投资和解协议缺乏直接的执行力和执行机制也是阻碍当事人选择调解的重要原因之一。

2. 调解可能产生负面的外溢效应。所谓外溢效应，是指既成的某个事件结果产生了对源事件以外的事物的影响（在 ISDS 中主要针对东道国）。投资调解的主要外溢效应在于：首先，调解以保密形式进行，而公民无法对国家进行的调解以及产生的赔偿进行有效的监督，但追求调解透明度的提高可能导致调解丧失其基本的保密性特征。[17] 其次，对于东道国而言，调解很可能还意味着其向其国民展示了一种"妥协"态度，失去强硬的国家形象而失去国民对其的信心。此外，东道国选择调解的态度以及调解构成"先例"可能会招致更多索赔。就 ISDS 整体发展而言，调解的扩张适用有可能减少对投资争端解决的贡献度，使得投资争端解决领域可以获取的纠纷解决思路和方式信息减少，这是因为调解以保密方式进行且调解不产生对争议进行分析和作出裁判决定的裁决结果。

三、引入国际投资强制调解机制的必要性

（一）国际投资强制调解的内涵与形式

现有自愿调解的机制出现进一步运行的困境和障碍，提出了对调解机制的改革要求，而强制调解机制作为基础调解的一种变体，已得到了国际社会和国家的关注，并在现有投资协定中崭露头角。在讨论引入强制调解的必要性之前，需要明确该机制内涵与形式为何。

国际条约中的强制调解条款并不常见，最为闻名的可能是《联合国海洋法

---

[17] 漆彤、范晓宇：《国际投资争端调解机制的发展与制度困境》，载《中南大学学报（社会科学版）》2020年第5期，第64页。

公约》中的适用于国家间争端的强制调解制度及其 2016 年的东帝汶与澳大利亚案的实践。这一条约的通过以及实践意味着强制调解在国际争端解决中已得到了一定的肯定，展示了国际法的力量，以及通过和平方式解决争端的有效性。[18] 关于强制调解的定义，有学者认为主要为要求争议当事人参加整个调解过程，但也允许其他形式的存在，如只要求争议各方考虑是否使用调解，或要求争议各方参加调解初步会议，并允许争议各方在事后决定是否愿意继续这一程序等。[19] 本文依据研究目的将强制调解定义为"对当事人提出参与调解程序的强制性要求的调解"，本质上是对调解启动的强制化。

基于现有文本，学界对强制调解条款的认定主要有以下几类：1. 认为调解被列为仲裁前一项可能的程序便构成仲裁的先决条件[20]；2. 认为条款提供调解可能性即设置了强制调解[21]；3. 将一方启动调解构成对另一方的强制约束条款认定为强制调解。

为梳理以上观点以确定强制调解的形式，不妨参考 ICSID 对投资协定调解条款的五个分类：[22]

1. 附有友好解决期的条款（一般也称为冷静期），以及提供潜在友好解决可能性的条款。此类条款通常没有规定当事人应当采取何种友好解决措施，或是否必须采取友好解决措施。比如，Peru-UK BIT（1993）第 10 条。

2. 明确允许仲裁前进行调解或采取其他友好解决措施的条款。比如，Australia-HK IA 第 23 条和 Australia-Peru FTA（2020）第 8.19 条。

3. 积极鼓励在友好解决期进行调解或采取其他友好解决措施的条款。此类条款已经突破"允许"的程度而明确鼓励当事人采取调解措施。比如，ASEAN

---

[18] 王玫黎、杜陈洁：《〈联合国海洋法公约〉下的强制调解制度评析——以中国利益为视角》，载《太平洋学报》2019 年第 8 期，第 30 页。

[19] See Nancy A. Welsh&Andrea Kupfer Schneider, *The Thoughtful Integration of Mediation into Bilateral Investment Treaty Arbitration*, Harvard Negotiation Law Review, 2013, p. 129.

[20] Herman Verbist 认为 Investment Agreement for the COMESA Common Investment Area（COMESA IA）第 26 条将调解作为仲裁的先决条件，但该条款规定在双方没有选择别的友好解决争议时，才应当进行调解。因此调解不必然构成仲裁的先决条件。See Herman Verbist, *Mediation as an Alternative Method to Settle Investor-State Disputes*, Handbook of International Investment Law and Policy, 2021, p. 16.

[21] Jonathan Bonnitcha 等认为 CETA Article 第 8.20 条构成强制调解，但该条款仅规定双方可以（may）在任何阶段进行调解，双方并未承诺强制调解。See Jonathan Bonnitcha, Lauge N Skovgaard Poulsen&Michael Waibel, *The Political Economy of the Investment Treaty Regime*, Oxford University Press, 2017, p. 9.

[22] See ICSID, *Overview of Investment Treaty Clauses on Mediation*, ICSID, 2021, pp. 1-6.

Comprehensive IA（2009）第 31 条和 Netherlands Model BIT（2019）第 17.1 条。

4. 允许在任何阶段进行调解的调解。此类条款被视为创建了一个独立（stand alone）的调解选项，作为其他争议解决条款的补充。比如，Burkina Faso-Canada BIT（2015）。

5. 强制在仲裁前进行调解或采取其他友好解决措施的条款。此类条款可能包含以下特殊性：（1）同时对双方施加调解的要求；（2）要求仲裁前必须进行过某种指定的程序；（3）若东道国主动选择，投资者将有义务参与指定的争端友好解决程序。其中，COMESA IA（2007）第 26 条规定在 6 个月的冷静期内，应当（shall）进行友好解决，若无共识的友好解决措施，则进行调解；The Costa-Rica UAE BIT（2017）第 14 条则要求双方在协商不成的情况下，必须进行调解。而在仲裁前，约定双方应当且只应当进行调解以尝试友好协商解决的条款，目前仅见于 Iraq-Jordan BIT（2013）。

对于东道国启动调解程序，投资者就有义务参加的条款，ICSID 认定了至少 4 项投资协定：The Australia-Indonesia CEPA（2019）、Indonesia-Korea CEPA（2020）、Mauritius-UAE BIT（2015）和 Armenia-UAE BIT（2016）。

笔者认为，除了以上五类，还有一类协定的争议解决条款，将调解与缔约国当事方国内诉讼或仲裁救济列为并行的争端解决机制供当事人选择，若无法通过任意路径解决争议，则应当将争议提交至指定仲裁机构仲裁。这类协定有 India-Uruguay BIT（2008）、India-Sweden BIT（2000）。此类条款的路径基本为友好协商—国内救济或国际调解—救济或调解不成则仲裁，尽管有观点认为如 India-Sweden BIT（2000）已经构成仲裁前强制调解[23]，但由于协商不成后，调解并非唯一的救济路径，条款未对当事人施加必须先选择调解的义务，因此不能算作强制调解。

事实上，除了 Iraq-Jordan BIT（2013）的争议解决条款明确了仲裁前强制调解，其他的协定仅在程序上提供了强制调解的可能，而非绝对性。例如，在东道国提起调解的前提下，东道国和投资者之间才会产生强制调解的约束力，或是在双方协商不成后，才会进行强制调解。这类条款产生强制调解效果都以满

---

[23] Noah Rubins, *Comments to Jack C. Coe Jr's Article on Conciliation*, Mealey's International Arbitration Report, 2006, p. 63.

足某种程序要件为前提，因此对其更保守或更准确的评价应为包含强制调解的可能性，或具有强制调解的因素，而非直接的强制调解条款。而相比之下，仲裁前冷静期间要求应当采取友好解决，包括但不限于调解的条款，即便提供了调解的可能，如 ASEAN Comprehensive IA（2009）第 31 条，但仍需当事人的主动选择调解和同意调解，因此不能算为具备强制调解因素。由此，可以将强制调解相关的协定分为以下三类。[24]

表 12-4　强制调解相关协议类型

类型	条约	条款
第一类：双方应当且仅应当进行调解以友好解决争议，调解不成再诉讼或仲裁	Iraq-Jordan BIT（2013）	Art. 9 "Settlement……shall be resolved by way of the amicable means of mediation and conciliation. If such a dispute cannot thus be settled in accordance with item (First) above, and means of internal review have been exhausted……either of the parties to the dispute may submit the dispute to [courts or ICSID]."[25]
第二类：仲裁前的冷静期间，双方应当先协商（或者磋商），协商不成应当先调解，调解不成再诉讼或仲裁	COMESA IA（2007）（该协定规定双方若无合意的友好解决方式，则先进行调解，调解不成再仲裁）Costa-Rica UAE BIT（2017）	例 Costa-Rica UAE BIT Article 14 "In the event that an investment dispute cannot be settled by consultations and negotiations……it shall be submitted to a third-party procedure such as conciliation and mediation……For greater certainty, compliance with the requirements under paragraphs 1, 2 and 3 regarding consultation and negotiation and third party procedures is mandatory and a condition precedent to the submission of the dispute to arbitration."[26]

---

[24] 本文未对现有调解进行全面的实证性调查，此处列明的条约由笔者现有文献和 ICSID 数据整理而成。

[25]《伊拉克共和国政府与约旦哈希姆王国政府之间关于鼓励和保护投资的协定》第 9 条："争端……应通过调解与和解等友好方式解决。如果争端无法根据上述第（一）项解决，且已穷尽内部复议手段……当事方可以将争端提交至法院或者国际投资争端解决中心。"

[26] 例：《哥斯达黎加共和国政府与阿拉伯联合酋长国政府关于促进和保护投资的协定》（2017）第14条："在投资争端无法通过协商与谈判解决的情况下……应提交至第三方程序，如调解与和解……为确保更大的确定性，根据第 1、2 和 3 款所规定的协商、谈判和第三方程序的要求是强制性的，并且是将争端提交仲裁的前提条件。"

类型	条约	条款
第三类：仲裁前的冷静期间，双方应当先协商（或者磋商），协商不成的，东道国有权提起调解，一旦启动，投资者有义务参与调解，调解不成再诉讼或仲裁	Australia-Indonesia CEPA (2019) Hong Kong-UAE BIT(2019) Armenia-UAE BIT (2016) Serbia-UAE BIT (2014) Estonia-UAE BIT (2011) Indonesia-Korea CEPA (2020) Mauritius-UAE BIT (2015)	例 Indonesia-Korea CEPA (2020) Article 7.19.7 "If the dispute cannot be resolved within 180 days from the receipt by the disputing Party of the written request for consultations, the disputing Party may initiate a mediation process, which shall be mandatory for the disputing investor, with a view towards reaching an amicable settlement."㉗

以上三类协定及其有关条款对当事人施加强制调解的义务程度呈现了由重到轻的趋势。尽管第三类协定强制要求投资者参与东道国启动的调解程序，然而该程序的启动从源头上强烈依赖东道国的自愿选择，从上文的分析可知，现实中东道国主动提起调解具有较大阻力。而第二类协定，尽管可能因为当事人友好协商解决了争议而失去适用的可能，但一旦协商不成，双方都有义务进行调解。由此，第一类和第二类协定更符合本文试图阐述的强制调解机制。

由此看来，在国际投资争端解决中引入强制调解已经具备了协定基础作为参考。而目前多数对强制调解的呼吁主要在于通过此机制扩大调解适用，从而充分发挥调解的优势和作用。此种观点无法完全合理化强制调解的运用。国际投资强制调解的必要性可从三个方向出发：第一，强制调解前置化将 ISDS 模式最优化；第二，调解强制化将最大化发挥调解的作用；第三，强制调解能够为自愿调解的困境提供可能出路。本文的第四部分将进一步简论强制调解产生和解协议执行问题，为引入强制调解机制提供更多的后续保障和信心。

（二）调解仲裁前置的创新：从法院到国际仲裁

调解前置程序并非 ISDS 领域的创新。在司法资源与诉讼请求出现严重适配的背景下，不少国家或地区以法律形式规定了"诉前调解"，对当事人诉权的合理的限制，通过案件分流缓解办案，从实质上化解纠纷㉘，不仅印证了一种

㉗ 例：《印度尼西亚—韩国全面经济伙伴关系协定》(2020) 第 7 条第 19 款第 7 项："如果争端方在收到另一方书面协商请求后的 180 天内未能解决争端，争端方可启动调解程序，该程序对于争端中的投资者是强制性的，旨在达成友好解决方案。"

㉘ 参见李昌超、詹亮：《强制调解制度的理论证成及制度实现》，载《民主与法治》2018 年第 11 期，第 84 页。

更加宽容、多样共存的多元正义体系的可行性和有效性，而且由于能够及时保护民事权益，还在实际上发挥着为弱势群体提供纠纷解决工具的功效。[29]

事实上，将强制调解制度从诉讼过渡到投资仲裁，也隐含着国家对强制调解在投资争端解决中发挥诉讼强制调解功效的期待。调解—仲裁模式将ADR与仲裁进行了灵活的结合，避免了落入ADR"替代性"圈套而仅适用调解，也阻断了传统的仲裁单极化的回归，不再以分岔路态度看待两者，而是进行能动的结合。在仲裁的前置阶段，由于争议处于模糊的阶段，且双方可能因矛盾情绪难以顺利进行协商，调解能使双方在第三方协助的情况下，以低成本方式对争议进行明晰和初步解决，有利于在早期化解矛盾，而若调解不成，仲裁也可以提供兜底性的出路。由此，调解前置合理分配了调解和仲裁的职能，不仅能够缓解投资仲裁案件数量快速上升进行分流缓和，提高了ISDS的效能，还能避免争端进入长时间、高费用的调解程序，能为费用担忧的一方提供前期保护机制，更能够在多边层面为ISDS机制改革提供过渡实践和空间。[30]

（三）强制调解机制对调解作用的最大化

在仲裁单极化的背景下，国际投资社会对调解作用认识不足，使得调解在长期以来未获得充分的利用，调解强制化将有利于最大化调解的作用，以弥补仲裁机制的弊端，乃至促进投资便利化。

1. 更低的费用和时间成本

"费用成本"长期被视为仲裁最糟糕的特征，然后则为"缺乏速度"。[31] 在仲裁费用上，申请人平均需要花费560万美元，被申请人则需要花费490万美元。[32] 而仲裁的申请者或索赔人得到的赔偿可能远远低于索赔的金额。[33] 调解形

---

[29] 王福华：《论诉前强制调解》，载《上海交通大学学报（哲学社会科学版）》2010年第2期，第22页。

[30] 参见毕莹、俎文天：《从投资保护迈向投资便利化：投资争端解决机制的"再平衡"及中国因应》，载《上海财经大学学报》2023年第3期，第132页。

[31] See Queen Mary, University of London&White&Case, 2018 *International Arbitration Survey: The Evolution of International Arbitration*（Jan. 1, 2024），https://arbitration.qmul.ac.uk/media/arbitration/docs/2018-International-Arbitration-Survey---The-Evolution-of-International-Arbitration-（2）.PDF. 文章摘自英国伦敦玛丽女王大学国际仲裁学院官网。

[32] See Jeffery Commission, *The Duration And Costs Of ICSID And UNCITRAL Investment Treaty Arbitrations*（Jan. 1, 2024），https://www.lexology.com/library/detail.aspx?g=1cd4f7b6-204b-45bb-8728-e494d0d69082。文章摘自lexology官网。

[33] See Jack J. Coe, Jr., *supra* note 16, p.15.

式灵活，无须过于严苛的程序和证据规则，能够在一定程度上降低给双方造成同样程度的时间和经济损失。在时间上，根据英国国际法与比较法研究所（British Institute of International and Comparative Law，BIICL）的一份报告，截至2020年5月，投资仲裁的平均时长为4.4年[34]，而参考ICSID受理的已结案的调解案件，平均时长为1.8年，有甚者在半年内就完成了调解。

2. 对争议结果的自主控制

联合国贸易发展委员会的一项仲裁数据显示，截至2019年，在已结案件中，37%的裁决结果支持东道国，29%的裁决结果以资金赔偿的方式支持投资者。[35] 而剩余的仲裁案件可能由于和解以外的其他原因而终止。即便在有效作出的裁决中，裁决结果对于当事人而言往往也难以预测。仲裁结果的不可预期性尤其在涉及巨额赔偿的仲裁案件中将给当事人带来风险，而调解可以通过双方当事人的自主决定为当事人提供一个可预期、可掌握的结果，将对争议结果的控制权从第三方真正回归到争议主体之前，不仅降低双方可能面临的裁决风险，也更容易达成对双方损害程度最小的结果。

此外，调解所产生的和解协议一般是双方协商的结果，因此缔约国拒绝执行和解协议的概率会有所下降，双方和解协议的执行不再需要投资者另行起诉，就达到了实质解决争端的目的。

3. 多样化的救济方式

伴随着对争议解决的自主控制，调解下的和解协议能涵盖比裁决更多样化的救济方式。在调解所能提供的更具包容性和互动性的环境中，争议各方可以在调解员的有效管理下，坦诚地交换意见和关切，并通过这种交流找到共同利益，以便各方在此后共同努力寻求双赢的解决方案。[36] 以第一代BIT为例，仲裁庭能够裁决的问题往往十分有限，如仅限于征收赔偿的数额问题，而争端的结

---

[34] British Institution of International and Comparative Law&Allen&Overy, 2021 *Empirical Study: Costs, Damages and Duration in Investor-State Arbitration* (Jan. 1, 2024), https://www.biicl.org/documents/136_isds-costs-damages-duration_june_2021.pdf. 文章摘自英国国际与比较法机构官网。

[35] UNCTAD, *Investor - State Dispute Settlement Cases Pass the 1,000 Mark: Cases and Outcomes in 2019*, IIA Issues Note, 2020, p 5.

[36] Adrian Lai&Matthew Suen, *Background Paper for Session 1-Overcoming Challenges to the Use of Mediation in ISDS*, Virtual Pre-Intersessional Meeting on the Use of Mediation in ISDS (June. 21, 2024), https://aail.org/wp-content/uploads/2020/11/2020_UNCITRAL_WGIII_Background_Paper_Session_1.pdf. 文章为联合国贸易法委员会第三工作组有关国际投资争端解决改革会议的背景文件之一。

果也仅限于仲裁庭的裁决内容，且以经济性赔偿为主，无法要求东道国政府改变行政措施等，而调解就不受此限制。

4. 促进投资中的合作关系

相比仲裁中的"零和博弈"，调解依靠双方合意产生范围更广的解决方案，往往能为双方提供未来长期合作的信任建设。[37] 在 ICSID 调解案件中，被诉东道国多数为中小经济体量国家，个别国家甚至是最不发达国家。这类国家愿意以调解方式解决争端，可以推测可能是想避免"沦为"仲裁裁决下的负面案例，从而对其日后吸引投资产生不利影响。事实上，以投资仲裁为代表的刚性争端解决机制，习惯以法律规则作为绝对的衡量标准来裁决双方之间的争议，并由仲裁庭施加对争端双方具有约束力的裁决结果。这样的争端解决方式公正强效、程序明确，但易使东道国和投资者处于对抗和冲突的状态，一旦仲裁庭作出决定，总有一方的利益可能受损或诉求得不到解决，甚至产生更为广泛的负面外溢效应。

将目光回归至 ISDS 本身，这一机制的存在不仅是为了解决由投资产生的争议，更是为投资本身提供一种稳定的、可靠的争端解决机制，以使投资者更有信心进行海外投资、东道国吸引投资的形象更佳。大多数投资纠纷产生于涉及东道国信息、通信和能源供应等事项，涉及长期的业务和合作关系，对投资者和国家都至关重要。调解促成共同解决方案的过程，有助于各方保持友好沟通的关系，从而为双方带来可持续的经济利益可能。[38] 因此，从刚性保护投资到以更柔和的 ISDS 机制促进投资，是调解机制最重要的潜在价值之一。

（四）强制调解可破除调解"自愿性"的困境

"合意方能调解"是长期以来的既定思维，强制当事人参加调解程序极容易被认为违背了调解的自愿原则，侵犯了当事人意思自治的权利，这也成为反对强制调解最大的声音之一。然而诉前强制调解和部分国际投资协定的强制调解实践实质上已经证实了强制调解的可行性以及通过立法将其合法化的可能性。对国内诉前强制调解的反对，可能集中于国家统一立法机关或司法机关作出的

---

[37] See Ignacio de la Rasilla, *supra* note 2, p. 174.

[38] See Ting-Kwok IU, *Is Investor-State Mediation An Emerging Practice? A Practitioner's Perspective*, Kluwer Mediation Blog（Jan. 1, 2024），http：//mediationblog.kluwerarbitration.com/2019/10/16/is-investor-state-mediation-an-emerging-practice-a-practitioners-perspective/.

决定无须实际参与调解者同意,使得其主张强制调解违背了自由意志的基础。而在国际投资中,强制调解的法律基础,事实上是国家与国家、国家与投资者之间签订的投资协定。这意味着如果一方并未同意该协定中的强制调解制度,那么该条款就无法对双方产生约束力,换言之,进行强制调解前提是双方已经提前给予了强制调解的同意并书面化于协定之中。在这一基础上,进行调解体现了东道国对投资协定条款的遵守,展示了其在国际投资上的守约形象。

就调解启动程序而言,调解强制化存在以下优势。首先,强制调解将在投资协定和条约中普及调解条款,由于调解成为争议解决的必经之路,ISDS中调解的使用率将会大幅度提升,在这一过程中,投资者和东道国,乃至仲裁员都将参与调解过程,熟悉调解规则下的调解程序,这一经验的累积将有利于培养国际投资社会对调解的认识和积极性。

其次,以法定形式将调解的启动强制化,有利于消除东道国对参与调解的潜在顾虑,扫清调解障碍中最重要的一部分。对于东道国而言,一个可能提出的问题便是:"选择调解是否意味着我在投资中对投资者有过错,因此想要通过调解的方式为对方提供补偿?"将调解强制化,意味着争议主体必须依据条约或协议所施加的合法义务参与调解,在启动阶段打消了选择调解背后的疑虑。

还有观点认为,强制进入调解过程必然会导致强制在调解过程中达成和解,从而导致不公平的结果。[39] 对此有必要区分强制启动调解和调解中强制达成和解结果,并强调强制调解的强制性在于启动调解,而非强迫一方接受调解或和解结果。强制召开调解的初衷是善意的,而迫使各方完成调解程序或强迫接受某一调解结果才是有害的。[40]

诚然,调解的强制化不必然能一一回应自愿调解面临的所有障碍,如对透明度的担忧、对调解减损国际投资"司法"经验的担忧,对当事人滥用程序的担忧,对和解协议执行问题的担忧等。但这些可能的障碍并不与强制调解的"强制性"存在完全的关联,这并不意味着本文无法讨论以上问题,相反,回顾总结自愿调解的问题为在现有强制调解制度的基础上进行创新性构建提供了

---

[39] See Roselle L. Wissler, *The Effects of Mandatory Mediation: Empirical Research on the Experience of Small Claims and Common Pleas Courts*, Willamette Law Review, 1997, p. 565.

[40] 王寰:《投资者—国家争端解决中的调解:现状、价值及制度构建》,载《江西社会科学》2019年第11期,第177页。

思路上的贡献，这一点将在下文展开。

四、国际投资强制调解的制度构建

(一) 强制调解条款

《国际贸易法委员会国际投资争议调解示范条文》提供了自愿调解的示范文本，且允许"各方当事人可随时，包括在任何其他国际投资争议解决程序启动之后，协议进行调解"。其要求调解不得与其他程序同时进行，且另一方当事人或调解员在调解期间所采取的任何立场、所作出的承认或和解提议或所表达的意见不得为另一方在其他程序中所依赖。这两则条款意味着该示范法将调解与仲裁作为相对割裂的争端解决程序，并体现了封闭性较强的透明度意识。而强制调解的制度构建同样应当在示范法列举的几个方面进行回应并且取长补短，适当进行制度上的创新。

1. 强制调解的启动

UNCITRAL 第三工作组秘书处曾应 ISDS 改革会议议程要求起草了强制调解的条款：[41]

(1) 各方当事人就从［×］之日起将争议提交调解。如果在［调解程序开始］或［指定仲裁员］后［6］或［9］个月内无法达成协议的，应当将争议提交［仲裁］或［其他 ISDS 措施］。

(2) 各方当事人可以在任何时候进行调解，包括启动其他 ISDS 程序后。

本文第三部分整理的现有国际投资协定强制调解条款中 Iraq-Jordan BIT (2013) 第 9 条和 Costa-Rica UAE BIT (2017) 第 14 条提供了两种强制调解的条款，即仲裁前必须且仅可以进行调解，或应当先协商（或者磋商），协商不成应当先调解，调解不成再诉讼或仲裁。参考两份协定，可能对该条款进行适当调整。

2. 强制调解与其他 ISDS 程序的关系与衔接

本文主张在 ISDS 中引入强制调解机制作为仲裁的前置要件，无法回避的

---

[41] Note by the Secretariat on Possible reform of investor-State dispute settlement (ISDS) Mediation and other forms of alternative dispute resolution (ADR) (Jan. 1, 2024), https：//uncitral.un.org/sites/uncitral.un.org/files/media-documents/uncitral/en/draft_ clauses_ on_ mediation.pdf. 文章为联合国贸易法委员会第三工作组国际投资争端改革会议秘书处文件之一。

是，如果前期调解不成，各方当事人在调解程序中对争议的认定和部分的事实认定，以及在仲裁员协助下对争议解决进行的初步探索，是否能进一步运用到后续仲裁中的问题。就提高 ISDS 效率，将调解与仲裁进行程序上的结合，以输送前期调解成果，可能更有利于仲裁尽快识别和解决争端。这与示范法中"当事人或调解员在调解期间所采取的任何立场、所作出的承认或和解提议或所表达的意见"有所区别，在于前者关注的是双方已达成合意的事项，后者则是单方的意思表示。

3. 强制调解的透明度

保密性是调解的主要特点，也是国际商事争议解决中的一大吸引力，而也正是由于这一点，调解可能被认为不适合 ISDS 的持续发展，因为公众监督和透明度是当事方之一为国家的 ISDS 的重要考虑因素。[42] 不过从实践来看，和解、调解案例的结果公开度也达到了一定程度，UNCTAD、ICSID 和 ECT 的数据库以及其报告基本披露了最终和解结案的争端主体、适用规则、有关程序和结果。另外，从规则上来看，2022 年 ICSID Conciliation Rules 第 9 条提供了 4 项调解信息保密例外，IBA《调解规则》更是规定了 7 条调解信息保密例外。现实中也有部分国家，如澳大利亚格外强调投资争端解决的透明度，这在其 BIT 和自由贸易协议的投资章节中均有所体现。[43] 在如此缜密的规则和实践背景之下，强制调解应不再受到传统友好协商解决争议中强势的保密思维约束，而能以更加规范的方式加入透明度的考量。

不过，对透明度的追求仍不应完全突破调解自身最本质的保密性。就规则而言，2022 年的 ICSID Mediation Rules 在保密性问题上采取了更严格的规则，第 10 条的保密例外中，没有 2022 年 ICSID Conciliation Rules 第 9 条中的中心公开有关注册信息这一条，且第 10 条第 2 款明确指出，除非双方同意公开，否则他们正在调解或者已经调解的这一事实应当保密。最新的 Mediation Rules 在这

---

[42] Ana Ubilava&Luke Nottage, *ICSID's New Mediation Rules: A Small but Positive Step Forward*, ICSID (Jan. 1, 2024), https://icsid.worldbank.org/sites/default/files/amendments/public-input/Ubilava_Nottage_10.17.2018.pdf.

[43] Anthea Roberts&Zeineb Bouraoui, *UNCITRAL and ISDS Reforms: Concerns about Costs, Transparency, Third Party Funding and Counterclaims*, Blog of the European Journal of International Law (Jun. 6, 2018), https://www.ejiltalk.org/uncitral-and-isds-reforms-concerns-about-costs-transparency-third-party-funding-and-counterclaims/.

一规则上作出区别，可能将使其对于投资争端中的东道国更具吸引力。

此外，有关调解员与仲裁员之间是否可以有交叉，有观点认为独立任命调解员，将调解员和仲裁员区分开，更为合适，但可以在某种程度上允许两者协同工作。㊹ 本文认为调解员与仲裁员之间不应产生交叉，调解和仲裁之间的信息衔接也仅限于双方对部分事实或争议的认定和定性，这将保护调解中当事人为调解作出特殊立场，以尽可能保持仲裁的公正性。

综上，国家和投资者在考虑将强制调解纳入双边、多边协议或投资合同时，应考虑充分和多样化的规则以及实践基础作为参考，以此达到在调解保密和透明度上对其最有利的平衡。可能的做法包括预先在双边投资条约、多边投资协议或投资合同中规定透明度条款；在本国国内法中作出关于国家参与国际投资调解披露义务的规定等。㊺

4. 强制调解模式

在仲裁的阴影下，调解可能被视为一个额外给当事人增加负担的程序，为了尽可能快速取得有约束力的裁决，争端主体可能减少对调解的努力而使得调解失去了善意基础。㊻ 引入强制调解机制也同样存在这一风险，因此提供合适的调解模式尤为重要。

根据调解员介入方式和程度的不同，调解传统上被分为"协助型调解"和"评估型调解"，前者中的仲裁员角色较为被动，不会主动为争议解决提供意见，其职责主要在于促进当事人的和平沟通，后者中调解员则更主动地介入争议中并可以为当事人提供解决建议和方案。而真正的调解过程不可能是极端的"协助"，也不可能是极端的"评估"，往往是在这两个极端之间流转，因此调解应当是一个混合的过程。㊼ 对于与公共政策争议存在高度类似的投资协定争议，选择一个可以增强双方沟通能力并提供"正义体验"的调解模式尤为重要，如果投资者和东道国能够通过行使此种相互知情和包容的自决权利，达成

㊹ 王寰：《投资者—国家争端解决中的调解：现状、价值及制度构建》，载《江西社会科学》2019年第11期，第178页。

㊺ 漆彤、范晓宇：《国际投资争端调解机制的发展与制度困境》，载《中南大学学报（社会科学版）》2020年第5期，第20页。

㊻ See Jack J. Coe, Jr., *supra* note 16, p. 31.

㊼ 参见熊浩：《域外调解的类型范式及其变迁的思想之根：基于法律人类学的视角》，载《世界社会科学》2023年第3期，第195页。

解决方案，他们就更有可能支持该方案的实施。对此，邀请一名经验丰富的仲裁员在适当的阶段帮助争端各方现实地考虑他们的选择及其后果，即采用兼具"协助型调解"和"评估型调解"的混合调解模式将更适合 ISDS 中的调解。

综上，在引入强制调解机制时，不妨对具体的调解模式进行考虑和约定，可能的方式可以是在选择调解规则时，尽可能选择调解员有权提供解决争端指引的规则，在进入强制调解阶段时，要求当事人以及律师向调解员提交调解前意见书，就争议的问题的定义，可能的解决思路方案和各方的答复等信息进行初步确认，以便在调解过程中更好发挥调解员和各方的互动作用。[48]

5. 强制调解与国际投资"司法"经验

首先，前文论及所谓国际投资"司法"经验的问题，有观点认为，国家可以通过仲裁及其裁决调整国内相关的投资法律，国际投资社会得以获得更丰富的解决投资争端的方案。而调解不仅无法对法律产生明显贡献，也并不提供"软性的判例、指导或者法律确定性"，因此被认为会阻碍国际投资法律发展。[49]诚然，调解仅是双方合意的过程，但此种观点实则割裂了 ADR 和仲裁在 ISDS 中的关系。就国际投资争端解决而言，其形式是多样化的，且最终目的是化解当事人之间的矛盾并提供可行的争议解决保障以促进投资，因此单方面强调 ISDS 对国际投资法律发展的促进作用，忽视了 ISDS 存在的初衷。

其次，调解不必然阻碍 ISDS 的国际法发展。进一步而言，为促进调解对国际投资贡献"司法"经验，强制调解机制可以与现有 ISDS 改革的其他举措进行良性结合。在改革议程中，还有一项受到参会国家的普遍关注和支持，即国际投资法咨询中心（Advisory Centre on International Investment Law）。根据 UNCITRAL 第三工作组发布的咨询中心相关的条文草案，咨询中心的目标是在国际投资法和投资人与国家间争端解决方面提供技术援助和能力建设，并为投资争端解决程序提供法律支持和咨询。为此，咨询中心应当"作为交流信息和分享最佳做法的论坛"，可以"提供对案件的初步评估，包括解决争端的适当手段"。[50] 由此，

---

[48] See Nancy A. Welsh, *supra* note 3, p. 112.

[49] See Catherine Titi&Katia Fach Gomez, *supra* note 10, p. 22.

[50] Possible reform of investor-State dispute settlement (ISDS): Draft provisions on the establishment of an advisory centre on international investment law A/CN. 9/WG. III/WP. 230, UNCITRAL (Jun. 30, 2023), https://uncitral.un.org/en/multilateraladvisorycentre。文章为联合国贸易法委员会第三工作组国际投资争端解决有关设立咨询中心的草拟条款。

咨询中心极有可能有能力收集和掌握国际投资案件的累计信息和最新动向。个案强制调解中对特定争议采取的调解模式、仲裁员提供的调解思路和意见，以及双方对投资问题达成的有效解决方案，在进行必要的数据和信息屏蔽后均能成为咨询中心的"后花园"。同样地，国家和投资者也可考虑在强制调解条款中纳入与类似国际投资法咨询中心的第三方机构或组织的互动机制，以获得对调解活动的额外支持。

(二) 强制调解产生和解协议的执行

当调解被强制化，必然需要考虑调解产生的和解协议的执行问题。投资者争端主体通过调解达成的和解协议如同合同，只要一方不履行其中的条款，就可能无法达到最终的调解目的。这种内在约束力和执行力的缺失一定程度上也解释了调解条款为何难以得到充分利用。由于缺乏有效的跨境执行机制，国际投资和解协议的执行目前还主要基于国内法，包括将和解协议视为普通合同依合同法执行、转为法院判决执行和转为仲裁合意裁决执行等方式。[51] 然而，三种执行方式都在不同程度上存在弊端，这给针对和解协议的专门性跨境执行机制的出现留下了足够的期待和可能性。

2018年联合国大会通过《新加坡公约》，作为一项多边公约，《新加坡公约》为执行和行使调解产生的国际和解协议提供了统一和有效的框架。而对于《新加坡公约》是否能适用以及如何适用于投资调解产生的和解协议，尽管公约文本并未提供明确的指示，目前已有较多研究和讨论持积极态度。

1. 《新加坡公约》对国际投资调解产生和解协议的适用性

《新加坡公约》是否适用于国际投资调解产生的和解协议，主要的切入点有适用范围问题的谈判过程、《新加坡公约》第1条适用范围的解读，具体聚焦于"调解""商事""国际性"和"书面形式"四个关键词、第8条保留对公约适用的影响等。

总体而言，《新加坡公约》并不排除对国际投资调解所产生的和解协议的适用。公约第1条规定："本公约适用于调解所产生的、当事人为解决商事争议而以书面形式订立的协议（'和解协议'），该协议在订立时由于以下原因而具

---

[51] 参见文淑：《论国际投资和解协议的执行困局与中国应对》，载《国际法研究》2023年第4期，第107—109页。

有国际性……"在"调解"上,公约第2.3条采用了宽泛的措辞,允许调解以自由的"称谓""依据"和调解员人数进行,因此,无论是以conciliation抑或mediation出现的调解;无论是依据独立的调解程序,还是仲调或诉调的结合程序,无论是评估型调解,还是协助型调解,都属于公约项下的调解范畴,这无疑包括一般意义上的国际投资调解。

最具争议的是"商事争端"以及协议需要具备的"国际性",这两点特征难以直接被国际投资争端和和解协议吸收,主要原因在于国际投资中的一方为国家、政府主体,这是相较于私人性质的商事争端主体的最显著特征。国家参与的投资,尤其是在现有的投资争端中,很有可能涉及政府采用的行政手段。最后,国家政府本身难以适用国际商事争端主体"营业地"标准以判断其国际性。

关于"商事争端",《新加坡公约》第2条定义中并未对"商事争端"一词进行释义,而列举排除在该定义之外的非典型商事协议。多数学者认为,同期修订的《国际商事调解和调解所产生的国际和解协议示范法》关于"商事"一词的广泛定义对公约中商事争端的含义具有合理的参考作用。其脚注1所涵盖商事性质的事项明确罗列了投资。此外,德国对UNCITRAL第二工作组关于审议国际商事调解程序所产生和解协议的执行问题的评论意见中曾提出,应当将争端的基础协议限定在严格的商事协议内,但这一意见最终没有反映在正式的公约文书中[52],某种程度上也说明了公约对投资争端一定的容纳性。

关于国际性,公约对和解协议国际性的强调来源于公约的目的,即兼容不同司法管辖区在调解方面的经验参差,并为各国提供关于执行国际和解协议的一致标准。国际性最主要涉及主体判断标准,公约要求和解协议至少有两方当事人在不同国家设有营业地,或者和解协议各方当事人设有营业地的国家不是和解协议所规定的相当一部分义务履行地所在国,或者与和解协议所涉事项关系最密切的国家。

对于投资和解协议,本要求的可能不适配在于:首先,难以将东道国政府

---

[52] See Notes on Organizing Arbitral Proceedings-Comments received from States on Settlement of commercial disputes: enforceability of settlement agreements resulting from international commercial conciliation/mediation-Revision of the UNCITRAL A/CN. 9/WG. II/WP. 188(Dec. 23, 2014), https://uncitral.un.org/en/working_groups/2/arbitration.

所在地定义为商事意义上的营业地。其次，即便能够如此认定，在实践中，常有投资者为符合东道国投资法律要求而在东道国设立进行投资的项目公司，从而使得其营业地与东道国在同一国家，使得和解协议中的义务履行地或和解协议密切联系地同为东道国。由此看来，本条关于国际性的判断标准在设立时并未完全将国际投资的有关情形考虑在内，而是参考如同《联合国国际货物合同销售公约》中对商事主体之间销售合同国际性的判断标准。尽管如此，公约仍有适用于一方为国家主体或政府主体的和解协议的空间，如第8条保留为国家提供派出公约对一方为政府的主体和和解协议的适用的权利。公约条文的讨论历史也显示，政府实体不应自动被排除在《新加坡公约》之外[53]，换言之，公约在本条上实际考虑了涉及政府实体的和解协议并且条文的首要目的仍在于促进包容性和执行力。

关于《新加坡公约》是否能执行非金钱给付义务的协议，在《新加坡公约》的谈判过程中，曾有国家提出这一问题，然而，关于将非金钱义务的调解解决协议排除在《新加坡公约》范围之外的有关建议最终被驳回，进一步提高了公约对调解产生创造性解决方案的保障。[54]

2. 国内执行和解协议的法律框架

对于希望引入强制调解条款的国家而言，具备配套的国内法律以实现与公约接轨的和解协议执行不可或缺。以中国为例，目前仅有法院调解产生的调解书具备直接的执行力[55]，而若批准已签署的《新加坡公约》，则意味着和解协议无须通过法院调解或认定，将获得直接的执行力和终局力。然而，若一符合《新加坡公约》条件的和解协议被诉诸法院强制执行，法院则会面对国内法与国际条约之间的选择冲突。尽管中国曾经规定国内法与国际条约适用优先性的原《民法通则》第142条已经被废止，但是国内与国际视域下条约解释的协调依然存在。2021年《全国法院涉外商事海事审判工作座谈会会议纪要》关于涉外民事关系的法律适用第20条指出，人民法院审理涉外商事案件所适用的中华

---

[53] Note by the Secretariat on Settlement of commercial disputes: preparation of an instrument on enforcement of international commercial settlement agreements resulting from conciliation A/CN. 9/WG. II/WP. 198 (Jun. 30, 2016), https://uncitral.un.org/en/working_groups/2/arbitration.

[54] See Ana Ubilava, *supra* note 4, p. 179.

[55] 《民事诉讼法》（2021年修正）第100条。

人民共和国法律、行政法规的规定存在两种以上合理解释的，人民法院应当选择与中华人民共和国缔结或者参加的国际条约相一致的解释，但中华人民共和国声明保留的条款除外。该条说明了人民法院面对存在冲突解释的法律应当保持与国际条约一致的解释。此外，最高人民法院已经将国内法院解释和国际条约协调作为基本原则，2023 年发布《最高人民法院关于审理涉外民商事案件适用国际条约和国际惯例若干问题的解释》第 1 条第 2 款规定，国际条约与中华人民共和国法律有不同规定的，适用国际条约的规定，但中华人民共和国声明保留的条款除外。该规定也进一步为法院遵循国际条约以执行和解协议提供了指引。

除执行和解协议相关的立法外，《贸易法委员会国际投资争议调解准则》也提示就调解的整体程序促进国内立法，如提及国家批准将调解作为解决争议、包括国际投资争议的工具，这将向投资人表明适用调解的可能性，也便于国家和国家实体参与调解，并解决政府官员可能关切的问题，如因担心承担个人责任或被指控腐败而产生的关切。这种立法还可澄清权力范围、国家在正式或非正式争议解决过程中的代表权以及其他事项。

五、总结

UNCITRAL 工作组第三工作组拉开了 ISDS 改革的会议，在从投资保护迈向促进投资便利化的背景下，ISDS 改革更聚焦于多元化、利益平衡化和可持续化。调解作为替代性争议解决机制中最重要的机制类型，不仅可以缓解投资仲裁机制的当下危机，还可以维护和促进东道国与投资者之间的投资合作关系，实现国际投资发展的可持续性。而调解机制在推广中存在的障碍调解引发了对改革调解机制的需求和思考，将调解强制化且作为仲裁的前置程序，在立法实践上已有一定的基础和可行性，强制调解不仅可以破除调解难启动的困境，将对使用调解的顾虑转化为对条约的遵守，还可以结合现有 ISDS 改革的各项关注点从其本质上进行制度重构，提供化解调解障碍的多个方面的可能，以从真正意义上提高调解的利用率和发挥调解的实质功效。

第十三章　国际投资仲裁相关的平行程序问题研究[*]

内容摘要：国际投资仲裁中的同一申请人或者相关联申请人对于法律问题或事实问题上相同的争议提起其他仲裁或诉讼程序，从而产生多个同时进行中的法律解决程序，这一现象即为国际投资仲裁相关的平行程序。平行程序可以分为三大类型，分别是投资仲裁与东道国国内诉讼之间的"裁—诉"、合同仲裁与条约仲裁之间的"裁—裁"以及多个投资条约仲裁之间的"裁—裁"。对于中国投资者而言，获得重复救济不具有正当性。对于中国政府而言，可以通过改进IIAs中的当地救济安排条款、保护伞条款、限制投资者股东求偿条款等内容以及参与ISDS机制的合并仲裁制度改革等议题的方式，更好地解决平行程序问题。

关键词：国际投资仲裁　国际投资协定　平行程序　外国投资者

引　言

国际投资仲裁相关的平行程序（parallel proceedings），是指国际投资仲裁中的同一申请人或者相关联申请人对于法律问题或事实问题上相同的争议提起其他程序，从而产生多个同时进行中的法律解决程序的现象。

投资仲裁中的各方对于平行程序的态度不同。对于仲裁申请人一方而言，尝试启动平行程序具有一定的合理性。申请人期望通过平行程序增加胜诉机会，最大限度地保障自身权益。当仲裁机构规则、包含投资章节的国际经贸协定（Treaties with Investment Provisions，TIP）和双边投资条约（Bilateral Investment

---

[*] 周夷，复旦大学法学院2022级国际法学硕士研究生。

Treaty，BIT）等国际投资协定（International Investment Agreements，IIAs）、东道国国内法等多层次规则均没有明确的禁止性规范时，申请人自然可能谋求平行程序的机会。对于仲裁被申请人一方，重复应对申请人的请求无疑加重了应诉负担，并且产生重复承担责任的风险。对于投资仲裁庭而言，仲裁庭需要在规则不明的前提下平衡各方利益，决定是否对平行程序案件具有管辖权并实质性地审理案件。长远地看，平行程序对于包括申请人在内的所有仲裁参与方都具有负面影响。这是因为一旦平行程序中的多个案件都得到决断，可能产生多个不一致甚至冲突的裁决，影响仲裁和诉讼结果的确定性和公信力①，甚至削弱 ISDS 机制的可信度和投资者对其作为争议解决机制的信心。② 目前，投资仲裁实践对平行程序的处理方式尚未达成共识，仲裁庭处理相关案件已经呈现出多样甚至矛盾的做法。

一、国际投资仲裁相关平行程序的法律渊源和特征

理论上，当投资争议出现时，只要相应的程序规则和实体规则足够细致、周全，且不产生冲突，则可以降低平行程序的发生风险。现实中，相应规则无法完全避免平行程序的发生。规则的缺失激励着申请人一方启动平行程序。

（一）平行程序在国际投资法中的法律渊源

根据 UNCTAD 的统计，截至 2024 年 2 月，基于国际投资条约引起的 ISDS 案件超过 1300 起。③ 这些案件可以分为依据《关于解决国家和他国国民之间投资争端公约》（以下简称《华盛顿公约》）的 ICSID 仲裁和适用其他仲裁规则的非 ICSID 仲裁。ICSID 仲裁庭是国际机构，而其他仲裁庭可能是私人机构，单一主权国家的产物，或者争议当事方的产物，如特设仲裁庭。④

---

① 涂广建：《论国际民商事仲裁与诉讼的平行程序》，载《南大法学》2021 年第 4 期，第 16 页。

② RICHTER J, *The two problem pillars of multiple proceedings in investment arbitration: why the abuse of process doctrine is a necessary remedy and requires focus in UNCITRAL's ISDS reform*, Journal of International Dispute Settlement, Vol. 14: 410, pp. 407-424 (2023).

③ UNCTAD, *Investment Dispute Settlement Navigator*, Investment Policy Hub (Last visited on February 16, 2024), https://investmentpolicy.unctad.org/investment-dispute-settlement. （注：联合国贸易和发展会议投资政策中心网）

④ M. SORNARAJAH, *The International Law on Foreign Investment*, Cambridge University Press, 2020, pp. 368-369.

国际投资仲裁庭审理案件时，仲裁程序适用双方同意的仲裁规则，仲裁庭依照争议双方同意的法律规则对实体法律问题作出裁决。仲裁庭裁决实体问题时，可能援引多种法律依据，包括东道国缔结投资条约、既定裁决、权威学者观点等。⑤ 仲裁规则中的各阶段程序规范、实体规则中的投资争议解决方法都塑造并约束着仲裁程序的进程。投资仲裁平行程序的法律渊源由此也分为两类，即程序规则与实体规则。

1. 国际投资仲裁程序规则

《ICSID 仲裁规则》是《华盛顿公约》框架下最常见的一种投资仲裁程序规则。而《华盛顿公约》框架之外则有很多其他选择，可能选用《UNCITRAL 仲裁规则》、《常设仲裁法院仲裁规则》（以下简称《PCA 仲裁规则》）、《国际商会仲裁院仲裁规则》（以下简称《ICC 仲裁规则》）、《斯德哥尔摩商会仲裁协会仲裁规则》（以下简称《SCC 仲裁规则》）等各家仲裁机构的仲裁规则。根据 UNCTAD 的前述统计，ICSID 和 UNCITRAL 的仲裁规则在使用频率上占据主流地位。⑥ 然而，各家仲裁规则都没有针对平行程序问题的专门规范。与平行程序问题有关的规范主要是管辖权规范和合并仲裁规范。具体见表 13-1。

表 13-1 国际投资仲裁程序规则中与平行程序有关的管辖权、合并仲裁规则

序号	规则名称	是否有与平行程序有关的管辖权规范	是否有与平行程序有关的合并仲裁规则
1	《华盛顿公约》	是⑦	是⑧
2	《ICSID 仲裁规则》	否	是⑨
3	《UNCITRAL 仲裁规则》	是⑩	否
4	《PCA 仲裁规则》	是⑪	否

---

⑤ 丁夏：《国际投资仲裁中的裁判法理研究》，中国政法大学出版社 2016 年版，第 20 页。
⑥ UNCTAD, *Investment Dispute Settlement Navigator*, Investment Policy Hub（Last visited on February 16, 2024），https://investmentpolicy.unctad.org/investment-dispute-settlement.（注：联合国贸易和发展会议投资政策中心网。）
⑦ 《华盛顿公约》第 26 条。
⑧ 《华盛顿公约》第 44 条。
⑨ 《ICSID 仲裁规则》第 46 条。
⑩ 《UNCITRAL 仲裁规则》第 1.3 条。
⑪ 《PCA 仲裁规则》第 17 条。

续表

序号	规则名称	是否有与平行程序有关的管辖权规则	是否有与平行程序有关的合并仲裁规则
5	《ICC 仲裁规则》	是[12]	是[13]
6	《SCC 仲裁规则》	是[14]	是[15]
7	《深圳国际仲裁院仲裁规则》	否	是[16]
8	中国国际经济贸易仲裁委员会《国际投资争端仲裁规则（试行）》	是[17]	是[18]
9	北京仲裁委员会《国际投资仲裁规则》	否	是[19]

（1）管辖权规范

从管辖权规范的视角来看，ICSID 仲裁引发平行程序的风险相对较小。《华盛顿公约》第 26 条设立了投资争议的专属管辖权。投资争议双方约定交付 ICSID 仲裁，即视为同意排除任何其他救济方法。然而，ICSID 仲裁仍存在产生平行程序的风险，表现为两点：第一，《华盛顿公约》第 26 条将用尽国内行政或司法救济作为缔约国交付 ICSID 仲裁的可选条件。在涉案 IIA 选择将用尽国内司法救济作为仲裁的前置要求时，可能产生 ICSID 仲裁与东道国国内诉讼同时进行的"裁—诉"平行程序。第二，即便涉案 IIA 没有要求用尽国内司法救济，仲裁庭对"同一争议"理解的差异也可能允许两个仲裁同时进行。

由于缺乏《华盛顿公约》那样的国际条约，非 ICSID 仲裁引发平行程序风险相对更高。部分仲裁规则规定仲裁庭行使管辖权时的原则可能指导处理平行程序问题。例如，《ICC 仲裁规则》[20]《SCC 仲裁规则》[21] 等规定了对于规则中未明确的事项，仲裁庭应本着规则的精神行事，并应尽努力确保裁决在法律上可

---

[12] 《ICC 仲裁规则》第 42 条。
[13] 《ICC 仲裁规则》第 10 条。
[14] 《SCC 仲裁规则》第 2.2 条。
[15] 《SCC 仲裁规则》第 15 条。
[16] 《深圳国际仲裁院仲裁规则》第 18 条。
[17] 中国国际经济贸易仲裁委员会《国际投资争端仲裁规则（试行）》第 20 条。
[18] 中国国际经济贸易仲裁委员会《国际投资争端仲裁规则（试行）》第 31 条。
[19] 北京仲裁委员会《国际投资仲裁规则》第 7 条。
[20] 《ICC 仲裁规则》第 42 条。
[21] 《SCC 仲裁规则》第 2.2 条。

执行。平行程序下的多个裁决或判决之间可能在实质上有所矛盾，导致裁决无法执行。因此，从确保裁决可执行性的角度来说，仲裁庭应当避免平行程序的产生。然而，管辖权规范毕竟没有直接关切平行程序问题，是否适用上述规范具有不确定性。

（2）合并仲裁规范

从合并仲裁规范的视角来看，当前规则的规制作用有限。《ICSID 仲裁规则》第 46 条规制中心管理的两个或两个以上未决仲裁。合并，是指这些未决仲裁的所有方面合并在一起，并形成一个裁决。协调，是指这些未决仲裁的具体程序相一致，但仲裁仍然是单独的程序，并产生单独裁决。无论是合并还是协调，都必须取得争议双方的同意。这一规范被认为旨在优化仲裁的成本效益，并且也能发挥避免冲突结果的作用。② 非 ICSID 仲裁也有类似的合并仲裁规范。例如，《ICC 仲裁规则》第 10 条，该条规制的是根据本规则进行的两项或多项未决仲裁。仲裁院在下列任意一种情况中具有自由裁量权，可以应一方当事人的请求而合并多项仲裁：（1）各方当事人同意合并；（2）所有仲裁请求均根据同一份或相同的多份仲裁协议提出；（3）所有仲裁请求不是根据同一份或相同的多份仲裁协议提出的，但仲裁是在相同当事人之间进行的，仲裁中的争议产生于相同的法律关系，且仲裁院认为各仲裁协议彼此相容。

不同仲裁机构的合并仲裁规范之间差异性较大。以上述两组规范为例，就当事人合意而言，两组规范都将一方当事人的申请作为合并仲裁的前置条件。但是 ICC 不以争议双方的同意为前置的必要条件。就可供合并的具体情况而言，ICSID 规范没有进一步展开规定。就可供合并的仲裁类型而言，ICSID 和 ICC 的规范都明确所有的未决仲裁必须适用本规则的仲裁。

简言之，并非所有的仲裁规则都具有合并仲裁规范，即便具备相应规范，也要满足诸多构成要件，如要求争议双方的同意、涉案多个未决仲裁必须适用相同的仲裁规则等。更重要的是，处理投资仲裁的两大主流仲裁规则为《ICSID 仲裁规则》和《UNCITRAL 仲裁规则》。前者的合并仲裁启动条件相对苛刻，后者甚至没有相关的合并机制。

---

② 漆彤：《投资争端解决机制现代化改革的重要里程碑——评 2022 年 ICSID 新规则》，载《国际经济评论》2023 年第 3 期，第 56 页。

2. 国际投资仲裁实体规则

国际投资仲裁实体规则中与平行程序有关的规范，主要是指各种法律形式的投资争议解决方法。投资争议解决方法的法律形式大致上有四种，分别为投资合同、东道国或者投资者母国的国内法、双边条约和多边条约。当前，以BITs为主的大多数IIAs都对投资争议的解决方法有所规定。IIAs大都允许投资者自由选择东道国当地救济或者国际投资仲裁。[23] 以ICSID发布的新案件统计情况为例，ICISD在2022财政年度新登记的案件中，56%的案件依据BITs主张仲裁管辖权，这与60%的历史平均水平基本一致。值得注意的是，ICSID近年来基于投资合同提起的案件有所增加，达到13%。基于《能源宪章条约》提起的案件占到11%。另有4%的案件是根据国内投资法律提起的。[24] 可见，承载投资仲裁实体规则的法律形式多样，其中以IIAs为主。

不同于程序规则的总体数量较少且内容相对稳定，以IIAs为主的投资仲裁实体规则基数庞大、日新月异。条约缔结的现实情况是实体规则的阙如或冲突引发了平行程序。从投资仲裁申请人一方的视角来看，启动平行程序的合理性正是在于多种形式的争议解决方法都赋予其诉权。

（二）国际投资仲裁相关平行程序的特征

考察国际投资仲裁相关的平行程序的基本概念和法律渊源后，该等平行程序的特征归纳为以下三点。

1. 平行程序的细分类型众多

以诉讼和仲裁两分的法律解决程序为分类标准，平行程序分为与东道国国内诉讼之间的"裁—诉"平行程序和多个仲裁之间的"裁—裁"平行程序。而就"裁—裁"平行程序而言，又可再细分为两类，第一类由投资合同约定仲裁条款与IIAs条款之间的关系引起，第二类由多份IIAs的关系以及IIA本身规定的模糊性引起。每一个细分类型平行程序涉及的具体法律问题各不相同。可能涉及IIAs的用尽当地救济条款、当事人之间订立的投资合同争议解决条款和

---

[23] 陶立峰：《投资者与国家争端解决机制的变革发展及中国的选择》，载《当代法学》2019年第6期，第38—39页。

[24] ICSID，*ICSID Releases New Caseload Statistics for the 2022 Fiscal Year*，ICSID（August 4，2022），https://icsid.worldbank.org/news-and-events/news-releases/icsid-releases-new-caseload-statistics-2022-fiscal-year.（注：国际投资争端解决中心网。）

IIAs 保护伞条款、IIAs 投资定义条款等规则。正是由于细分类型和涉及法律问题的不同，因此无论是考察仲裁庭处理平行程序问题的思路，还是当事人应对平行程序的方案，都应当在细分的前提下分类讨论，不宜一概而论。

2. 规制平行程序的规则缺失

细分类型众多的平行程序的处理规则均相对缺失。正如前文法律渊源部分的梳理，就程序规则而言，主要相关规则是管辖权规范和合并仲裁规范。就实体规则而言，虽然理论上以 IIAs 为主的实体规则可以预先防范平行程序，但是实践中的 IIAs 往往规则阙如或是反而增加了平行程序的风险。此外，即便各国面向未来制定更为完善的 IIAs，存量极大的、现行有效的 IIAs 对于平行程序的风险依然没有得到缔约方的合意填补。由于规则的缺失，投资仲裁庭在条款解释和处理平行程序做法上存在不确定性。

3. 平行程序与 ISDS 机制赋予外国投资者的诉权紧密相关

投资仲裁容易产生平行程序问题的另一个重要原因是投资者在 ISDS 中独立的诉权鼓励着其尝试启动平行程序。国际投资法律体系创造性地在国内司法救济和投资者母国与东道国之间的国家争议解决程序之间创设了一个诉权，同时创设了投资仲裁庭对投资争议的管辖权。ISDS 机制的设立带有浓重的保护投资者利益的倾向，仲裁庭可能以对于管辖权条款的宽泛解读、明显超出缔约国缔约意图的方式超越管辖权。[25] 在保护投资者利益的价值倾向下，申请人和仲裁庭可能客观上形成"合谋"，使得申请人重复救济的诉求通过其滥用诉权来实现。投资者的一种具体的做法是，在当地救济案件中将争议视作合同或国内法争议，由当地籍的公司提出诉请。而在 ISDS 机制中，投资者转而将案件视作 IIAs 项下争议，由与其相关联的投资者提出诉请。[26]

二、国际投资仲裁相关平行程序的类型和仲裁庭思路评析

对投资仲裁相关的平行程序类型化，既便于分析仲裁庭处理每一类型平行程序的思路，也有利于当事人筹划争议解决方案。通过对诉讼和仲裁的两分，

---

[25] 单文华、王鹏：《均衡自由主义与国际投资仲裁改革的中国立场分析》，载《西安交通大学学报（社会科学版）》2019 年第 5 期，第 20 页。

[26] 徐树：《国际投资仲裁中滥诉防范机制的构建》，载《法学》2017 年第 5 期，第 153 页。

投资仲裁相关的平行程序主要分为投资仲裁与东道国国内诉讼之间的"裁—诉"平行程序,合同仲裁与条约仲裁之间的"裁—裁"平行程序以及多个投资条约仲裁之间的"裁—裁"平行程序。

(一)投资仲裁与东道国国内诉讼之间的"裁—诉"平行程序

1. IIAs 对于用尽当地救济的安排

用尽当地救济是一项传统的国际习惯法规则,是指申请人在寻求本国的外交保护之前,必须用尽所有国内救济办法。用尽当地救济能够体现东道国真实存在违反国际法的行为,并且东道国无法再加以弥补。[27]《华盛顿公约》第 26 条规定:"除非另有规定,双方同意根据本公约交付仲裁,应视为同意排除任何其他救济方法而交付上述仲裁。缔约国可以要求以用尽该国行政或司法救济作为其同意根据本公约交付仲裁的条件。"

理论上,只要相应的程序规则和实体规则足够自洽,有效的仲裁条款就可以排除法院的管辖权,避免平行程序的发生。如果所有缔约国都接受上述公约第 26 条而不提出任何保留的话,可以避免出现国际仲裁与国内法院之间的冲突[28],也即缔约国之间的投资争议不存在"裁—诉"问题。然而,近年来有不少 IIAs 约定用尽当地救济。这一现象被解读为部分国家对 ISDS 机制的不信任甚至敌视,转向回归卡尔沃主义,即主张外国投资者不能享有高于国内投资者的待遇,应当用尽当地救济。[29] 即便不要求将当地救济作为仲裁的前置条件,当涉案 IIAs 规定当地救济和投资仲裁适用顺序时,投资者行为是否满足 IIAs 规定也可能存在争议,引发平行程序。

---

[27] ARNAUD DE NANTEUIL, *International Investment Law*, Edward Elgar Publishing, 2020, p. 7.
[28] 杜涛:《从"海乐·西亚泽诉中国案"看投资者与国家争议解决中当地诉讼与国际仲裁的竞合问题》,载《经贸法律评论》2019 年第 3 期,第 132 页。
[29] 韩秀丽:《论卡尔沃主义的复活——投资者—国家争端解决视角》,载《现代法学》2014 年第 1 期,第 122—123 页。

2. "裁—诉"平行程序实例和仲裁庭分析思路

表13-2 投资仲裁庭分析"裁—诉"平行程序的不同思路

序号	案件名称	仲裁庭的分析思路	仲裁庭对平行程序的处理方式
1	费尔德曼诉墨西哥案[30]	国内诉讼属于申请人就东道国特定行为的非法性或无效性的宣告性救济，并未违反案涉弃权条款	仲裁庭对争议具有管辖权并作出实质性裁决，客观上允许了"裁—诉"的发生
2	废物管理公司诉墨西哥案[31]	国内诉讼构成重复诉讼，违反案涉IIAs的弃权条款。少数仲裁员认为国内诉讼与国际投资仲裁的诉因不同。国内诉讼指向的"违约措施"是违反国内法的措施，认可"裁—诉"同时进行	仲裁庭对争议无管辖权，避免了"裁—诉"的发生
3	雪佛龙公司、德士古石油公司诉厄瓜多尔案[32]	国内诉讼严重拖延，并非有效的救济手段。申请人提起投资仲裁未违反用尽当地救济的要求、亦不属于恶意提起仲裁或者滥用程序。并且，申请人有权就国内诉讼严重拖延获得涉案IIAs项下的赔偿	仲裁庭对争议具有管辖权，客观上允许"裁—诉"的发生

表13-2中的三个案件展现了投资仲裁庭对于"裁—诉"平行程序的不同分析思路。

首先，在费尔德曼诉墨西哥案（以下简称费尔德曼案）中，仲裁庭认为申请人并未违反NAFTA的弃权条款，确认仲裁管辖权并允许"裁—诉"。该案涉及墨西哥对出口烟草产品的公司CEMSA适用税法的争议。CEMSA由美国公民费尔德曼拥有和控制。申请人作为CEMSA唯一的投资者代表提起诉讼。他声称墨西哥拒绝退还适用于CEMSA出口香烟的消费税，而且墨西哥拒绝承认CEM-

---

[30] See Marvin Roy Feldman Karpa v. United Mexican States, ICSID Case No. ARB (AF) /99/1, Award, 16 December 2002.

[31] See Waste Management, Inc. v. United Mexican States, ICSID Case No. ARB (AF) /98/2, Arbitral Award, 2 June 2000.

[32] See Chevron Corporation (USA) and Texaco Petroleum Company (USA) v. The Republic of Ecuador, PCA Case No. 34877, Final Award, 31 August 2011.

SA 在未来香烟出口方面具有退税权利。㉝ 申请人认为墨西哥的上述行为违反 NAFTA 规定的国民待遇、最低待遇水平和征收条款，仲裁适用《ICSID 附加便利规则》。被申请人认为 NAFTA 规定了用尽当地救济，其指出尽管申请人递交弃权声明，但 CEMSA 并未撤回其在国内法院提起的权利保护诉讼，提起投资仲裁违反 NAFTA 约定。㉞ 仲裁庭回顾了 NAFTA 第 1121.2 条，认为该规定是一种对当地救济规则的限定，而非要求用尽当地救济。㉟ 该规定意涵为，对于投资争议的解决优先考虑通过国际仲裁解决，而不是国内司法程序。提起国际仲裁的条件是投资者声明放弃通过国内司法程序解决，这一模式相对于用尽当地救济，能够使仲裁被更便捷快速地启动。㊱

仲裁庭认为，一方面，申请人已经向仲裁庭提交适当的弃权声明㊲，另一方面，东道国国内仍在上诉期内的诉讼程序指向的是申请人就特定税款评估的非法性或无效性的宣告性救济。依据 NAFTA 第 1121.2 条，宣告性救济无须弃权声明。仲裁庭强调墨西哥法律是否符合 NAFTA 和国际法的要求的问题应该在仲裁程序中判断，不能因为东道国法院尚未解决所有争议而无法作出这一判断。㊳ 因此，仲裁庭认为其对案件具有管辖权，NAFTA 的 ISDS 机制容许禁令性、宣告性或其他特别救济诉讼，也即不牵涉损失赔偿的诉讼与仲裁的同时进行。仲裁庭客观上允许了"裁—诉"的发生。

其次，废物管理公司诉墨西哥案的仲裁庭认为自身无管辖权从而避免了"裁—诉"。但个别仲裁员对 IIA 条款的理解持有不同意见。该案申请人是一家美国籍公司，向 ICSID 提交对墨西哥的仲裁。被申请人提出仲裁管辖权异议，认为申请人提交的弃权声明措辞不符合 NAFTA 条款的形式要求，申请人随后的

㉝ See Marvin Roy Feldman Karpa v. United Mexican States, ICSID Case No. ARB (AF) /99/1, Award, 16 December 2002, para. 1.

㉞ See Marvin Roy Feldman Karpa v. United Mexican States, ICSID Case No. ARB (AF) /99/1, Award, 16 December 2002, para. 70.

㉟ See Marvin Roy Feldman Karpa v. United Mexican States, ICSID Case No. ARB (AF) /99/1, Award, 16 December 2002, para. 71.

㊱ See Marvin Roy Feldman Karpa v. United Mexican States, ICSID Case No. ARB (AF) /99/1, Award, 16 December 2002, para. 73.

㊲ See Marvin Roy Feldman Karpa v. United Mexican States, ICSID Case No. ARB (AF) /99/1, Award, 16 December 2002, para. 76.

㊳ See Marvin Roy Feldman Karpa v. United Mexican States, ICSID Case No. ARB (AF) /99/1, Award, 16 December 2002, paras. 77—78.

行为在实质意义上也不符合弃权要求。

仲裁庭认为，在实质层面，为了使 NAFTA 第 1121 条项下的弃权具有法律意义，弃权方还必须通过依据声明做出的具体行为来表明弃权。因此，有必要评估弃权方的行为，如果其所表达的意愿与实际采取的行为不一致，弃权方必须承担声明无效的后果。仲裁庭确认以下事实：申请人分别在 1997 年 1 月和 1998 年 8 月对墨西哥在其国内法院提起诉讼，要求其承担违约责任。这两次诉讼都历经上诉程序，分别在 1999 年 10 月和 1999 年 5 月结案。1998 年 10 月 27 日，申请人又在墨西哥国内仲裁机构提起仲裁要求赔偿损失。这一国内的仲裁程序结束于 1999 年 7 月。㊴ 仲裁庭认为，申请人的上述行为并未遵守弃权声明的要求。仲裁庭认为墨西哥违反 NAFTA 义务的具体内容同样可能是墨西哥国内法律禁止的行为。申请人向多个法庭或仲裁庭提出请求将构成重复诉讼（duplication of proceedings）。申请人对其作出的弃权声明事后解释称，申请人在其他法庭或仲裁庭的诉请中没有援引 NAFTA 条款。但是毫无疑问，NAFTA 条款直接影响到墨西哥承担何等的国际法义务，国际法义务的承担起源于申请人诉请指向的相同措施。㊵ 因此，申请人的弃权声明不符合 NAFTA 要求。1998 年 9 月提交弃权声明之后，申请人继续在东道国国内提起诉讼，直到用尽所有可能的救济途径为止。最终因为申请人实质上未作出符合 NAFTA 要求的弃权声明，仲裁庭认为对本案无管辖权。

然而，该案申请人指定的仲裁员 Keith Highet 持反对意见，在申请人是否实质性地违反弃权声明的问题上，他强调东道国国内法院进行的诉讼与国际投资仲裁的诉因（cause of action）不同。㊶ NAFTA 第 1121.2 条规定放弃的是与所指争端方违约措施有关的任何诉讼的权利。他认为 NAFTA 并未规定国内诉讼进程所关注的任何履约义务。涉案付款义务都受到《墨西哥民商法典》条款的规制，而非受 NAFTA 的规制。㊷ 他认为东道国国内诉讼指向的"违约措施"并非

㊴ See Waste Management, Inc. v. United Mexican States, ICSID Case No. ARB (AF) /98/2, Arbitral Award, 2 June 2000, paras. 24—25.

㊵ See Waste Management, Inc. v. United Mexican States, ICSID Case No. ARB (AF) /98/2, Arbitral Award, 2 June 2000, para. 28.

㊶ See Waste Management, Inc. v. United Mexican States, ICSID Case No. ARB (AF) /98/2, Dissenting Opinion, 8 May 2000, para. 16.

㊷ See Waste Management, Inc. v. United Mexican States, ICSID Case No. ARB (AF) /98/2, Dissenting Opinion, 8 May 2000, para. 15.

违反 NAFTA 的措施，而是违反国内法的措施。因此申请人的弃权声明有效，其提交声明与墨西哥国内法院受理诉讼请求之间并不矛盾[43]，他认可"裁—诉"同时进行。

最后，雪佛龙公司、德士古石油公司诉厄瓜多尔案（以下简称雪佛龙案）的仲裁庭认为判断是否用尽当地救济的前提，是东道国存在有效的司法程序。雪佛龙案的申请人提交仲裁请求时，厄瓜多尔国内法院有7起相关诉讼仍在进行中。在十多年的时间里，7个案件都未得到判决，甚至第7个案件举证取证的用时长达十四年。[44] 申请人仲裁请求中的一项内容是获得与在国内法院的案件中所要求相当的赔偿额，以及由于司法延误而造成的损害赔偿。被申请人提出管辖权异议，认为有关投资争议的东道国国内的诉讼程序仍在进行中，依据国际习惯法，必须要求申请人用尽当地救济办法，并禁止其在提出请求的所有不同程序下获得赔偿。[45]

仲裁庭认为，涉案 BIT 第 2.7 条规定"各缔约方应提供就投资、投资协定和投资授权提出主张和行使权利的有效手段"[46]，被申请人必须先证明存在有效的国内救济手段，然后才能要求申请人证明救济手段无效、徒劳，或诉诸救济手段未获成功。而要证明存在救济手段，就必须证明救济手段与纠正不法行为之间存在直接和客观的关系，从而使得仲裁庭确信在国内诉讼进程尚处在合理延迟的限度内，被申请人所提议的救济手段可能会对申请人国内诉讼的便利性产生重大影响。[47] 然而，被申请人的司法状况严重恶化，仲裁庭认为厄瓜多尔法院的诉讼程序严重拖延，并在考虑每个具体案件的情况下，认为被申请人未能证明存在有效的国内救济手段，申请人并非恶意提起仲裁也非滥用程序。[48] 仲裁庭认为对本案具有管辖权，并最终裁决被申请人承担违反涉案 BIT 第 2.7

---

[43] See Waste Management, Inc. v. United Mexican States, ICSID Case No. ARB (AF) /98/2, Dissenting Opinion, 8 May 2000, para. 19.

[44] See Chevron Corporation (USA) and Texaco Petroleum Company (USA) v. The Republic of Ecuador, PCA Case No. 34877, Partial Award on the Merits, 30 March 2010, para. 9.

[45] See Chevron Corporation (USA) and Texaco Petroleum Company (USA) v. The Republic of Ecuador, PCA Case No. 34877, Partial Award on the Merits, 30 March 2010, para. 297.

[46] 《美国—厄瓜多尔 BIT》第 2.7 条。

[47] See Chevron Corporation (USA) and Texaco Petroleum Company (USA) v. The Republic of Ecuador, PCA Case No. 34877, Partial Award on the Merits, 30 March 2010, para. 329.

[48] See Chevron Corporation (USA) and Texaco Petroleum Company (USA) v. The Republic of Ecuador, PCA Case No. 34877, Partial Award on the Merits, 30 March 2010, para. 354.

条的赔偿责任。

3. 小结

上述三个典型案例反映了仲裁庭对于涉案 IIAs 条款安排的不同理解。当 IIAs 约定用尽当地救济或者对当地救济和投资仲裁适用顺序作出个性化的安排时，此时的平行程序问题主要是判断仲裁管辖权的问题。即便东道国国内诉讼正在进行中，仍需前置性地判断该等诉讼是否为实质上有效的权利救济途径。当国内诉讼的拖延超过合理期限甚至构成拒绝司法时，仲裁庭不仅允许该等"裁—诉"，投资者还可能援引涉案 IIAs 要求获得对于司法不公的损害赔偿。并且，进行中的国内诉讼如果只是对东道国行为的非法性或无效性等宣告性救济，仲裁庭可能认为该等诉讼与投资仲裁不存在冲突。在佛尔德曼案中，仲裁庭依据 NAFTA 的明确规定接受了该等"裁—诉"的进行。如果涉案 IIAs 并未明确规制宣告性救济，依据相同的分析思路，亦应当允许该等并未产生实质冲突的平行程序的发生。尽管仲裁庭对于条款的解释在上述问题中可能有所差别，但是，IIAs 引入当地救济和投资仲裁适用顺序的安排毕竟是一种缔约方主动关注平行程序问题、对平行程序问题以合意的方式明确规定处理方式的做法，并不因为仲裁庭解释的不确定性而失去价值。

（二）合同仲裁与条约仲裁之间的"裁—裁"平行程序

1. 投资合同约定与 IIAs 规定的冲突

海外投资者与东道国政府之间订立投资合同，使得投资者可以在特定的时期、区域和条件下享受特定的权利，进行诸如公共事业的建设和自然资源的发展等投资活动。[49] 投资合同本身可能约定以仲裁的方式解决违约争议，该等仲裁既可能是国内仲裁，也可能是国际仲裁。如果投资者同时在投资仲裁庭提起违反条约之诉，投资仲裁庭需要判断是否存在"裁—裁"平行程序。当然，投资合同也可能约定以诉讼解决合同争议，但是其产生机制与"裁—裁"平行程序是相同的，因此不再展开专门分析这类"裁—诉"平行程序。

首先，条约仲裁庭只关注东道国行为在国际法中的定性，而无须关注该等行为在国内法中是否也可能违反合同。对于非 ICSID 条约仲裁庭而言，其并无排除投资合同仲裁的义务。较为合适的处理方式是，条约仲裁庭只处理对于违

---

[49] 何力：《中国海外投资保护与国家契约问题》，载《江西社会科学》2010 年第 6 期，第 15 页。

反条约的行为提出的仲裁请求,而不处理任何与合同有关的、条约仲裁庭不具有管辖权的行为。对于 ICSID 仲裁庭而言,《华盛顿公约》第 26 条赋予 ICSID 仲裁庭专属管辖权。这意味着理想状态下,同一时间只存在一个待决的仲裁程序,而且多个仲裁程序都应按时间顺序轮次进行和终结,这就避免了同时有多个待决程序,从而出现相互矛盾的裁决。[50]

其次,"裁—裁"平行程序还与 IIAs 中的保护伞条款(umbrella clause)密切相关。保护伞条款也可称作"遵守承诺条款",如《中国—坦桑尼亚 BIT》第 14 条规定,缔约一方应信守以协议或合同形式与缔约另一方投资者就其投资所作出的书面承诺。保护伞条款为投资者创设了一种与稳定条款的意图相似的情形,即保障外国投资者在合同签订时得到的承诺,不容许东道国通过后续立法改变交易条件。[51]

引入保护伞条款带来的一大问题便是:东道国违反投资合同义务是否自动地等同于违反条约义务?肯定说的立场显得过于激进,可能使得投资仲裁庭面临巨量的合同性质的仲裁案件,极大地加重东道国履行条约义务的成本。[52] 在肯定说的立场下,多个争议解决机制对于处理争议都具有正当性,引发平行程序的风险极高。否定说则认为需具体分析东道国行为是否违反合同义务属于合同仲裁庭而非条约仲裁庭的管辖范围。因此,如果合同已经受到其他仲裁庭的管辖,则条约仲裁庭的管辖范围不能延伸至这一合同。[53]至于合同义务具体在什么情况下转变为条约义务,对待这一问题的不同态度将否定说的立场细分成更多的层次。

---

[50] CRIVELLARO ANTONIO, *Consolidation of Arbitral and Court Proceedings in Investment Disputes*, Law & Practice of International Courts & Tribunals, Vol. 4:388, pp. 371—420(2005).

[51] M. SORNARAJAH, *The International Law on Foreign Investment*, Cambridge University Press, 2020, p. 375.

[52] 黄月明:《ICSID 仲裁庭扩大管辖权的途径及其应对——从"谢业深案"切入》,载《华东政法大学学报》2013 年第 5 期,第 72 页。

[53] ARNAUD DE NANTEUIL, *International Investment Law*, Edward Elgar Publishing, 2020, p. 125.

2. "裁—裁"平行程序实例和仲裁庭分析思路

表13-3　投资仲裁庭分析合同仲裁与条约仲裁"裁—裁"平行程序的不同思路

序号	案件名称	仲裁庭的分析思路	仲裁庭对平行程序的处理方式
1	瑞士通用公证行诉巴基斯坦案[54]	保护伞条款未约定合同义务自动转化为条约义务	仲裁庭对合同争议无管辖权，避免了"裁—裁"的发生
2	瑞士通用公证行诉菲律宾案[55]	东道国付款金额数量由合同仲裁确定。该等金额一旦被确定，之后的履行情况问题可由条约仲裁庭管辖	仲裁庭对合同争议有管辖权，但是合同争议暂时不具有可受理性。金额确定之后，应任何一方的请求可恢复条约仲裁程序。仲裁庭避免了"裁—裁"的发生
3	瑞士通用公证行诉巴拉圭案[56]	保护伞条款未区分东道国的主权行为与商事行为。投资条约仲裁是交易中不可撤销的一部分，投资者有权决定选择救济措施	仲裁庭对合同争议有管辖权，合同争议具有可受理性，并对争议作出实质性裁决

表13-3中的三个案件展现了投资仲裁庭对于保护伞条款相关平行程序的不同分析思路。

首先，瑞士通用公证行诉巴基斯坦案的仲裁庭持有绝对的否定说立场，也即结合涉案IIAs的具体条款，认为东道国违反合同义务不等于自动地违反涉案IIAs。条约仲裁庭最终裁定对于违反涉案合同相关的请求无管辖权。该案中，巴基斯坦依据与瑞士籍投资者瑞士通用公证行签订的《装运前检验协议》在国内启动了与后者的合同仲裁。合同仲裁仍在进行时，申请人瑞士通用公证行根据《瑞士—巴基斯坦BIT》第9条提交ICSID投资仲裁请求。涉案保护伞条款是《瑞士—巴基斯坦BIT》第11条，规定"缔约一方应一贯保证遵守其对缔约另一方投资者的投资所作的承诺"。仲裁庭最终采取否定说立场，认为涉案保护伞条款并不意味着东道国违反合同义务自动地等同于违反条约义务。仲裁庭认

---

[54] See SGS Société Générale de Surveillance S. A. v. Islamic Republic of Pakistan, ICSID Case No. ARB/01/13, Decision of the Tribunal on Objections to Jurisdiction, 6 August 2003.

[55] See SGS Société Générale de Surveillance S. A. v. Republic of the Philippines, ICSID Case No. ARB/02/6, Decision of the Tribunal on Objections to Jurisdiction, 29 January 2004.

[56] See SGS Société Générale de Surveillance S. A. v. The Republic of Paraguay, ICSID Case No. ARB/07/29, Award, 10 February 2012.

定自身对该案的合同争议无管辖权，一定程度上避免了平行程序的发生。

仲裁庭的分析思路是，首先，"投资所作的承诺"不限于合同承诺，可能包含缔约方的所有国内立法、行政或其他单方措施。并且，遵守承诺的措辞并不一定意味着东道国产生并接受了一项新的国际法义务。另外，违反一国与另一国投资者签订的合同本身并不违反国际法，申请人未能提供其他证据来证明缔约方存在将合同义务自动转化为条约义务的意思。而且，自动转化为条约义务的观点会使得 BIT 其他条款变得多余。如果仅仅是一项合同的违约行为或一项国内法律的违法行为，就足以构成一项缔约方的违反条约行为，则无须证明东道国违反了 BIT 其他实质性义务的条款。并且，通过自动转化条约义务来架空投资合同中的争议解决条款侵犯了东道国的权益。仲裁庭认为对 BIT 第 11 条的解释应当采取能够加强不同法律秩序下的不同协定之间的协调性和利益平衡性的解释方法。因此，仲裁庭裁定对于双方当事人是否违反涉案合同的仲裁请求没有管辖权。

其次，在相对的否定说立场下，可能发生"裁一裁"。例如，在瑞士通用公证行诉菲律宾案中，仲裁庭对类似的保护伞条款作出了不同的解读。《瑞士—菲律宾 BIT》第 10.2 条规定"缔约各方应遵守其对缔约另一方投资者在其领土上的具体投资所承担的任何义务"。该案申请人同样为瑞士公司瑞士通用公证行，其针对菲律宾向 ICSID 提起仲裁。申请人主张菲律宾未能履行全面进口监管服务协议（以下简称"CISS 协议"）项下的支付义务，因此违反保护伞条款。被申请人援引前述瑞士通用公证行诉巴基斯坦案仲裁庭的观点，认为合同义务不能自动转化为条约义务。[57] 仲裁庭的分析思路是，本案保护伞条款的措辞不同。前案 IIA 约定的"投资所作的承诺"不如后案的"在其领土上的具体投资所承担的任何义务"一词明确。仲裁庭认为，第一，要适用本案 BIT 第 10.2 条规定，意味着东道国必须承担一项针对"具体投资承担的义务"，而不是某种一般性法律义务。这与将东道国的所有国内立法、行政或其他单方措施提升到国际法义务的层面相去甚远。第二，关于一般国际法项下违反投资合同本身是否违反国际法的问题，仲裁庭认为涉案合同义务是否属于条约义务是一个解释问题，不是由任何推定决定的。第三，广义解释条约义务的后果并非架

---

[57] See SGS Société Générale de Surveillance S. A. v. Republic of the Philippines, ICSID Case No. ARB/02/6, Decision of the Tribunal on Objections to Jurisdiction, 29 January 2004, para. 113.

空投资合同中的争议解决条款。第10.2条不是将合同即时转化为条约，并没有将CISS协议的适用法律从东道国法律变成国际法。对于第10.2条更适当的解释是，它不规制东道国就具体投资作出的承诺的范围，而是规制承诺范围一旦确定之后的履行情况。这一条款的功能是东道国向外国投资者保证根据其本国法律就特定投资承担义务，有助于确保与投资保护有关的法治。本案中，东道国的义务是支付CISS协议约定的款项，具体付款金额数量仍由合同约定，且只能根据合同条款来确定。仲裁庭认为原则上申请人可以根据保护伞条款将合同争议提交ICSID仲裁，但是申请人的索赔时机尚不成熟，必须等待按照投资合同约定的程序确定应付金额。[58] 仲裁庭裁决在投资合同仲裁确定东道国到期应付金额之前，暂时搁置投资条约仲裁。待金额确定之后，应任何一方的请求可恢复条约仲裁程序。

最后，瑞士通用公证行诉巴拉圭案的投资合同虽然约定的是以诉讼而非仲裁方式解决争议，但同样关乎对保护伞条款的解读问题。该案仲裁庭关注东道国主权行为和商事行为两分的问题，认为保护伞条款未加以明确区分的情况下，无须考虑东道国行为是否属于行使主权。涉案《瑞士—巴拉圭BIT》第11条规定："缔约一方应持续保证遵守其对缔约另一方投资者的投资所作的承诺。"被申请人抗辩即便存在违约行为，该等行为也是以普通商事主体的身份做出的，不涉及滥用主权权力的行为。[59] 就保护伞条款的解读，仲裁庭认为第11条要求东道国遵守承诺。根据"遵守承诺"的通常含义，不履行合同义务显然是不遵守承诺。该条没有任何明示或暗示政府只有在滥用其主权权力时才构成不遵守承诺，因此被申请人违反第11条。[60] 仲裁庭梳理被申请人的抗辩思路是，虽然其没有按合同付款，但是由于合同约定任何有关付款的争议必须提交当地法院，因此在当地法院解决争议之前，被申请人没有违反其合同义务。[61] 仲裁庭认为，被申请人除同意合同中的法院选择条款外，还在涉案IIAs中同意了投资条约仲

---

[58] See SGS Société Générale de Surveillance S. A. v. Republic of the Philippines, ICSID Case No. ARB/02/6, Decision of the Tribunal on Objections to Jurisdiction, 29 January 2004, paras. 127—128.

[59] See SGS Société Générale de Surveillance S. A. v. The Republic of Paraguay, ICSID Case No. ARB/07/29, Award, 10 February 2012, para. 81.

[60] See SGS Société Générale de Surveillance S. A. v. The Republic of Paraguay, ICSID Case No. ARB/07/29, Award, 10 February 2012, para. 91.

[61] See SGS Société Générale de Surveillance S. A. v. The Republic of Paraguay, ICSID Case No. ARB/07/29, Award, 10 February 2012, para. 103.

裁。因此，被申请人为投资者提供了一个解决争议的替代方案，投资仲裁实际上成为交易中不可撤销的一部分。[62] 仲裁庭认为，合同的争议解决条款并没有剥夺仲裁庭对争议的管辖权，也没有使仲裁请求不具有可受理性。此外，仲裁庭认为，一旦对请求拥有了管辖权，就必须对其作出裁决。[63] 最终，仲裁庭裁决被申请人违反保护伞条款并承担赔偿责任。

3. 小结

仲裁庭对保护伞条款的分析必须紧密结合具体 IIAs 条款。上述三个典型案例围绕的是不同的 BIT，因此仲裁庭针对具体保护伞条款的结论并不具有可移植性。三案的启发在于，第一，各仲裁庭在合同争议能否通过保护伞条款转化为条约争议的问题上产生分野，分别代表了绝对的否定说、相对的否定说以及肯定说三种立场。绝对的否定说认为自身无权管辖合同争议。相对的否定说允许"裁—裁"，追求实现不同仲裁庭的分工。当条约仲裁以另案裁决的结论为裁判前提时，条约仲裁可能以中止的方式实现多个仲裁庭的协调。肯定说则认可自身具有管辖权。第二，关于适用保护伞条款时是否要区分东道国商事合同行为和滥用主权行为，尽管有观点认为应当通过这种区分平衡当事人利益，避免东道国政府承受过于沉重的诉累[64]，但是正如瑞士通用公证行诉巴拉圭案仲裁庭的思路，两分法必须能够从涉案保护伞条款中解释出来，否则不予区分。第三，平行程序问题不只关乎仲裁管辖权，也关乎可受理性问题。管辖权主要包括是否存在直接因投资而产生的法律争端、属物、属地、属时、事项管辖权等问题。可受理性则是仲裁庭在特定的时间点就申请人在个案中提出的某项具体仲裁请求行使管辖权的前提条件。可受理性问题主要包括投资仲裁的前置程序问题、IIAs 对争议解决方式安排条款的适用问题等。[65] 实践中，被申请人一方可能分别提出管辖权异议与可受理性异议。正如瑞士通用公证行诉菲律宾案仲裁庭分析的那样，条约仲裁管辖权往往由 BIT 和《华盛顿公约》共同确定，私

---

[62] See SGS Société Générale de Surveillance S. A. v. The Republic of Paraguay, ICSID Case No. ARB/07/29, Award, 10 February 2012, para. 107.

[63] See SGS Société Générale de Surveillance S. A. v. The Republic of Paraguay, ICSID Case No. ARB/07/29, Award, 10 February 2012, para. 109.

[64] 徐崇利：《"保护伞条款"的适用范围之争与我国的对策》，载《华东政法大学学报》2008 年第 4 期，第 54 页。

[65] 张建：《国际投资仲裁管辖权研究》，中国政法大学 2018 年博士学位论文，第 28 页。

主体能否通过合同放弃条约仲裁权利或免除缔约方履行条约和公约规定的义务是值得怀疑的。条约管辖权不因合同而废止，问题不在于仲裁庭是否有管辖权，而是在于当合同约定争议专门提交给另一仲裁庭时，是否应允许申请人以合同作为条约仲裁请求的依据，也即可受理性问题。仲裁庭认为这类请求不具有可受理性。瑞士通用公证行诉菲律宾案毕竟肯认了对于合同争议的管辖权，即便仲裁庭以可受理性协调多个仲裁，亦有担忧认为，遵循这样的思路，只要东道国稍有违反与投资者订立的合同之举，投资者便会诉诸投资条约仲裁，这一做法对于东道国不利。[66]

（三）多个投资条约仲裁之间的"裁—裁"平行程序

1. IIAs 投资定义条款与投资者股东提起仲裁

某公司作为外国投资者依据某份 IIAs 提起仲裁的同时，该公司股东依据股东的国籍国与东道国缔结的 IIAs 也提起仲裁，即引发平行程序风险。如果外国投资者具有多个国籍的多个股东，由股东们依据不同的 IIAs 提起仲裁，亦可能引发平行程序。可以发现，产生这类平行程序的前提是，承认外国投资者的股东有权提起投资条约仲裁。

国际法上对公司诉权和公司股东诉权的两分判断法可以追溯到国际法院在巴塞罗那电力公司案中的阐释。[67] 国际法院指出，虽然对于公司的违法行为通常会给股东带来损失，但这并不代表二者都有权主张损失。即便股东将公司视作其实现经济目的的一种手段，但公司是独立存在的实体，股东的利益与公司的利益相分离。[68]而在投资仲裁中，学界和业界将股东提起投资仲裁称作股东反射性损失申诉（shareholder reflective loss claim）、间接申诉（indirect claim）等。[69]当代 IIAs 大多对投资采取广泛的定义，一般列举非穷尽的投资形式的清单，其中可能直接包括股份和其他受保护的投资形式。例如，美国 2012 年 BIT 范本第 1 条定义条款中的"投资"是指投资者直接或间接拥有或控制的具有投资特征的

---

[66] 丁夏：《国际投资仲裁中适用"保护伞条款"之冲突与解决——以仲裁庭阐释条款的态度为线索》，载《西北大学学报（哲学社会科学版）》2014 年第 2 期，第 73 页。

[67] See Barcelona Traction, Light and Power Co., Ltd. (Belgium v. Spain), Judgment, ICJ Reports (1970).

[68] See Barcelona Traction, Light and Power Co., Ltd. (Belgium v. Spain), Judgment, ICJ Reports (1970), para. 44—45.

[69] CHAISSE J & LI L Z, *Shareholder Protection Reloaded Redesigning the Matrix of Shareholder Claims For Reflective Loss*, Stanford Journal of International Law, Vol. 52：51, pp. 51—94 (2016).

每项资产,包括投入资本或其他资源、预期获得收益或利润或承担风险等特征。投资可能采取的形式包括"企业的股份、股票和其他形式的参股"。IIAs 对投资的宽泛定义使得仲裁庭只要能够判断股东在公司的持股属于定义下的受保护投资,股东就有权提出索赔。正如有学者指出,在实践中,仲裁庭通常系统性地驳回被申请人对于申请人作为股东的起诉资格的异议。尽管作为股东投资者提出索赔的权利成为一项既定原则,但这种保护应达到何种程度以及对股东投资者的损害应如何赔偿,仍有待观察。[70]

2. "裁—裁"平行程序实例和仲裁庭分析思路

表 13-4 投资仲裁庭分析多个条约仲裁之间"裁—裁"平行程序的不同思路

序号	案件名称	仲裁庭的分析思路	仲裁庭对平行程序的处理方式
1	劳德案[71]和 CME 公司案[72]	劳德案的仲裁庭认为本案不适用未决原则,因为当事人、诉因不同 CME 公司案的仲裁庭认为本案不适用既判力原则,因为当事人、提起仲裁依据的 BIT 不同,并且无法判断两案的事实是否完全相同	劳德案、CME 公司案仲裁庭均认为自身具有管辖权,两案仲裁庭均允许"裁—裁"的发生
2	安瓦尔公司诉埃及案[73]和梅曼诉埃及案[74]	安瓦尔公司案的仲裁庭认为相关联投资者提起的另案仲裁一旦同样确认管辖权,同一利益方在两个仲裁庭寻求权利保护构成程序滥用。并且《华盛顿公约》第 26 条同样要求消除该等程序滥用	安瓦尔公司案仲裁庭具有管辖权的前提是申请人一方选择在另案撤诉,避免了"裁—裁"的发生

---

[70] LUCIAN ILIE, *Shareholders' Claims in Investment Treaty Arbitration*: *No Piece of Cake*!, Romanian Arbitration Journal, Vol. 13: 27, pp. 13—27 (2019).

[71] See Ronald S. Lauder v. Czech Republic, Final Award, 3 September 2001.

[72] See CME Czech Republic B. V. v. The Czech Republic, Final Award, 4 March 2003.

[73] See Ampal-American Israel Corporation and others v. Arab Republic of Egypt, ICSID Case No. ARB/12/11, Decision on Jurisdiction, 1 February 2016.

[74] See Maiman and others v. Egypt, PCA Case No. 2012/26.

续表

序号	案件名称	仲裁庭的分析思路	仲裁庭对平行程序的处理方式
3	奥拉斯康诉阿尔及利亚案[75]和奥拉斯康电信控股公司诉阿尔及利亚案[76]	奥拉斯康公司案的仲裁庭认为相关联投资者提起另案仲裁是用与涉案BIT宗旨相冲突的方式来保护投资者权利，构成滥用投资保护	奥拉斯康公司案仲裁庭认为本案不具有可受理性，排除了管辖权的行使，避免了"裁—裁"的发生

表13-4中的三个案件展现了投资仲裁庭对于多个投资条约仲裁相关平行程序的不同分析思路。首先，投资仲裁相关平行程序的著名案例劳德案[77]和CME公司案[78]的仲裁庭都持允许"裁—裁"的立场。1992年，捷克媒体委员会启动了颁发全国私营电视广播必要许可证的程序，而后将该等许可证颁发给电视台CET21。美国籍自然人劳德是一家与CET合作密切的公司CEDC的股东。CEDC、CET21和捷克银行合作设立了合资公司CNT对电视台进行管理。[79]捷克于1996年修改《传媒法》，不再允许广播许可证持有者与广播运营商在组织结构上分离，也即不再许可CNT的授权经营广播商业模式。1997年，荷兰籍公司CME通过收购股份的方式获得了CNT 99%的股权。[80] CME公司同样是由自然人Lauder最终控制的公司。[81] 1999年8月，自然人劳德根据《美国—捷克BIT》对捷克提起投资仲裁，声称捷克媒体委员会撤回许可证的行为违反条约义务，该案适用UNCITRAL仲裁规则。[82] 2000年，该案仍在审理过程中，CME公司依据《荷兰—捷克BIT》同样提起投资仲裁，声称捷克迫使CNT放弃原许可证项下的业务违反了条约义务。劳德案中，涉案BIT第5.3.a条规定提起投资仲裁的前置条件是："争议未按照任何适用的先前商定的争议解决程序被提交解决；且争议未被提交至争议当事方的法院或行政法庭或有管辖权的机构。"被申请人

---

[75] See Orascom TMT Investments S. à r. l. v. People's Democratic Republic of Algeria, ICSID Case No. ARB/12/35, Award, 31 May 2017.

[76] See Orascom Telecom Holding S. A. E v. People's Democratic Republic of Algeria, PCA Case No. 2012-20.

[77] See Ronald S. Lauder v. Czech Republic, Final Award, 3 September 2001.

[78] See CME Czech Republic B. V. v. The Czech Republic, Final Award, 4 March 2003.

[79] See Ronald S. Lauder v. Czech Republic, Final Award, 3 September 2001, paras. 4—6.

[80] See Ronald S. Lauder v. Czech Republic, Final Award, 3 September 2001, para. 120.

[81] See CME Czech Republic B. V. v. The Czech Republic, Final Award, 4 March 2003, para. 6.

[82] See Ronald S. Lauder v. Czech Republic, Final Award, 3 September 2001, para. 11.

主张该条规定排除了仲裁庭行使管辖权的可能性。被申请人认为，在本仲裁启动之前，争议已经提交给了其他仲裁庭。这些争议解决程序产生于相同的情况，并寻求实质性相同的救济，因此所有案件中的争议问题都是相同的。[83]

劳德案的仲裁庭认为本案不适用未决原则，因为其他仲裁程序都涉及不同的当事人和不同的诉因。因此，任何其他仲裁庭的裁决都不可能与本仲裁庭将作出的裁决相似或不一致，即任何其他仲裁庭不可能裁决捷克是否违反涉案 BIT 以及是否应对劳德的损失承担赔偿责任。[84] 仲裁庭承认本案裁决和 CME 公司案仲裁庭的裁决有可能相互矛盾。但是考虑到这两个仲裁的申请人并不相同、本案的启动时间早于 CME 公司提出仲裁请求、被申请人不同意事实上合并两项仲裁等因素，仲裁庭认为劳德及其控制的实体提起的多个程序没有滥用程序。即使在此适用滥用程序的相关理论，本案仲裁庭也是唯一有权审理劳德根据涉案 BIT 提出请求的机构。平行程序的存在不影响本案仲裁庭的权威和效力，也不会损害双方的权利。恰恰相反，目前的仲裁程序是唯一可以保护双方在涉案 BIT 项下权利的地方。[85] 最终仲裁庭实质性审理该案，认为东道国行为违反了不采取任意和歧视性措施的义务，但是无须承担损害赔偿责任。然而这一裁决与 CME 公司案的裁决存在实质性冲突，后者作出了对于投资者更有利的裁决，要求东道国赔偿投资者 269814000 美元并支付利息等其他费用。[86] 通过这两个案例可以发现，多个条约仲裁的平行程序可能产生对申请人的多重救济、多个裁决之间实质性冲突等问题。

另外，劳德案以来的其他投资仲裁庭采取了不同的立场。安瓦尔公司诉埃及案（以下简称安瓦尔案）和梅曼诉埃及案（以下简称梅曼案）的案情与劳德案类似，然而仲裁庭持反对立场。波兰籍的自然人梅曼是美国公司安瓦尔公司的实际控制人，前者与后者分别依据《波兰—埃及 BIT》和《美国—埃及 BIT》向东道国索赔。安瓦尔案的仲裁庭认为两案构成平行仲裁，这无异于就同一利益重复提出同一请求。尽管利益的相关方向两个不同的仲裁机构提出索赔请求和权利保护是有合理性的，但是一旦两个仲裁机构的管辖权都被确认，这种做

---

[83] See Ronald S. Lauder v. Czech Republic, Final Award, 3 September 2001, para. 156.
[84] See Ronald S. Lauder v. Czech Republic, Final Award, 3 September 2001, para. 171.
[85] See Ronald S. Lauder v. Czech Republic, Final Award, 3 September 2001, paras. 172—174.
[86] See CME Czech Republic B. V. v. The Czech Republic, Final Award, 4 March 2003, para. 161.

法就会变成滥用程序。因为同一个权利主张实质上被两个仲裁庭审理。仲裁庭指出，滥用程序并不是指申请人一方存在恶意，而是客观上就同一投资的同一部分向不同的投资仲裁庭提出索赔构成滥用程序。[87] 此外，根据《华盛顿公约》第 26 条"排除任何其他救济方法"，要求申请人在本仲裁中消除重复进行同一索赔所造成的程序滥用。[88] 最终梅曼案的申请人撤诉，并明确表示撤诉的目的是消除该案与另案索赔要求的重叠部分。[89] 而奥拉斯康诉阿尔及利亚案（以下简称奥拉斯康案）和奥拉斯康电信控股公司诉阿尔及利亚案（以下简称奥拉斯康电信控股公司案）同样属于相关联投资者提起多个条约仲裁的案件，奥拉斯康案的仲裁庭认为"裁—裁"情形下，该案不具有可受理性。该案中，母公司奥拉斯康和子公司奥拉斯康电信控股公司相继提出投资仲裁的行为涉及相同的东道国措施和相同的损害。仲裁庭认为，这是以一种与 BIT 宗旨相冲突的方式来保护投资者权利，构成滥用投资保护制度。[90] 仲裁庭认为，诉诸禁止滥用程序的原则可以避免出现投资条约缔约方未预见到的、与缔结这些条约的根本目的相悖的后果。仲裁庭强调，对于禁止滥用程序的分析关注的是仲裁请求的可受理性问题。[91] 最终，奥拉斯康案仲裁庭认为对该案不具有可受理性，因此不行使管辖权。

3. 小结

"裁—裁"问题展现了国内法与国际法、公司法与投资法法律秩序的交叉点。就劳德案而言，有学者认为其反映了传统的未决原则在处理相关联投资者的多个仲裁问题上的毫无用处。[92] 未决原则和既判力原则在概念上相似，但前者适用于正在进行的平行程序，而后者则涉及已终结的法律解决程序的约束力

---

[87] See Ampal-American Israel Corporation and others v. Arab Republic of Egypt, ICSID Case No. ARB/12/11, Decision on Jurisdiction, 1 February 2016, para. 331.

[88] See Ampal-American Israel Corporation and others v. Arab Republic of Egypt, ICSID Case No. ARB/12/11, Decision on Jurisdiction, 1 February 2016, para. 338.

[89] See Ampal-American Israel Corporation and others v. Arab Republic of Egypt, ICSID Case No. ARB/12/11, Decision on Liability and Heads of Loss, 1 February 2016, para. 22.

[90] See Orascom TMT Investments S. à r. l. v. People's Democratic Republic of Algeria, ICSID Case No. ARB/12/35, Award, 31 May 2017, para. 545.

[91] See Orascom TMT Investments S. à r. l. v. People's Democratic Republic of Algeria, ICSID Case No. ARB/12/35, Award, 31 May 2017, para. 547.

[92] 银红武：《论国际投资仲裁"程序滥用"及其规制》，载《西北大学学报（哲学社会科学版）》2020 年第 2 期，第 75 页。

和排他性效力。未决原则和既判力原则都采用"三重因素一致"的标准,如果争议涉及相同的标的物、发生在相同的当事方之间并且诉因相同,则适用该等原则。不同国家的法律传统对如何适用"三重因素一致"的标准可能存在不同的理解。[93]

劳德案之后,投资仲裁庭规避平行程序时采取的思路各不相同,可能对未决原则的"三重一致"标准从形式主义转向实质主义,结合具体案情仅考虑两重因素一致性即可[94],也可能诉诸禁止滥用程序原则、涉案 IIAs 的缔约目的等内涵并不明确的概念取代未决原则、既判力原则,用以限制"裁—裁"平行程序。而在平行程序对管辖权的具体影响的问题上,仲裁庭的理解也不相同。例如,安瓦尔案的仲裁庭认为其不具有管辖权,奥拉斯康案的仲裁庭则以不具有可受理性排除了管辖权的行使。在保护外国投资者的价值取向下,投资条约仲裁平行程序仍是一个可能时常发生的现象。

三、涉华投资仲裁平行程序的实践现状与对策建议

关注平行程序问题不仅是为了维护我国在具体案件中的投资利益。鉴于平行程序是一个具有普遍性的问题,我国作为投资大国关注该问题也能够贡献 ISDS 机制的改革思路和 IIAs 参考条款,更能提高我国在国际投资规则制定中的话语权。尤其是在新进国际投资秩序具有较强的合作性,话语权的争夺更多依赖一国能否提出他国认可的、有效应对现有秩序暴露缺陷的能力的背景下[95],话语权的争夺与解决问题的能力息息相关。

---

[93] LUKAS VANHONNAEKER, *Shareholders' Claims for Reflective Loss in International Investment Law*, Cambridge University Press, 2020, p. 281.

[94] 傅攀峰:《国际投资仲裁中既判力原则的适用标准——从形式主义走向实质主义》,载《比较法研究》2016 年第 4 期,第 159 页。

[95] 蔡从燕:《中国与国际投资规则制定中的法律话语权》,载《上海政法学院学报(法治论丛)》2022 年第 1 期,第 93 页。

（一）涉华投资仲裁平行程序的实践现状

1. 中国近年来缔结 IIAs 中的相关条款

结合 UNCTAD 的统计[96]和我国商务部公布的自由贸易协定文本[97]，考察我国在 2013 年至 2023 年这一阶段签署、生效并公布的 IIAs，近十年来共有 8 份 TIPs 和 3 份 BITs，梳理其中的相关条款见表 13-5。

表 13-5　自 2013 年以来我国签署 IIAs 的相关条款梳理

序号	IIAs 名称	投资仲裁与当地救济的安排模式	保护伞条款
1	区域全面经济伙伴关系协定（以下简称 RCEP）	未规定 ISDS 机制	未规定
2	中国—柬埔寨 FTA	未规定 ISDS 机制	未规定
3	中国—毛里求斯 FTA	弃权条款、"二选一"模式	未规定
4	中国—格鲁吉亚 FTA	未规定 ISDS 机制	未规定
5	中国—澳大利亚 FTA	弃权条款	未规定
6	中国—韩国 FTA	弃权条款、"二选一"模式	未规定
7	中国—瑞士 FTA	未规定 ISDS 机制	未规定
8	中国—冰岛 FTA	未规定 ISDS 机制	未规定
9	中国—土耳其 BIT	"二选一"模式	未规定
10	中国—坦桑尼亚 BIT	"二选一"模式	第十四条
11	中国—加拿大 BIT	弃权条款、"二选一"模式	未规定

（1）投资仲裁和当地救济的安排条款

近年来，我国签署的 IIAs 对投资仲裁和当地救济存在以下三类安排模式。第一类为未规定 ISDS 机制。以 RCEP 为例，多边协定未规定 ISDS 机制可能是由于缔约方无法达成合意。例如，RCEP 的成员国新西兰在 2017 年宣布拒绝将

---

[96] UNCTAD, *Investment Dispute Settlement Navigator*, Investment Policy Hub (Last visited on February 16, 2024), https://investmentpolicy.unctad.org/investment-dispute-settlement. （注：联合国贸易和发展会议投资政策中心网）。

[97] 参见中国自由贸易区服务网，http://fta.mofcom.gov.cn/index.shtml，2024 年 2 月 16 日访问。

ISDS 纳入任何自由贸易协定。[98] 此外，部分 FTA 未规定 ISDS 机制也存在合理性，因为缔约方之间已经存在双边的 ISDS 机制。例如，我国签订的《中国—冰岛 BIT》已经约定 ISDS 机制。[99] 在后签订的《中国—冰岛 FTA》仅规定缔约方争端解决机制。后者第 92 条约定，双方认识到前述 BIT 为双边投资创造良好条件方面发挥的重要性，及其对根据本协定建立的自由贸易区所作的贡献。

第二类为投资者在东道国国内诉讼与投资仲裁之间的"二选一"模式。例如，《中国—土耳其 BIT》第 9 条规定，投资争议应优先通过谈判或国内行政复议程序解决，未解决的，投资者可选择将争议提交至投资所在缔约一方有管辖权的法院、ICSID，以及依据 UNCITRAL 仲裁规则设立的专设仲裁庭这三类争议解决机构的任意一种机构。并且投资者的该等选择是终局的。投资者选择的终局性体现了缔约方禁止重复仲裁、投资者不得获得重复救济的合意，也能起到降低平行程序风险的作用。

第三类为弃权条款模式。即要求投资者以放弃包括东道国国内诉讼在内的任何其他争端解决程序的权利为提起投资仲裁的前提。例如，《中国—澳大利亚 FTA》第 14 条规定，投资者在提出仲裁请求时应当附有书面弃权，弃权是指依据任何一方法律在任何行政庭或法院，或发起或继续进行任何其他争端解决程序的权利。[100]

值得注意的是，我国对于以上三类模式的使用没有因为签订年份或条约相对方等变化而形成明显规律。并且，一套 ISDS 机制可能不只使用一种模式，而是组合和调整多种模式。例如，《中国—韩国 FTA》结合使用"二选一"模式与弃权条款模式，投资者如果选定投资仲裁作为争议解决方式，则需要附上放弃东道国国内诉讼的书面弃权。简言之，我国近年来签署的 IIAs 对投资仲裁和当地救济的安排模式呈现多样性，亦较多采用弃权条款模式和"二选一"模式。

（2）保护伞条款

可以发现，近年来我国签署 IIAs 中的保护伞条款显得"冷门"。保护伞条

---

[98] PASHA L. HSIEH, *New Asian Regionalism in International Economic Law*, Cambridge University Press, 2021, p. 238.
[99] 《中国—冰岛 BIT》第 9 条。
[100] 《中国—澳大利亚 FTA》第 14 条。

款仅在《中国—坦桑尼亚 BIT》出现，约定"缔约一方应信守以协议或合同形式与缔约另一方投资者就其投资所作出的书面承诺"。[101] 尽管近年签署新条约时少见保护伞条款，但是就存量的 IIAs 来看，我国不乏约定保护伞条款的做法。有学者统计，2014 年我国当时签署的 120 多个 BITs 中至少有 50 个包括了保护伞条款。在这 50 个 BITs 中，大多数都采用了要求东道国遵守其对外国投资者承担的所有任何义务或承诺的标准表述。[102] 条款解释时存在引发"裁—裁"平行程序的风险。

2. 涉华投资仲裁案件中的平行程序风险

近年来，中国逐渐卷入投资仲裁案件，既有中国的海外投资者作为申请人的案件，也有中国政府作为被申请人被提起仲裁索赔的案件。[103] 涉华投资仲裁案件中暂时没有以平行程序问题作为争议焦点的案件，也暂无仲裁庭在涉华案件中重点关注平行程序相关的管辖权或可受理性问题。但是，在既有的一些涉华案件中，能够看到围绕投资争议启动了多个法律争议解决程序。例如，在北京 A 技术有限公司诉加纳案（以下简称 A 公司案）[104] 中，出现了同时进行中的条约仲裁和合同仲裁程序。[105] 申请人依据《中国—加纳 BIT》对东道国提起仲裁，而后申请人又依据与东道国签订的工程合同仲裁条款以及伦敦国际仲裁院（LCIA）仲裁规则提起合同仲裁。条约仲裁庭认为，双方根据 LCIA 仲裁规则进行的平行仲裁程序并不影响本案的管辖权。另案涉及的是被申请人在工程合同项下的义务，而本案涉及的是被申请人在 BIT 项下的义务。[106] A 公司案展现了投资者在遇到争议时寻求多种路径权利救济方式的现象。可以预见的是，当投资争议涉及的 IIAs 存在可能容许"裁—诉""裁—裁"的空间时，涉华投资仲裁产生平行程序的风险将会急剧上升。

---

[101] 《中国—坦桑尼亚 BIT》第 14 条。

[102] SHAN W, *Umbrella Clauses and Investment Contracts under Chinese BITS: Are the Latter Covered by the Former?* The Journal of World Investment and Trade, Vol. 11: 167, pp. 135—167（2010）.

[103] 龚柏华：《涉华投资者—东道国仲裁案法律要点及应对》，载《上海对外经贸大学学报》2022 年第 2 期，第 80 页。

[104] *See* Beijing Everyway Traffic and Lighting Company Limited v. Ghana, PCA 2021-15, Final Award on Jurisdiction, 30 January 2023, para. 299.

[105] 池漫郊、任清：《中国国际投资仲裁年度观察（2022）》，载《北京仲裁》2022 年第 2 辑，中国法制出版社 2022 年版，第 73 页。

[106] *See* Beijing Everyway Traffic and Lighting Company Limited v. Ghana, PCA 2021-15, Final Award on Jurisdiction, 30 January 2023, para. 299.

（二）中国投资者和中国政府应对平行程序的建议

1. 中国投资者应对平行程序的建议

国际投资仲裁中的各方对待平行程序问题的立场不同。如果说作为裁判者的仲裁庭将平行程序视为一个相对中性的问题，那么平行程序对于申请人和被申请人双方的意义完全不同。平行程序为申请人带来得到重复救济或是提升胜诉机会的好处，被申请人则反对平行程序的发生。总体上，平行程序依然弊大于利。这不仅是因为平行程序为东道国带来诉累，更是因为平行程序可能产生不一致的裁决，破坏了整个 ISDS 机制和国际投资法律秩序的可预期性，会动摇国际投资关系各方对于现有机制的信心。

从中国的海外投资者角度而言，尝试启动平行程序具有利益上的合理性，但是通过筹划争议解决策略获得重复救济不具有正当性。海外投资者可以尝试在多个管辖权不明确的争议解决机构寻求权利保护。然而申请人也必须意识到，一旦多个案件的管辖权都被确认，无论是被申请人的异议还是仲裁庭的裁判，都可能以构成平行程序为由阻止仲裁请求被实质性审理。如果以获取重复救济为目标启动多个法律解决程序，也会使投资者自身负担额外的经济成本、时间成本等不必要的诉累。

2. 中国政府应对平行程序的建议

一方面，对于 IIAs 条款的优化建议。（1）对于投资仲裁与东道国国内诉讼之间的"裁—诉"，我国对投资仲裁和当地救济的各类安排模式应考虑到平行程序风险，主动改良条款。例如，相较于国内诉讼与投资仲裁之间的"二选一"模式，可以更多地使用弃权条款，明确要求投资者以放弃包括东道国国内诉讼在内的任何其他争端解决程序的权利为提起投资仲裁的前提。有学者建议使用的"禁止掉头条款"与弃权条款的效果类似，也即防止投资者从双重程序中获得不当利益。[⑰] 这类条款应当强调涉案投资争端的措施相同即为相同的争议，不要求争议的当事人、诉因完全一致。在构成相同争议的前提下，投资者提起投资仲裁就应当同时放弃包括东道国国内诉讼在内的任何其他争端解决程序的权利。此外，我国也可以考虑为弃权条款设置一些例外情形，如合同仲裁

[⑰] 莫建建、高建勋：《"一带一路"投资者与国家争端解决机制的革新》，载《国际商务研究》2022 年第 4 期，第 72 页。

或当地法院救济只是对东道国行为的非法性或无效性等问题作出宣告性救济时，如果不实质性地影响投资仲裁，则可以明确作为弃权条款的例外情形。

（2）对于合同仲裁与条约仲裁之间的"裁—裁"，从降低平行程序风险的角度出发，应当尽量减少引入保护伞条款或是限定保护伞条款的内容，避免将合同之诉直接转化为条约之诉。减少引入保护伞条款有两个层次的具体做法。首先，仅从东道国利益的视角出发，完全不约定保护伞条款自然是最安全的做法。亦有学者认为，从中国作为发展中国家中最大的投资东道国的角度看，不宜规定保护伞条款，合同争议可通过合同约定的方式来解决。[108] 其次，引入保护伞条款毕竟客观上能够更好地保护我国海外投资者的利益，尤其是在当地法治不健全的前提下，该等条款具有不可取代的意义。因此，一种可能的利益平衡方式是明确限定保护伞条款涵摄的义务，如可以明确该条款的适用范围只针对东道国政府干预"国家合同"性质的行为。[109]

（3）对于多个投资条约仲裁之间的"裁—裁"，除了可以对IIAs"包罗万象"的投资定义条款加以限缩，还可以考虑直接在IIAs中约定限制股东独立于公司求偿。例如，《中国—墨西哥BIT》第13条第8款规定："缔约双方承认，根据本条规定，无控制权的小投资者仅有资格就其自己作为投资者的法律利益遭受的直接损失或损害提出诉求。"该约定直接排除了无控制权的股东和公司启动平行程序的可能。《中国—墨西哥BIT》将国内法意义上禁止股东派生诉讼的制度以明确约定的方式引入条约[110]，是一种值得参考和推广的做法。

另一方面，对于推进ISDS机制改革的建议。除了改进仲裁规则中的相关规定，还可以考虑以在IIAs中直接订入合并仲裁条款的方式作出。例如，《中国—加拿大BIT》第26条即为合并条款，规定若有两项或多项诉请根据BIT分别提请仲裁，且这些诉请的法律或事实问题系共同的，源于相同事件或情况，则依据所有争端方对寻求仲裁令并受仲裁令约束的同意，任一争端方均可请求合并仲裁。条款设计时，我国可以考虑平行程序是否高度关联、裁决相互依赖、

---

[108] 余劲松：《投资条约仲裁制度改革的中国选择》，载《法商研究》2022年第1期，第63页。

[109] 邓瑞平、董威颉：《论中国双边投资条约中的保护伞条款》，载《河北法学》2018年第2期，第18页。

[110] 李建坤：《论股东独立投资仲裁请求与公司法"非间接损失"原则的冲突》，载《武大国际法评论》2021年第5期，第154页。

合并是否符合双方的最大利益、双方是否同意合并、不同的法律争议解决程序客观上能否合并等因素。[11] 我国也可以在 ISDS 机制与合并仲裁程序相关改革中，从规制平行程序的角度建议改进方向。以 ICSID 仲裁为例，2022 年 7 月生效的新修订 ICSID 条例与规则中加入了新的合并仲裁和程序协调规则。但是该等规范规制平行程序的条件较为苛刻，要求合并需征得争议双方的同意，并且只适用于 ICSID 管理的未决仲裁。[12] 为了更好规范平行程序问题，我国作为双向投资大国，可以在后续的投资仲裁规则修订中提出对于合并仲裁条款的进一步修改建议，如在程序协调规则中，为仲裁庭设置与其他争议解决机构对话协商的义务。

---

[11] CHAISSE J & LI L Z, Shareholder Protection Reloaded Redesigning the Matrix of Shareholder Claims For Reflective Loss, Stanford Journal of International Law, Vol. 52: 93, pp. 51—94 (2016).

[12] 《ICSID 仲裁规则》第 46 条。

青年佳作

常设论坛青年优秀论文竞赛获奖作品选登

第十四章　司法征收对国际投资仲裁的规则超越与法律因应

——以东道国法院拒绝承认与执行国际商事仲裁裁决为视角[*]

内容摘要： 晚近投资仲裁实践将东道国法院拒绝承认与执行国际商事仲裁裁决的行为界定为司法征收，这一做法实质上超越了传统的国际投资法规则。国际投资仲裁的相关实践在司法征收的语境中通过对直接源于标准的重塑与用尽当地救济原则例外的构建重新诠释了在解决投资争端国际中心的管辖权，同时为征收的传统构成增添了新的内涵。司法征收亦在不法性认定方面创制出有别于司法拒绝的进路，意在通过司法拒绝、《承认及执行外国仲裁裁决公约》以及违反国内法证成其不法性，并在投资协定项下追究东道国的国家责任。我国宜充分考虑司法征收规则及相关实践的影响，在国际投资的各层面做好受诉风险管控，把握投资者维权新机遇。

关键词： 司法征收　中心管辖　司法拒绝　非法征收　承认与执行

一、问题的提出

国际法上的征收是将资产收归国有的强制性措施，是国际投资中东道国对外国投资者最严重的干预与侵害。当前实践中，各国投资者共提起了593起以直接或间接征收为请求的投资仲裁案件，投资仲裁庭在其中186起案件中作出

---

[*] 徐钲，华东政法大学国际法学硕士研究生，研究领域为国际私法、国际投资法。

了有利于投资者的裁决，并在115起案件中认定东道国相关行为构成征收。[1] 自塞班公司诉孟加拉国案（以下简称塞班案）以来[2]，投资仲裁中认定东道国法院不予执行国际商事仲裁裁决的行为构成司法征收的做法引发了理论界与实务界的持续讨论。

若上述裁判方法在实践中发展为常态，则会为投资者与东道国间的权利义务招致重大而深远的变化。司法征收的疆界将被拓展至承认与执行国际商事仲裁的领域，我国法院承认与执行国际商事仲裁裁决这一司法行为将面临国际投资法层面的掣肘，而"走出去"投资也将获得救济其权益的又一法律路径。进言之，投资仲裁实践已在实然上超越和重塑了现存的征收认定规则：法院关于国际仲裁裁决的司法行为被认为足以触发投资仲裁管辖，而法院拒绝承认执行国际商事仲裁裁决被认为构成征收，以及不法性的判断标准在实践中被格外重视但尚不协调。足见相关制度在法律层面的变易尚不具有坚实、连贯的法理基础，部分议题甚至处于对国际投资法视阈下法律渊源等基础理论的探索阶段。

即便我国理论界对上述问题进行的研究数量有限，相关著作也充分展现了我国学者对该问题的基本立场，为学界指引了进一步思考与研究的方向。[3] 但不争的事实是，现行法律仍无法为上述问题提供稳定的分析工具，而相关制度尚处于被学说、立法以及案例所塑造的过程中。笔者不揣浅陋，对解决投资争端国际中心（International Centre for Settlement of Investment Disputes，ICSID）的司法实践及其他投资仲裁实践进行分析，考察并探讨司法征收的内在逻辑，针对实践对规则产生的三个方面的突破及其影响提出因应之策，试为理论与实践提供智力支撑。

二、司法征收对中心管辖权规则的超越

在解决投资争端国际中心审理投资争端的程序上，仲裁庭需要首先解决的

---

[1] Investment Dispute Settlement Navigator (17 March, 2023), https://investmentpolicy.unctad.org/investment-disputesettlement, 2024年9月28日访问。

[2] Saipem S. P. A. v. The People's Republic of Bangladesh, ICSID Case No. ARB/05/7.

[3] 参见王贵国：《从Saipem案看国际投资法的问题与走势》，载《中国政法大学学报》2011年第7期，第48—57页；赵玉意：《国际投资法中司法征收的逻辑证成及其推演张力》，载《国际经济法学刊》2021年第2期，第124—135页。

是案件的管辖权问题。根据《关于解决国家和其他国家国民之间投资争端公约》（以下简称《华盛顿公约》）第 25 条至第 27 条，中心管辖权规则分为构成要件和排他性两个方面，即投资争端需满足《华盛顿公约》规定的主体要件、客体要件和当事人同意这一主观要件，并对东道国的当地救济、外国法院诉讼或其他仲裁以及投资者本国的外交保护产生排斥。

实践表明，部分涉及司法征收案件裁决首先突破了管辖权规则的客体要件，即"争端必须直接产生于投资，且争端必须是法律争端"，进而将国际商事仲裁裁决视作适格投资客体加以保护。其次为进一步构建司法征收制度体系，部分仲裁庭认为司法征收案件的中心管辖无须用尽当地救济，超越了对中心管辖权的排他性要求。

（一）重塑"直接源于"标准

1. 制度背景：法律解释权的配置

就外国投资者与东道国之间的投资争议而言，确定案件是否涉及适格的国际投资往往是无可避免的争点。国际投资，指的是投资者为获得一定经济效益而将其资本投入国外的一种经济活动，具有资本或其他资源的投入、获得收益或利润的预期、承担风险的特征。但随着经济全球化的深入与商贸活动的繁荣，投资活动也逐渐不再拘泥于双边投资协定和自由贸易协定所列举的特定形式。

某一跨国经济活动得以被视作投资而受保护的基本前提是其因符合上述协定所规定的特定形式而被东道国所批准或允许，但在国际投资仲裁的语境下，相关协定中法律文本的解释权实际上由仲裁庭掌握，投资的定义亦概莫能外。在极具影响力的萨利尼公司诉摩洛哥案中，仲裁庭认为适格投资应包含下列因素：资本投入、一定的持续期限、承担一定的风险、对东道国经济发展有贡献。[④] 即便相当数量案件的仲裁庭适用了"萨利尼标准"，但反对声亦有。部分仲裁庭将政府发行的本票、债券及衍生品交易认定为投资。[⑤] 还有部分仲裁庭认为，无须考虑投资是否对东道国的经济发展作出贡献，而应考虑相关投资是否切实为了在东道国开展经济活动而进行、是否符合东道国的法律法规、是否

[④] Salini Costruttori S. P. A. and Italstrade S. P. A. v. Kingdom of Morocco, ICSID Case No. ARB/00/4, Decision on Jurisdiction, para. 52.

[⑤] Fedax NV v. Venezuela, (1998) 37 ILM 1378; Abaclat v. Argentina, ICSID Case No. AR B/07/05; Deutsche Bank v. Sri Lanka, ICSID Case No. ARB/09/2.

系真实的投资。⑥ 反之，规避东道国法律的投资是欺诈性的，不应受到保护。⑦ 不难看出，国际投资仲裁制度对法律解释权的配置客观上赋予了仲裁庭对投资作扩张或限缩解释的空间，这是实践中国际投资定义产生冲突与矛盾的制度背景，为司法征收语境下"投资"外延之变动提供了法律上的可行性。

2. 逻辑进路：有利于投资者立场下的"直接源于"标准

所谓"司法征收"似乎是仲裁庭对投资作扩张解释的产物，部分仲裁庭认为由于裁决产生或确定了金钱请求权，故将商事仲裁裁决视作投资，进而认为东道国法院拒绝承认与执行仲裁裁决的裁定构成司法征收。塞班案仲裁庭认为，孟加拉国和意大利之间的双边投资保护协定将"特定金钱的信贷"列为投资的方式之一，而"特定金钱的信贷一词，在一般情况下包括了仲裁裁决项下判令一方支付一定金额而享有的权利——胜诉方无疑享有裁决所确定数额的金钱债权"。⑧

部分观点认为，本案仲裁庭将金钱债权解释为信贷，故凡是涉及金钱偿付的国际商事仲裁裁决，均可被认定为投资。但如果国际商事仲裁裁决的金钱判项构成适格投资，那么就要把塞班公司申请仲裁、参与争议解决程序的行为视作一种经济活动来看待。更重要的是，依此逻辑，则纯粹贸易争议仲裁裁决的金钱判项亦因具债权的性质而都可以适用相关协定关于投资的规定，这显然超出了《华盛顿公约》的立法本意。⑨

笔者认为，考虑到本案管辖权裁决上文中对涉案管道铺设合同是否为适格投资的分析与论证，仲裁庭是在将塞班公司实施跨国建筑工程这一经济活动认定为适格投资的基础上，将商事仲裁裁决判项视作投资者权利的明确化。相比于前述观点直接将商事仲裁裁决之金钱判项和投资"画等号"，此种观点虽不免对国际投资的范畴进行扩张，但其推论的起点仍基于对外国投资者经济活动的分析。此外，此种解读也更符合塞班案管辖权裁决自身的立场："事实上，相

---

⑥ Phoenix Action, Ltd. *v.* The Czech Republic, ICSID Case No. ARB/06/5, Award, para. 114.

⑦ Fraport AG Frankfurt Airport Services Worldwide *v.* Philippines, ICSID Case No. ARB/03/25, Decision on Jurisdiction.

⑧ Saipem S. P. A. *v.* The People's Republic of Bangladesh, ICSID Case No. ARB/05/7, Decision on Jurisdiction, para. 126.

⑨ 王贵国：《从 Saipem 案看国际投资法的问题与走势》，载《中国政法大学学报》2011 年第 7 期，第 48—57 页。

反的观点意味着仲裁裁决本身构成了《华盛顿公约》第 25 条所规定的投资，仲裁庭不准备接受这一观点……国际商会裁决所体现的权利并不是由该裁决产生的，而是从合同中产生的。国际商会的裁决是双方当事人在原始合同下权利义务的具体化。所以裁决本身是否符合投资的条件，可以留待以后讨论。"[10] 如此既未脱离文义解释的合理范围，也遵循了对国际投资法的基本法理。

上述分析的主要结论是，虽然仲裁庭有意搭建商事仲裁裁决与投资的直接联系，但也明确表示并非在本案中依此进行裁判。易言之，涉案国际商事仲裁裁决之所以被视作国际投资，是由于作为商事仲裁审理对象的经济活动是适格的投资，而非由金钱判项本身构成。

既然认为塞班案中的投资指向塞班公司在孟加拉国的经济活动而非仲裁裁决，就需要考虑塞班公司与孟加拉国间的争端是否"直接源于"该投资。从争端缘起的角度上看，是塞班公司主张孟加拉油气公司欠付款项，与孟加拉国政府以及法院没有关系。而从当事人的诉求上看，塞班公司与孟加拉国法院之间的争端源于双方对国际商会仲裁程序公正性的分歧，而非源于该投资。对此，仲裁庭也明确承认塞班公司与孟加拉国之间关于国际商会仲裁裁决的争端系间接而非直接源于投资，但仲裁庭同时主张应从整个项目的视域来理解投资这一概念，本案中的合同、工程、尾款、担保以及商事仲裁皆是投资的元素且都被投资这一概念囊括，认定争议直接源于仲裁裁决。[11]

在论证适格投资存在的阶段，塞班案仲裁庭认为商事仲裁裁决系当事人合同权利的具体化，当事人的权利义务来自合同而非裁决，且反复强调无意将裁决认定为投资，似乎表明商事仲裁及其相关争议派生于投资。但在论证投资直接源于争议的部分，仲裁庭却将商事仲裁与合同、工程、尾款、担保置于同等地位，一并列为原始投资整体运作的元素，意图实现商事仲裁也可以是投资本身这一效果。仲裁庭矛盾的表述引发了理论界的讨论，有观点认为，该争议并不能满足"直接源自投资"的标准。如果此类间接性争议可以接受，其他间接性争议亦不应构成问题，最后争端解决中心的管辖权便会扩大，从而超出《华盛顿公约》设定的范围。

---

[10] Saipem S. P. A. *v.* The People's Republic of Bangladesh, ICSID Case No. ARB/05/7, Decision on Jurisdiction, paras. 113, 127.

[11] Ibid, paras. 110, 114.

尽管如此，塞班案仲裁庭将商事仲裁作为投资元素的裁判逻辑似乎在后续仲裁实践中引起了争议。美国先进技术与成就建设公司诉约旦案中，仲裁庭认定投资者基于合同与被约旦法院撤销的国际咨询工程师联合会（Fédération lnternationale Des lngénieurs Conseils，FIDIC）仲裁裁决的权利构成 BIT 投资定义中的"关于一项投资的、具有金钱价值的法律执行权利"。[12] 与之相反，基伊埃集团股份公司诉乌克兰案的仲裁庭提出了反对意见，认为仲裁裁决是一个法律工具，其对源于一项投资的权利义务进行配置这一事实并不表明该裁决即等同于投资本身。[13] 罗马克股份有限公司诉乌兹别克斯坦案的裁决也对塞班案的裁判逻辑作出了肯定，但认为罗马克股份有限公司包含并源于该一次性的商业买卖合同的权利因不符合萨利尼标准而不属于"投资"[14]，这表明塞班案的仲裁庭对于投资以及直接源于标准的定义是对萨利尼标准的修正而非颠覆。

（二）构造用尽东道国当地救济例外的具体适用

《解决国家与他国国民间投资争端公约董事会报告》承认，"投资争端通常通过有关投资东道国的法律规定的行政、司法或仲裁程序解决"。[15] 可见，当地救济是国家司法主权的重要内容，而中心仲裁在国际投资争端解决的顺位上处于东道国国内程序的补充地位，反映到《华盛顿公约》第 26 条的具体规定上，缔约国可以要求以用尽该国行政或司法救济作为其同意根据本公约交付仲裁的条件，而塞班案的裁决重新塑造了用尽当地救济在征收案件中的体系地位。

首先，在构成要件层面，塞班案的仲裁庭认为用尽当地救济仅构成司法征收的程序性要件，而非实质性要件[16]，从而在手段上有效区分了司法拒绝与司法征收。司法拒绝是投资仲裁实践中确定司法征收不法性最常为仲裁庭所运用的标准[17]，但这并不意味着司法征收必然以司法拒绝为前提，更不意味着二者

---

[12] ATA Construction, Industrial and Trading Company *v.* The Hashemite Kingdom of Jordan, ICSID Case No. ARB/08/2, Award, para. 69.

[13] GEA Group Aktiengesellschaft *v.* Ukraine, ICSID Case No. ARB/08/16, Award, para. 161.

[14] Romak S. A. *v.* The Republic of Uzbekistan, PCA Case No. AA280, Award, paras. 242, 243.

[15] *Report of the Executive Directors on the Convention on the Settlement of Investment Disputes Between States and Nationals of Other States*, International Bank for Reconstruction and Development, Mar. 18, 1965, p. 32.

[16] 赵玉意：《国际投资法中司法征收的逻辑证成及其推演张力》，载《国际经济法学刊》2021 年第 2 期，第 124—135 页。

[17] Vid Prislan, *Judicial Expropriation in International Investment Law*, International and Comparative Law Quarterly, Vol. 70, pp. 165—195（2021）.

在概念上可以混为一谈。同理，即便理论与相关实践均认为用尽当地救济是司法拒绝的实质性要件[18]，也无法推得其在司法征收的构成上处于相同地位，故明确用尽当地救济在征收认定中的非实质性要件地位，来自分离司法征收与司法拒绝的司法实践，即在征收因司法拒绝而非法的情况下要求用尽当地救济，而违反其他国际法义务导致的非法征收则不需要。

其次，在构成标准及例外层面，仲裁庭在实质上免除了对传统意义上用尽当地救济原则的适用。所谓"用尽"通常是指用完东道国所有可适用的司法与行政程序，包括复核、复议、上诉、重新审理等诉讼程序直至最高司法机关或行政主管机关作出终局决定，且须穷尽包括传唤证人与提供必要证据在内的所有可适用的诉讼武器。实践中，未申请传唤重要证人到庭参与诉讼[19]、重新审理[20]、庭外和解[21]，均被认为尚未用尽当地救济。对东道国而言，用尽当地救济的目的是保障受诉东道国在其国内法体系中消释行为不法性的机会，并保护其不因低级别法院行为而承担国际法上的责任。在塞班案中，投资者并未在东道国寻求上诉或其他程序，仲裁庭认为，不能要求穷尽"不可能的"救济，塞班公司已为仲裁裁决遭受的司法干预在东道国不同法院参与诉讼程序长达两年半的时间，应当已经穷尽了"合理"的救济。

对此，联合国国际法委员会的会议报告指出，"不存在可合理得到的能提供有效补救的当地救济，或当地救济不具有提供此种补救的合理可能性"构成用尽当地救济的明显例外[22]，足见合理要素本就是用尽当地救济原则的应有之义。投资仲裁实践的客观事实表明，司法征收案件的仲裁庭倾向于适用相较传统意义上用尽当地救济原则更低的、更有利于投资者的标准。

一言以蔽之，经由前述裁决对"直接源于"标准的扩张及用尽当地救济原则例外的构建，东道国法院拒绝承认执行国际商事仲裁裁决的行为满足了中心

---

[18] Mavluda Sattorova, *Denial of Justice Disguised? Investment Arbitration and the Protection of Foreign Investors from Judicial Misconduct*, International and Comparative Law Quarterly, Vol. 61, p. 6 (2012).

[19] 12 U. N. R. I. A. A. 120 (1956).

[20] 1959 I. C. J. Reports 27.

[21] The Loewen Group, Inc. and Raymond L. Loewen *v.* United States of America, ICSID Case No. ARB (AF)/98/3, Award.

[22] John R. Dugard (Special Rapporteur), *Seventh Report on Diplomatic Protection*, International Law Commission A/cn. 4/567 (2006), p. 30; Report of the International Law Commission, General Assembly, Supplement No. 10 (A/61/10) (2006), p. 77.

管辖的要求，从而进入司法征收的构成及不法性的讨论。学界对此的批评是，投资者与东道国间的投资争议解决和投资者间的国际商事争议解决应当作为两种并行不悖的解决争议方式发挥作用，而仲裁庭的上述做法从结果上将这两种争端解决方式相混淆。[23]

笔者对上述观点深以为是，考虑到晚近投资仲裁对于投资者的保护倾向，用投资仲裁审查商事仲裁的做法将不利于国际商事仲裁发挥定分止争的功能。假若任何无法在东道国法院执行的仲裁裁决都能通过投资条约仲裁制度得以执行，东道国在《纽约公约》下的司法审查权能将受到投资仲裁的掣肘，该国的外商投资环境也会面临恶化的风险。

三、司法征收对征收类型化归入的继承与创制

管辖权问题解决后所面临的是对征收实体规则适用的讨论，长期以来，理论界对于间接征收的构成与合法性之间的联系存在诸多不同见解。多数外国学者认为征收行为不法性是内置于征收构成的要素。倘若将不法性内置于征收的构成，就会得出"构成征收就必然构成非法征收，并不存在合法征收"的结论，这不但背离了部分投资仲裁实践所提出的征收构成与合法性无关的观点[24]，且对一些发展中国家而言是难以接受的。我国学者一般将征收的构成与合法性作为不同的问题看待，认为公共目的或公共利益是国有化的应有之义，非为公共目的，就不构成征收，更谈不上合法性的问题。考虑到国家对于公共利益的自决权，征收中的公共利益与公共目的似乎是无须论证的要素。

基于此，在本文正式就司法征收的构成与合法性展开讨论之前，为避免中外学界对该议题各异的构造与观点产生混淆和歧义，并考虑到征收构成与合法性混同的危害，本文在研究结构上将沿袭征收构成与合法性二分的讨论框架，通过效果要素检验东道国法院拒绝承认与执行商事仲裁裁决对司法征收的构成性，并在合法性部分试析基于治安权例外与公共目的要素的抗辩。

---

[23] 王贵国：《从 Saipem 案看国际投资法的问题与走势》，载《中国政法大学学报》2011 年第 7 期，第 48—57 页。

[24] EDF International S. A., SAUR International S. A. and León Participaciones Argentinas S. A. v. Argentine Republic, ICSID Case No. ARB/03/23, Award, para. 907.

(一) 一国法院构成征收的行为主体

一般认为,一国司法机关的行为可归责于国家本身,国家应对违反其所承担之国际法上义务的相关司法行为负国家责任。《国家对国际不法行为的责任条款草案》第4条第1款将任何国家机构的行为都认为是国际法意义上的国家行为,不论该组织承担的是立法、行政、司法或是其他职能。这一规定不仅回应了部分西方国家的国家责任承担的问题,也进一步明确了国际法对国家司法行为所进行的规制并非对司法主权的干涉。因为国际法所管辖与审查的是司法行为的国际不法性,遵守国际法所规定的国际义务、承担相应的国家责任本来就不构成对国家司法主权的不当干涉,非如部分学者担心的那样成为东道国法院的上诉机关去审查国内法的事实认定与法律适用的正确与否。[25]

此外,国际投资的立法与实践亦在一定程度上为司法行为构成征收措施提供了更加具体的指引与依据。2012年美国双边投资协定范本、2021年加拿大促进和保护投资协定范本,以及《中国—毛里求斯自由贸易协定》投资章节的定义部分采取了相同的立法模式:"措施,包括任何法律、法规、程序、要求或实践。"《中国—智利自由贸易协定关于投资的补充协定》定义部分则规定:"措施指缔约一方以法律、法规、规则、程序、决定、行政行为或任何其他形式采取的措施。"可见,部分投资条约立法并未对司法行为构成征收措施作出明确的否定,且"程序、要求或实践""决定""任何其他形式"在文义上也涵盖了东道国法院的司法行为。《中国—东盟全面经济合作框架协议投资协议》似乎采取了不同的立场,依照第1条第7款之规定,"措施,是指一缔约方所采取的,影响投资者和/或投资的,任何法律、法规、规则、程序、或普遍适用的决定或行政行为",考虑到"普遍适用"一词对"决定"的限定作用,很难认为法院在个案中的司法裁判构成"普遍适用"的措施。与之相反的是,可持续发展国际组织明确认为司法决定构成一种措施,该机构发布的可持续发展投资国际协议范本第二版第2条规定:"措施,是指与东道国境内的投资直接相关且影响到该投资,并在形式上包括东道国作出的任何法律、行政、立法、司法或政策决定但不包括草案的措施。"

---

[25] Robert Azinian and others v. United Mexican States, ICSID Case No. ARB (AF)/97/2, Award, para. 99.

从投资条约对相关主体的范围上看，立法表述基本都将重点放在对于行政机关的规制上，但也并未排除司法机关构成征收主体。具体而言，相关规定虽在细致程度上有一定区别，但并未呈现本质上的分歧，以《区域全面经济伙伴关系协定》投资章节为例，"措施"指的是缔约方中央政府、地方政府、主管机关以及上述机关授权行使职权的非政府机构采取或维持的任何措施。上述规定与《中国—东盟全面经济合作框架协议投资协议》及升级《中国—新加坡自由贸易协定》议定书采取了近似的立场，与《美国—墨西哥—加拿大协定》投资章节的规定也仅在个人能否被授权行使政府职权上有所差异。[26]

国际投资仲裁实践对上述问题的立场与条约立法是近似的。由于征收被经验性地认为是一国政府部门的立法或行政行为[27]，故除司法拒绝外，滥用司法行为导致所有权遭受剥夺构成征收在实践上缺乏足够的关注[28]，进而衍生出了不同的裁判观点。ICSID仲裁庭认为，仲裁庭需对一国政府遵守条约的状况作出裁决，该职权不会因为内国法院对相关行为的批准而陷入瘫痪，司法行为独立于政府行为，但不会因此独立于国家[29]，且被申请人就是国家本身而非内国法院。[30]《北美自由贸易协定》（North American Free Trade Agreement，NAFTA）投资仲裁庭则谨慎地指出，其有可能考虑司法行为或不行为构成NAFTA第1110条项下征收的情况，但也只是作为仲裁庭的一项概括性建议且并不愿意对司法行为究竟是否构成、在何种情况下构成征收作进一步的论述。[31]

综合考虑到国家责任的基本法理、投资条约文本以及投资仲裁实践自20世纪90年代以来对条约文本作有利于投资者解释的倾向，虽不能认定法院司法行为构成国际投资法意义上的征收措施，但足以确立该议题的基本前提，也说明该问题存在进一步探讨的空间与价值。

㉖ 参见中国自由贸易区服务网（http://fta.mofcom.gov.cn/）。
㉗ OAO Tatneft v. Ukraine, PCA Case No. 2008-8, Award on the Merits, para. 459.
㉘ 参见《多边投资担保机构公约》第11.2条，载外交部官网，http://treaty.mfa.gov.cn/Treatyweb/detail1.jsp? objid=1531876062270，2024年9月4日访问。
㉙ Robert Azinian and others v. United Mexican States, ICSID Case No. ARB (AF) /97/2, Award, para. 98.
㉚ Eastern Sugar B. V. (Netherlands) v. The Czech Republic, SCC Case No. 088/2004, Partial Award, para. 310.
㉛ Eli Lilly and Company v. Canada, ICSID Case No. UNCT/14/2, Final Award, para. 221.

(二) 司法征收的对象与构成标准：基于效果要素的检视

国际投资法意义上的征收存在直接征收与间接征收的界分，直接征收指向的是对财产所有权法律上永久性的强制剥夺、转让或实际扣押，而间接征收是指对占有、使用、收益、管理与处置财产权利的不当干涉，且与直接征收在效果上相当的措施。随着投资仲裁实践的发展与演进，国家单方解除与投资者间合同的行为也被认定为征收，作为征收对象的财产所有权也便包括了合同权利。[32]

实践中的直接征收往往指因东道国经济政策变动引发的大规模国有化，此种国有化的根源是立法或行政因素，而非司法行为。这一盖然性的结论并不能全然涵盖现实情况，司法机关逻辑上可以实现对于财产所有权在法律上的剥夺，而强制剥夺投资者财产权的裁决或命令或将构成直接征收。但就本文着重讨论的法院拒绝承认与执行国际商事仲裁裁决这一行为而言，东道国法院的行为可能并非系直接对财产所有权或合同权利的强制剥夺，但确实使得投资者基于国际商事仲裁裁决的权利无法实现，更为接近间接征收的定义。

延续上文塞班案仲裁庭的逻辑，在拒绝承认与执行商事仲裁裁决的语境下，司法征收的对象是投资者在商事仲裁裁决判项中的财产性权利。[33] 所以，如果法院司法行为对仲裁裁决具体化的投资所对应剩余合同权利之干涉足以实质性剥夺投资者的财产所有权或基础交易的合同权利，该行为也就存在被归入间接征收既有形态的可能。

关于间接征收的构成问题，理论上产生了三种学说，即纯粹效果标准、纯粹目的标准以及效果与目的兼顾标准[34]，目前，纯粹效果标准和效果与目的兼顾标准是该领域相对较为主流的学说。纯粹效果标准认为应当完全依照措施对投资的干预效果来认定征收，即原则上任何永久性消释或破坏投资经济价值的措施都构成征收，但国家合法、善意、非歧视的行使治安权力的措施除外。而效果与目的兼顾标准主张对措施的效果与政府意图进行综合考量，认为措施所

---

[32] Rudloff Case (1903), Interlocutory, IX UNRIAA p. 244, 250; Norwegian Shipowners' Claims (1922), Award, I UNRIAA p. 307, 334.

[33] Saipem S. P. A. v. The People's Republic of Bangladesh, ICSID Case No ARB/05/07, Decision on Jurisdiction, para. 130.

[34] 蔡从燕、李尊然：《国际投资法上的间接征收问题》，法律出版社2015年版，第36—37页。

具有的公共利益目标可以在一定程度上阻断征收的构成。不难发现，纯粹效果标准和效果与目的兼顾标准具有近似的底层逻辑，但在主次考量因素的关系上采取了不同的立场。上述两种标准皆以效果要素作为主要考量因素，前者将效果要素置于原则地位，后者在主张兼顾目的要素的同时也承认效果要素的核心地位，但在措施意图涉及公共健康、环境保护时，目的要素的重要性高于效果要素。㉟ 总之，不论采何种学说，一国措施对于投资的干预程度始终是认定征收最为重要的考量因素。

具体而言，一国措施对于投资的干预程度通常包括两个因素。一是措施是否足以实质性剥夺投资者的经济权利，系减少抑或排除基于投资活动获得经济利益的能力；二是措施对于投资者权利的影响是临时性还是用永久性的。按照塞班案仲裁庭的逻辑，东道国法院拒绝承认与执行国际商事仲裁裁决的司法行为，使得投资者无法实际获得仲裁裁决给予的救济，考虑到仲裁裁决是对投资者权利的具体化，这一行为足以同东道国通过立法活动或行政行为一样达到实质性剥夺投资者相关权益的效果，且司法行为基于法院职能的终局性相比立法、行政更加符合所谓"永久剥夺"的特点。与之相反，澳大利亚白色工业有限公司诉印度案的仲裁庭整体上肯定了塞班案的裁判逻辑，但其认为印度法院对执行仲裁裁决多年的拖延并未实质性地剥夺投资者的经济权利。㊱ 需要注意的是，实体法逻辑并不在效果要素的剥夺考虑范围内，即便内国法院的宣告投资者权力无效、已终止或自始不存在，或者内国法院的司法行为看似合乎国内法的规定，都无法否定投资法意义上征收的构成。

可见，认为拒绝承认与执行国际商事仲裁裁决构成司法征收，是在投资仲裁实践认定司法机关构成征收主体的前提下，根据传统理论对实践中新情况的回应。这一回应并未在根本上改变征收的基本观点，而是在承袭有利投资者的解释倾向上对征收具体形式的进一步拓展。

㉟ Rudolf Dolzer, *Indirect Expropriation*: *New Development*, New York University Environmental Law Journal, Vol. 11, 2002, p. 88、92.

㊱ White Industries *v.* The Republic of India, Final Award, UNCITRAL, paras. 3, 6, 12.

四、司法征收不法性的认定进路

在投资仲裁实践对司法征收行为作出界定与回应后，一国行为既然构成征收，自然需讨论合法性问题。现代国际法的基本观点是，主权国家对其管辖范围内私人财产具有实行征收与国有化的权利[37]，此系国家主权的应有之义。同时，对国家的征收权利也存在一定的限制，违反限制条件的征收将构成非法征收。尽管国际投资条约仲裁实践与理论对上述限制的定义与范围尚有分歧，但不可否认的是，国家在征收与国有化方面的主权必须受到国际法的规制，一国在施行征收与国有化这一权利时，仍有遵守国际法的义务。

不法性问题之所以在司法征收领域受到相当程度的讨论，除间接征收与东道国合理规制措施的界分始终备受关注外，还因东道国法院的司法职能对投资者权益保护具有特殊性质。有些学者正由此主张将司法征收行为的不法性作为征收构成要件看待，他们希望以此来改进纯粹效果标准。上述观点所表露的担忧不无道理，在承认司法行为属于主权领域的前提下，如果认为构成征收就推定构成非法征收，那么东道国法院在司法程序中对本国政府合法诉请的正当支持也会被认定为非法征收，这种倾向也已在实践中被否定。[38] 与之相反，投资仲裁实践显示，在司法征收案件中证明司法行为的不法性是"必要条件"。[39]

在一国法院不予承认或执行国际商事仲裁裁决的情况下，如何区分法院对管辖法律的正确适用与滥用是认定该行为不法性的重点问题。国际投资仲裁实践倾向于从三个角度认定司法行为的国际不法性：一是征收行为构成司法拒绝；二是征收行为违反《承认及执行外国仲裁裁决公约》（以下简称《纽约公约》）；三是征收行为违反东道国国内法。[40]

---

[37] 参见1962年联合国关于《天然资源之永久主权》宣言，1974年联合国《各国经济权利和义务宪章》。

[38] Swisslion DOO Skopje *v.* Macedonia, former Yugoslav Republic, ICSID Case No. ARB/09/16, Award, para. 314.

[39] Krederi Ltd. *v.* Ukraine, ICSID Case No ARB/14/17, Award, para. 713.

[40] Eduardo Jiménez de Aréchaga, *International Law in the Past Third of a Century*, General Course in Public International law, 1978; B Demirkol, *Judicial Acts and Investment Treaty Arbitration*, Cambridge University Press, 2018, p. 54.

（一）司法征收的不法性来自东道国法院的司法拒绝

司法拒绝是投资仲裁庭在判断司法行为合法性上所依赖的标准之一。从概念的历史流变上看，司法拒绝起源于传统上习惯国际法对外国人最低待遇的要求，在现代国际投资法的语境中，因其所维护的价值发生了变动，司法拒绝经由扩张解释被整合纳入公平公正待遇的内容之中，表现出不同于传统内涵的新形式。联合国贸易和发展会议的相关研究将司法拒绝的具体形式总结为以下各种情形：拒绝诉诸司法或拒绝裁判；不合理的拖延；拒绝执行终审判决与仲裁裁决；腐败；歧视诉讼当事人；违反基本的正当程序保障。[41]

即便拒绝执行仲裁裁决被认为是司法拒绝的表现形式之一，也并不意味着二者当然存在必然联系，我们仍需通过投资仲裁的实质标准来审视拒绝执行仲裁裁决的国际不法性。从习惯国际法最低义务的角度理解，司法拒绝是东道国司法体制严重失灵的情况，这为投资者设置了较高的证明标准，仲裁庭一般会将明显地剥夺投资者程序性权利的司法行为或严重不合理、根本非公正、任意性的实体判决认为是司法拒绝。相反，法院总体上遵循了基本的诉讼程序且保障了当事人的基本程序性权利是不足以构成司法拒绝的，即使其裁判结果是终止投资者与国家间的合同或收回政府先前所授予的特许权。所以，在绝大多数情况下司法拒绝所维护的价值立场是国际法上外国人通过东道国内司法程序维护其权益的程序正义，而投资仲裁实践却屡次通过合理预期的解释将其延展到国内司法的结果正义。例如，部分仲裁庭认为司法判决不应是"任意的、严重不公平或不公正的、歧视性的"[42]"令人震惊的"[43]，具体而言，投资仲裁实践为司法拒绝的构成展开了一系列考量因素。

第一，法院司法行为是否符合国内法。需要强调的是，主权行为的国内不法性与国际不法性原则上完全是两个层面的问题，但如上所述，司法拒绝的价值立场在实践中逐渐转向了外国投资者对东道国法院依法裁判的合理期待，即外商资本进入时对东道国法院稳定、一致地适用法律的可预测性以及基于这一

---

[41] United Nations Conference on Trade and Development, *Fair and Equitable Treatment*, UNCTAD Series on Issues in International Investment Agreements II, 2012, p. 80.

[42] Liman Caspian Oil BV and NCL Dutch Investment BV *v.* Republic of Kazakhstan, ICSID Case No. ARB/07/14, Award, para. 431, 432.

[43] GEA Group Aktiengesellschaft *v.* Ukraine, ICSID Case No. ARB/08/16, Award, para. 236.

可预测性产生的信赖。加兰蒂科扎有限责任公司诉土库曼斯坦案中,仲裁庭认为东道国法院扣押投资者的工厂与设备之行为是"根据国内法的正常法律程序"作出的,不构成国际法上的征收,"除非该法律程序存在严重的和根本的不正当因素"。[44] 同时,出于对司法主权的尊重以及投资仲裁庭本身职能的考虑,仲裁庭极少会对法院在个案中的具体裁判提出反对意见,除非法院在案件中的法律适用对国内法的背离具有任意性、歧视性或严重不合理,以至于超出了投资者的合理期待。投资仲裁庭在礼来公司诉加拿大案裁决中对上述规则在判例法制度下的适用作了具体的界定,认为国内判例法需产生重大变化且具有任意性或歧视性才可以构成司法拒绝。[45] 反之,在东道国法院依法裁判的情况下,即使其适用实体法或程序法本身实质性剥夺了投资者基于投资的经济利益,征收行为及其不法性也应当归于立法机关而非法院。同时,投资仲裁实践对东道国法院适用国内法正确性的审查标准产生了泛化的趋势,要求东道国法院必须合法、善意地适用法律[46],而所谓"不合理的"司法行为也同任意性、歧视性的司法行为一样构成司法拒绝。[47]

第二,司法行为是否为对投资者过错的规制。一些仲裁庭在考虑司法拒绝时考虑了法院在本案中具体司法行为的前因与目的,认为法院根据国内法撤销投资者凭借欺诈所获取的特许以及因投资者严重违约解除合同不构成司法拒绝。[48]

第三,司法拒绝与司法征收的因果关系。个别案件中的仲裁庭意识到了司法拒绝与司法征收的界分问题,在克雷德里有限公司诉乌克兰案中,申请人通过其子公司所获得的位于基浦三处土地的产权被东道国法院收回,虽然本案的结果是仲裁庭认定法院并未违反正当程序,但仲裁裁决同时指出"仲裁庭有必要决定,导致申请人财产权利被收回的司法行为是否受到法院违反正当程序的

---

[44] Garanti Koza LLP v. Turkmenistan, ICSID Case No. ARB/11/20, Award, paras. 354—366.

[45] Eli Lilly and Company v. Canada, ICSID Case No. UNCT/14/2, Final Award, paras. 386—389, 416—442.

[46] Franck Charles Arif v. Republic of Moldova, ICSID Case No. ARB/11/23, Award, para. 415.

[47] Anglia Auto Accessories Ltd v. Czech Republic, SCC Case No. V 2014/181, Final Award, paras. 291—303.

[48] Middle East Cement Shipping and Handling Co. S. A. v. Arab Republic of Egypt, ICSID Case No. ARB/99/6, Award, para. 139.

污染"。㊾

  第四，投资者是否用尽当地救济。国际公法上的用尽当地救济原则是防止主权行为产生国际不法性重要的程序屏障，不同于管辖权规则，实体法意义上的用尽当地救济被认为是司法拒绝的实质要件。其所彰显的法理在于，司法拒绝指向的是一国司法体系的失灵，为防止国家因个别法官或底层级法院的行为承担国家责任，故有必要给予东道国司法体系补救的机会。总之，只有在投资者穷尽东道国救济的情况下，法院的相关行为才构成司法拒绝。

  通过司法拒绝证成征收不法性的路径也带来了问题，即司法拒绝与司法征收的混同。理论层面，部分学者认为司法机关只需要对司法拒绝或者存在司法拒绝的司法征收行为承担国际法上的责任。㊿ 实践中也存在这种混乱的认识，仲裁庭在案件中依赖司法拒绝证成司法征收不法性的做法，似乎意味着司法拒绝是司法征收不法性的必要条件，东道国也在依赖这种混乱并通过主张司法拒绝的高证明标准形成对司法征收的抗辩。㉛ 这种基于被申请人地位的诉讼策略是可以理解的，但若将司法拒绝与司法征收相混同，会将用尽当地救济原则与违反国际法最低义务作为实质要件导入司法征收的构成中，这与国际投资法上征收制度的本意背道而驰。

  为解决认识上的混乱，塞班案的仲裁庭在裁决中指出，司法征收的不法性不是必须通过司法拒绝证成的。换言之，司法拒绝是征收不法性的充分非必要条件，构成司法拒绝足以满足征收的不法性，但征收的不法性并非一定表现为司法拒绝，存在不构成司法拒绝的非法征收措施，反映到东道国法院拒绝承认执行国际商事仲裁裁决的不法性上，除了拒绝执行仲裁裁决构成司法拒绝以外，申请人还可以通过其他进路证明该行为的不法性。塞班案仲裁庭的解释在逻辑上打破了二者单一的因果关系，将不法性证成进路展开到更广阔的视域中，而潜在的影响在于，申请人通过其他途径证明征收行为不法性是无须证明用尽当地救济的，这与司法征收语境下中心管辖权规则对于用尽当地救济要求的软化

 ㊾ Krederi Ltd. *v*. Ukraine, ICSID Case No. ARB/14/17, Award, para. 713.

 ㊿ Zachary Douglas, *International Responsibility for Domestic Adjudication：Denial of Justice Deconstructed*, International & Comparative Law Quarterly, Volume 63, Issue 4, October 2014, pp. 867—900.

 ㉛ Hamid G Gharavi, *Discord Over Judicial Expropriation*, ICSID Review - Foreign Investment Law Journal, Volume 33, Issue 2, Spring 2018, pp. 349—357.

是贯通、自洽的，但也意味着作为被申请人的国家在司法行为不法性层面或将会失去用尽当地救济原则的保护。

（二）司法征收的不法性来自司法行为违反《纽约公约》

司法拒绝既非证成司法征收不法性的唯一进路，部分仲裁庭倾向于将不法性的论证诉诸对外国人待遇规定更加具体的条约义务，对应到承认与执行国际商事仲裁领域，《纽约公约》是国际仲裁裁决在他国被承认与执行最主要的国际法工具，东道国法院未能遵守其项下的条约义务将为东道国带来国际责任，这为不法性证成提供了相对精确的尺度。

塞班案中孟加拉国法院先是撤销了仲裁庭的权力，后续又宣告国际商会仲裁裁决自始无效。根据《纽约公约》第 2 条第 1 款，孟加拉国有承认仲裁协议的义务，孟加拉国法院撤销仲裁庭权力的命令在事实上阻断了投资者将争议诉诸仲裁协议所约定的商事仲裁程序，从而构成对《纽约公约》第 2 条的违反。美国先进技术与成就建设公司诉约旦案的仲裁庭也遵循了近似的逻辑，约旦法院以仲裁庭因适用法律错误为由宣告有利于投资者的 FIDIC 仲裁裁决无效的同时解除了本案合同中的仲裁协议[52]，从而剥夺了当事人通过仲裁协议诉诸国际商事仲裁的权利。

不难看出，违反《纽约公约》的不法性证明相比司法拒绝更加具体，也无须满足司法拒绝的高标准，且不要求满足用尽当地救济原则，大幅度削减了投资者的举证责任。此外，投资仲裁执法《纽约公约》还使得仲裁庭在某种程度上取得了对《纽约公约》的解释权，此种并非基于双方同意的管辖将对国际商事仲裁的承认与执行法律体系形成实质的干扰。在塞班案和美国先进技术与成就建设公司诉约旦案的仲裁庭看来，除赋予管辖权外的其他条约所产生的国际义务同样可以构成不法性的判断标准或考量因素。另一种思路来自国际法院在 Jadhav 案中的解释，认为《纽约公约》的相关规定构成《维也纳条约法公约》第 31 条第 3 款第（C）项"适用于当事国间关系之任何有关国际法规则"，并经由解释规则成为赋予管辖权之双边投资协定征收条款的解释资料。[53]

---

[52] ATA Construction, Industrial and Trading Company v. Hashemite Kingdom of Jordan, ICSID Case No. ARB/08/2, Award, paras. 121—132.

[53] Jadhav (India v Pakistan) (Merits) [2019] ICJ Rep 418.

(三) 司法征收的不法性来自司法行为违反东道国国内法

司法行为与东道国国内法相符性分析是对司法征收本质特征的一种回应,该理论试图阐明:司法征收之所以有别于立法、行政征收措施,是因为司法征收的不法性来自司法程序本身错误且主要由司法机关导致。换言之,如果法院只是适用了违反国际法的国内法或维持了违反国际法行政行为的合法性,其不法性应当来源于立法机关。而国内法的重要性在于,国际投资者在该国财产权的存在、范围与归属正是由国内法定义的,而内国法院有权在个案中对国内法进行权威性解释与适用,甚至在普通法体系中承担造法的功能,这恰是司法机关不同于立法、行政机关的特殊职能所在。

上述理论细致地将司法征收情境下不法性的分析对象限定在法院司法行为,但并未提出与问题相适应的解决方法,因为其提出的分析路径背离了所倚赖的理论基础,产生了多个层次的问题。首先,一行为的国际不法性是无法仅仅通过不符合国内法律规定证成的,否则投资仲裁庭就会如上文所述的那样成为东道国法院的上诉机关,去审查国内法适用的问题,即便如此,仲裁庭得到的不法性也只是国内的而非国际的。其次,不论一国国内立法的最终解释权归属于哪一机关,国际仲裁庭一般都不享有确定内国法院法律适用正确与否的权限。再次,若认为司法行为对投资者财产权的干涉与立法、行政行为在征收维度下的效果几乎无差别,那么将其不法性归于法院还是归于其他机关在东道国责任层面似乎不存在实质差异。[54] 再次,国际仲裁中倾向于选任对东道国较为疏离的仲裁员,因此国内法院对本国法的知识往往优于国际仲裁庭,且出于正确解释与适用的需要,投资仲裁庭一般会对相关国内司法裁决给予适当的尊重[55],要求仲裁庭审查司法行为与东道国国内法相符性在操作上也有一定困难。最后,相较于东道国不符其应遵守之国际义务的国有化立法固然是对国际法的违反,东道国法院不符国内法的司法行为在逻辑上应被视作国内法而非国际法层面的错误。虽然上文在论及司法拒绝的部分提到,征收行为没有国内法依据有助于证成其非法性,但并不意味着违反国内法的征收行为必然是非法的。因此,既然国内法定义了作为国际法保护对象,即投资者应享有的财产权利,而法院行

---

[54] Vid Prislan, *Judicial Expropriation in International Investment Law*, International and Comparative Law Quarterly, Vol. 70, pp. 165-195 (2021).

[55] France *v.* Kingdom of the Serbs, Croats, and Slovenes, PCIJ series A No 20, 1929.

为设定了投资者财产权的实际状态，二者的差距所揭示的应当是司法征收剥夺财产权的具体内容与程度，可见，征收行为违反国内法的分析本质上反映的是征收的效果要素，属于征收的构成而非不法性所应讨论的范畴。

投资仲裁实践对上述问题的回应较为谨慎，里海石油有限公司诉哈萨克斯坦案与迈提里尼奥斯控股公司诉哈萨克斯坦案的仲裁庭既没有对内国法院适用法律的正确性作出判断，更没有以此证明征收行为是合法还是非法的。[56] 与之相反，塞班案与穆罕默德·阿马尔·阿尔-巴希卢诉塔吉克斯坦案仲裁庭确实考虑了法院司法措施是否仅因法院违反东道国国内立法而构成非法干预[57]，但两案在结果上均未以此证成征收的非法性。值得注意的是，一些仲裁庭开始通过诉诸作为国际法渊源的一般法律原则以避免直接对国内法进行审查，如塞班案的仲裁庭提出的禁止滥用权利原则与土耳其内切凯莱建筑有限公司诉土库曼斯坦案的仲裁庭提出的比例原则。[58] 总而言之，内国法院违反国内法并不必然构成国际不法性，投资仲裁实践往往要求法院对于国内法的违反是"极其明显的""极大的任意性"，且此种违反要么达到前述司法拒绝的程度，要么构成对国际法渊源中一般法律原则的背离。

五、基于司法征收规则发展的法律因应

如前文所述，投资仲裁实践通过对法律规则的超越以及其他条约的联系改写了国际投资的图景。从本文角度来看，东道国拒绝承认与执行国际商事仲裁裁决的司法行为究竟是否应当构成司法征收并非讨论的重点。因为该议题涉及东道国与投资者利益平衡的立场与取向，"应然"的问题应在 ISDS 改革的层面进行讨论，而更为切实的是，在拒绝承认与执行仲裁裁决构成司法征收在实践中几乎成定论的前提下，如何应对前述规则现状带来的种种掣肘。就上述分析而言，我国不妨考虑从以下几个角度着手应对这一问题。

---

[56] Liman Caspian Oil BV and NCL Dutch Investment BV *v.* Republic of Kazakhstan, ICSID Case No. ARB/07/14, Award, paras. 431, 432.

[57] Al-Bahloul *v.* Tajikistan, SCC Case No. V 064/2008, Partial Award on Jurisdiction and Liability, para. 284.

[58] içkale inşaat Limited şirketi *v.* Turkmenistan, ICSID Case No. ARB/10/24, Award, paras. 355, 375.

(一) 通过投资条约立法切断仲裁裁决与投资的联系

首先，司法征收规则之所以在国际投资条约仲裁实践层面上具有建构与发展的空间，虽然法理上是对于"直接源于"标准的重塑，但其逻辑起点仍在于将国际商事仲裁裁决或者搭载基础交易的合同解释为国际投资，而此种解释得以成立的必要条件是投资协定文本的支持。尤其是在双边投资协定与区域性投资协定倾向于以资产为基础宽泛地定义投资的情况下，协定文本对投资形式的列举往往会包括基于合同且可通过诉讼实现的财产权利。2012 年版美国双边投资协定范本第 1 条规定："投资可以采取的形式包括……交钥匙工程、建设、管理、生产、特许经营、收益分成及其他类似合同。" 1986 年中英《关于促进和相互保护投资协定》也将"对金钱的请求权或通过合同具有财政价值的行为请求权"规定为适格投资的一种。

因此，从长远来看，宜考虑通过对投资的定义加以限定这一办法，以使东道国法院拒绝承认与执行国际商事仲裁裁决的司法行为不构成对投资的实质性剥夺。对此，现实中已经产生了一定的实践，但尚未形成统一的做法。部分国家选择排除裁判结果与投资的逻辑关系，如我国于 2021 年完成核准程序的《区域全面经济伙伴关系协定》第 10 章第 1 条规定："'投资'不包括司法、行政行为或仲裁程序中的命令或裁决。"此外，或许考虑到合同与投资之间的特殊联系，有些国家进一步排除了特定种类的合同权利，如 2020 年生效的《美国—墨西哥—加拿大协定》在其投资章节就是在前述 2012 年范本的基础上进一步规定了投资所不包含的情况：一是司法或行政诉讼中作出的命令或判决；二是完全由跨境货物销售或服务的商事合同或与该合同有关的信贷迟延产生的金钱请求权。2014 年，加拿大促进和保护投资协定范本在《美国—墨西哥—加拿大协定》的基础上进一步将不涉及适格投资的金钱求偿排除在外，并在 2021 年版中延续了这一规定。上述规定在逻辑上严密对应了以塞班案为代表的司法征收案件的实际情况。不论承认与否，司法征收的投资仲裁实践已然在客观上影响了国际投资条约立法对投资的定义范式。

(二) 重视法院在承认与执行仲裁裁决的程序中的合法性

部分国家间投资协定的国有化与征收部分中存在但书条款，意在排除立法内容与司法裁判或命令构成征收这一情形。这一努力已经在实践中被证明是徒劳的[59]，其根本原因在于前文所述间接征收不法性规则限制性例外的理论基础——"治安权例外""公共目的"的内涵与外延在理论与实践中尚不确定。即使投资协定中规定立法内容与司法裁判或命令并不构成征收或免责，投资仲裁庭同样会适用纯粹效果规则，并对被诉司法行为的合法性进行审查。对于合法性而言，宜从国际法规则续造和内国司法实践两个方面进行应对。

国际法规则续造层面，目前裁判规则在不法性要件的认定上存在诸多弊病，我国学术界和实践界宜把握历史机遇，参与到相关法律规则的续造之中。现状下司法征收的不法性主要从司法拒绝、《纽约公约》以及国内法出发进行论证，不难发现，从实践中所提炼的三个路径，其不法程度有很大差别，呈现出碎片化、逻辑关联差的特点，且单纯违反国内法无法推得国际不法性。是否存在统一、连贯、内在和谐的不法性判断标准，比例原则、权利滥用原则等能否构成国际投资法意义上的一般法律原则进行适用，都是建立不法性理论的重要议题。[60]

内国司法实践层面，考虑到投资仲裁中征收不法性对于司法行为遵守国内法、国际法的重视程度，我国法院在拒绝承认与执行国际商事仲裁裁决应当顾及触发司法征收的问题，严格依照《纽约公约》《仲裁法》及相关司法解释的各项要求对仲裁裁决进行审查，使得撤销仲裁裁决、拒绝承认与执行仲裁裁决的司法行为在于法有据的同时在程序适用上正确无误，让司法主权在国际合法性的界限之内稳定、正当行使，为持续营造仲裁友好型司法环境而继续砥砺前行。

（三）探索"治安权例外""政府意图"等抗辩的理论基础与实践运用

对于征收的不法性抗辩而言，仍有许多理论上的问题没有定论，如治安权例外的具体内容是否独立于政府意图，司法机关的行为是否总是在行使治安权力，国家是否总是能够对征收行为符合公共政策作出解释或自决。尽管如此，上述抗辩事由仍存在坚实的立法文本基础。

美国和加拿大在其新一代投资条约中的规定，反映了其对实践经验的总结以及伸张正当规制措施的鲜明立场。美国、加拿大等国在双边投资协定的附件

---

[59] Saipem S. P. A. v. The People's Republic of Bangladesh, ICSID Case No. ARB/05/7, Decision on Jurisdiction, 21 March 2007, paras. 137-138. 仲裁庭认为，"法律和有管辖权的法院或仲裁庭发布的判决或命令特别规定的情况除外"不是司法行为构成征收的豁免，因为依照法律或司法裁判是征收行为合法性的必要而非充分条件。

[60] 事实上，已有部分研究触及了国际投资法意义上的一般法律原则，参见何焰、谷放：《比例原则在国际投资仲裁中的适用反思：场域边界与规范张力》，载《武大国际法评论》2023年第2期。

甚至正文中明确规定，缔约一方旨在和用于保护合法公共福利目的，如公共健康、安全和环境等，所采取的非歧视管理行为不构成间接征收。我国参与的《区域全面经济伙伴关系协定》投资章节附件二、《中国—智利自由贸易协定关于投资的补充协定》附件、《中国—韩国自由贸易协定》投资章节附件 B 也采用了近似的规定。"治安权例外""政府意图"等抗辩事由旨在确立东道国的合法规制措施，部分学者主张构成不予补偿的征收[61]，对其进行更深入的研究有利于对抗国际投资争端解决中过度保护投资者利益的不合理倾向，切实维护我国司法主权与国家利益。

此外，在目前承认与执行国际商事仲裁裁决和征收的逻辑关联已经由司法实践基本确定的情况下，我国投资者也可以考虑合理运用司法征收制度，在经济全球化面临阻力甚至部分国家动用司法体制实现"本国优先"这一霸权的时代，司法征收规则或将有利于维护投资者的海外权益。

六、余论

本文以东道国法院拒绝承认与执行国际商事仲裁裁决为视角，探讨了司法征收对国际投资仲裁的规则超越与法律因应。投资仲裁实践的相关处置在实质上超越了传统的国际投资法的管辖权规则和实体法规范，使得国际商事仲裁的承认与执行足以成为投资仲裁中的一项法律问题。

理论与实践依然扩张了解决投资争端国际中心的管辖权，既为投资者提供了一种新的维权途径，同时也为国际商事仲裁裁决的效力以及承认与执行带来更大的不确定性，实质上增加了东道国法院在审查国际商事仲裁裁决时的责任和义务。除了实践层面的警示外，相关规则的发展也为国际投资法理论的进一步探索提供了潜在的方向，司法征收不法性的体系构造究竟为何、是否存在构建不法性的其他标准、"治安权例外""政府意图"等抗辩如何发生作用，都是有待深入研究的问题。

---

[61] M. Sornarajah, *The International Law on Foreign Investment*, Cambridge University Press, 2021, p. 475.

图书在版编目（CIP）数据

中国国际投资仲裁常设论坛年度报告. 2022—2023 / 陈力，林忠主编. -- 北京：中国法治出版社，2024. 10. -- ISBN 978-7-5216-4752-5

Ⅰ. D994

中国国家版本馆 CIP 数据核字第 2024QC0550 号

责任编辑　程思　　　　　　　　　　　　　　封面设计　杨泽江

中国国际投资仲裁常设论坛年度报告（2022—2023）
ZHONGGUO GUOJI TOUZI ZHONGCAI CHANGSHE LUNTAN NIANDU BAOGAO（2022—2023）
主编/陈力，林忠
经销/新华书店
印刷/北京虎彩文化传播有限公司
开本/710 毫米×1000 毫米　16 开　　　　　　印张/ 18　字数/ 266 千
版次/2024 年 10 月第 1 版　　　　　　　　　　2024 年 10 月第 1 次印刷

中国法治出版社出版
书号 ISBN 978-7-5216-4752-5　　　　　　　　定价：68.00 元

北京市西城区西便门西里甲 16 号西便门办公区
邮政编码 100053　　　　　　　　　　　　　　传真：010-63141600
网址：http：//www.zgfzs.com　　　　　　　　编辑部电话：010-63141806
市场营销部电话：010-63141612　　　　　　　印务部电话：010-63141606

（如有印装质量问题，请与本社印务部联系。）